大野博堂 ｜ 著

金融システム監査の要点

実務の考え方と進め方がわかる

の要点

経済法令研究会

はじめに

　金融機関が利用する情報システムで昨今、大規模な障害が相次いでいる。原因は様々だが、金融庁は、金融機関で発生したシステム障害を「障害発生等報告書」として提出を受ける都度、金融機関に対し、障害の発生理由やその復旧状況を確認するとともに、当該障害の真の原因や事後改善策の報告を受けている。

　こうしたシステム障害に関する報告を踏まえ、金融庁では2019年以降、近年のITやデジタライゼーションの進展に伴う特徴的な事案などを中心に、分析結果や事例を「金融機関のシステム障害に関する分析レポート」として公表しはじめた。金融機関ではフィンテック企業をはじめ新たに金融サービスに進出してきた事業者との連携を強化する一方、システムコスト削減を念頭に、システムそのものの合理化施策を進展させている。

　折しもこの間、多数のATMがシステム障害により利用不可となるなど全国的に大きく報道されるような大規模障害も確認されており、多数の顧客に影響を及ぼす事案も発生した。さらに、システム障害発生時に、バックアップ機器への切替えができない、もしくはバックアップ機器自体にも同時に障害が生じるなどして実質的に機能しない例が確認されてもいる。したがって、単に機器の多重化がなされていれば良し、といった従来のような外形的な評価や判断が容認されない状況にも至った。さらに、こうしたケースでは、初動態勢そのものの瑕疵も併せて露呈することがある。

　システム障害のモニタリングに相応の人員を割いたとしても、障害時に実務を担うのは、システム部門のみではない。顧客対応を担う営業部門や、店頭での顧客誘導などを中心に、複数の部門が速やかに緊急時行動を実践する必要があるためだ。つまり、障害時における復旧

方針や具体的な対応手順を規程類やマニュアルとして整備するとともに、対応組織ごとに役割分担を明確に定義していない実態が顕在化したことで、金融庁は同レポートの中で、「復旧に想定以上の時間を要する事案が複数見られた」と断じてもいる。

　金融庁では、過去に確認された障害事例を通じ、現状を過信することなく、「経営陣の積極的な関与の下、障害発生時を想定した顧客目線での対応態勢を整備することが課題」としており、昨今は、ボトムアップでの対応ではなく、経営陣自らが指揮を執り、緊急時を想定した対応態勢の整備を構築するよう促している。むろん、障害を発生させないことが大前提であり、重要な機器の多重化は当然として、あらかじめ障害発生パターンを可視化したうえで、実効性の確保や、具体的な復旧手順を子細に定義のうえ、訓練等によるシステムリスク管理態勢を高度化するよう要請している。さらに、こうした活動を継続するうえでPDCAサイクルの実務への実装が欠かせない、としている。

　このように、単に障害を未然に防ぐといった目的のみならず、障害発生時の業務の早期復旧を通じ、顧客に与える影響の軽減を実現することが重視されるなか、金融機関として実効性のあるシステムリスク管理態勢の整備に組織的に取り組むことが問われている。この一環として位置づけられているのがシステム監査なのだ。

　いわゆるシステム監査人によるシステム監査では、「開発工程」「テスト工程」「運用工程」といったプロセス単位でのモニタリングのほか、「システムリスク」「外部委託先」「コンティンジェンシープラン」などを対象にターゲットモニタリングを実施することが一般的とされる。ターゲットモニタリングのうち、「システムリスク」はさらに「情報セキュリティ」「サイバーセキュリティ」「システム障害管理」といった要素に分解することができる。

一口に金融機関のシステム監査といっても、金融機関では本来、内外の組織による複数の切り口での実務対応をこなし、相互に監査結果を補完し合うことで合理的な評価を導出することが期待されている。だが実際のところ、これまで一般に金融機関が理解してきた「システム監査」とは、次のようなものではないだろうか。

　「専門性と客観性を備えたシステム監査人が、一定の基準に基づいて情報システムを総合的に点検・評価・検証をして、監査報告の利用者に情報システムのガバナンス、マネジメント、コントロールの適切性等に対する保証を与える、又は改善のための助言を行う監査の一類型」

　これは、経済産業省が2018年に公表した「システム監査基準」における「システム監査の意義」とされるものから抜粋したものだ。さらに、同基準では、システム監査の目的を次のように定義する。

　「情報システムにまつわるリスクに適切に対処しているかどうかを、独立かつ専門的な立場のシステム監査人が点検・評価・検証することを通じて、組織体の経営活動と業務活動の効果的かつ効率的な遂行、さらにはそれらの変革を支援し、組織体の目標達成に寄与すること、又は利害関係者に対する説明責任を果たすことを目的とする」

　ここで注目すべきは、同基準はシステム監査を、「システム監査人」が実施し、監査報告の利用者に一定の「保証」を与えることを目的に実施される監査を指すうえでの「監査の一類型」と定義していることである。つまり、監査には、外部監査、内部監査と異なる目的で実施される複数の類型が存在するものの、いわゆる「金融機関のシステム

監査」という語感から金融機関は、システム監査を高度人材が専門的に担う「システム監査人による監査行為」を指すものとして一意に特定してしまっている可能性が否定できないということだ。

　金融機関では、外部監査、監査役、内部監査といったように、複数の組織が同一のテーマで実務をこなしており、相互での情報連携は欠かせないものの、本来は監査の目的も着目すべき視点も異なる。にもかかわらず、ことシステム監査に至っては、監査役や内部監査が実施するはずのシステム監査は、専門家のシステム監査人が実施するシステム監査の見解や結果を追認するような行為にとどまっているように見えてならないのだ。

　この背景には、IT人材そのものやサイバーセキュリティをはじめ高度化する技術要件に精通した人材の内部監査部門としての確保、配置に困難を抱える事情が垣間見える。

　本来、内部監査部門が果たすべきシステム監査の要諦の1つに、専門性の高いシステム監査人による監査を念頭に、金融機関のシステムが金融当局や業界団体が定義する要件に沿って企画、開発され、安定した運用がなされているかの評価がある。つまり、内部監査部門は、過度にITの専門性を高めることばかりを期待されているのではなく、専門性の高いIT人材を抱えるシステム部門やITベンダー、メーカーに対する牽制機能の発現に重心を置くことも求められているのだ。

　金融機関のシステムは、金融当局が示すレギュレーションに沿って定義された業務要件を踏まえ、システム部門がこれを企画し、開発される形態を採っている。そこで内部監査部門では、金融当局が発出する政省令やガイドライン、業界団体からの通達、申し合わせ事項などを精査のうえ、金融機関に課せられる要件を整理し、当該要件に沿った評価作業を行うことが有効な一手となるだろう。つまり、内部監査

部門におけるシステム監査では、当局が検査を通じて確認しようとする視点を踏襲すればよいのだ。

　本書では、実際に金融機関の監査役（監事）として監査機能を担う立場にある筆者が、自身が被監査部門に問いかけているポイントを念頭に、金融当局が発信する種々の情報を網羅的に整理し、金融機関で内部監査機能を担う方々の参考に資することを祈念して執筆したものである。

　本書発行の時期には、新たに内部監査部門に配置され、監査のイロハから学ぼうとされる金融機関の行職員諸氏も数多おられることだろう。そのため本書では、必ずしも情報システムそのものや監査業務に精通しない方にも参考に資していただけるよう、必要以上の深度で情報システムや監査プロセス、監査規則の技術的な解説に偏らぬよう配慮した。

　本書が、こうした方々の、今後の効果的な監査業務の１つの拠り所として位置づけられたら望外である。

　末筆ながら、本書発行に際しては、経済法令研究会の松倉由香氏に構想段階から章構成に至るまで子細な指導とご協力を拝受した。この場をお借りして心から御礼申し上げたい。

2024年３月吉日

大野博堂

金融機関の内部監査とシステム監査

第 1 節

金融機関の内部監査高度化への期待

いま、金融機関のシステム障害は、利用者のみならず社会、経済全体に大きな影響を及ぼし、自組織にとって信用を大きく毀損する要因になることは自明。健全なシステムを持続するためには内部監査の実効性を最大限に高めることが期待されている。まずは、その核心について金融庁発出の 2 つの資料から整理する。

　2019年 6 月、金融庁は「金融機関の内部監査の高度化に向けた現状と課題」と題した文書（以下、「現状と課題」という）を公表した。公表の前提として金融庁は、「当局のモニタリングにおいても、本文書の個々の論点を形式的に適用したり、チェックリストとして用いたりすることはしない」としている。ただし、「現状と課題」記載の観点が業界団体から金融機関に対して示されたことに加え、「現状と課題」に基づくモニタリングが当局により実施されてきたのが実態だ。

　そのうえで2023年10月には、「現状と課題」公表後における金融機関向けの内部監査の高度化に向けたモニタリングにより得られた示唆が、「『金融機関の内部監査の高度化』に向けたプログレスレポート（中間報告）」（以下、「中間報告」という）として金融庁から公表された。

　「中間報告」は、大手銀行グループにおける内部監査の取組状況及び課題認識を整理したものとされてはいるものの、「現状と課題」を補完する位置づけとして、地域金融機関の内部監査の高度化にも資する情報である。

　そこで本節では、2019年公表の内部監査における「現状と課題」及

び2023年公表の「中間報告」記載の要件を解説することで、金融庁が金融機関の内部監査高度化に向けて期待するポイントを探っていく。

❶ 「金融機関の内部監査の高度化に向けた現状と課題」の要諦

(1)　公表当時の金融庁の問題意識の理解

「現状と課題」公表当時（2019年）、金融庁は当時の現状について、世界的な低金利環境が継続しており、金融を取り巻く環境そのものが激変しつつあると認識を示したうえで、フィンテックの進展のなかで金融機関業務が複雑化・高度化するところ、次の課題があるとした。

▶持続可能なビジネスモデルを構築することにより、業務の適切性や財務の健全性を確保し、金融システムの安定に寄与していくためには、ガバナンスが有効に機能していることが重要

▶内部監査部門が、リスクベースかつフォワードルッキングな観点から、組織活動の有効性等についての客観的・独立的な保証（アシュアランス）、助言（アドバイス）、見識を提供することにより、組織体の価値を高め、保全するという内部監査の使命を適切に果たすことが必要

こうした課題感は、内部監査部門が実務をこなすうえで最低限理解すべきものであり、内部監査規程の冒頭で述べるべき基礎的概念ともなる。

なお、「内部監査の使命」について、内部監査人協会（The Institute of Internal Auditors：IIA）は、次のように求めている。

〈IIAが示す内部監査の使命〉

▶内部監査部門は、リスクベースで、客観的なアシュアランス、アドバイス、見識を提供することにより、組織体の価値を高め、保全すること

そのうえで、内部監査におけるアシュアランス業務（Assurance Services）を次のように定義し、さらに関連用語を個別に解説している。

〈内部監査におけるアシュアランス業務の定義〉

▶組織体のガバナンス、リスク・マネジメント、及びコントロールの各プロセスについて独立的評価を提供する目的で、証拠を客観的に検証すること

・ガバナンス
  取締役会が、組織体の目標達成に向けて、組織体の活動について、情報を提供し、指揮し、管理し、及び監視するために、プロセスと組織構造を併用して実施すること。

・リスク・マネジメント
  組織体の目標達成に関し、合理的なアシュアランスを提供するために、発生する可能性のある事象や状況を、識別し、評価し、管理し、コントロールするプロセス。

・コントロール
  経営管理者、取締役会及びその他の者が、リスクを管理するために、また、設定した目標やゴールが達成される可能性を高めるために行うすべての措置。

「現状と課題」は、こうした認識の下、2019年当時の金融機関の内部監査の高度化に向けた現状と課題について整理されたものであることを理解することが肝要である。

　なお、金融庁は「現状と課題」公表に際し、「各金融機関が自身の規模・特性等を踏まえた主体的な検討を行うことが必要であること等に十分留意」する必要があるとしている。規模・特性とは、金融機関の資金量や全国展開の有無、業務の複雑性、顧客基盤の状況、といった複数の要素が個々に勘案される。そのうえで金融庁は、金融機関の内部監査部門と有意連携を図ることを掲げているのが特徴だ。

⑵　内部監査の水準に関するモニタリングの観点

　金融庁は、金融機関の内部監査部門が、ビジネスモデル、経営戦略及び組織態勢を前提としたリスクプロファイルに対応した監査を実施しているかといった観点等から、内部監査の実効性を検証している。

　また、内部監査部門等との対話を通じ、その「全般的な水準」について評価し課題を特定している。その際、内部監査の水準を3段階の発展段階として捉え、各段階での内部監査の評価視点を**図表1-1**のとおり定めている。なお、金融庁は、「現状と課題」の公表に合わせ、外国金融機関グループの内部監査部門並びにコンサルティング会社及び監査法人の内部監査に関する有識者との意見交換を行っている。そのうえで、海外の金融機関グループでの内部監査の先進事例を踏まえ、「第3段階を超えた内部監査の更なる高度化した段階」として参考情報ではあるものの、「第4段階」の存在に言及している。

図表 1 − 1　金融庁が定義する内部監査の発展段階と評価の視点

	第1段階 （Ver.1.0） 事務不備監査	第2段階 （Ver.2.0） リスクベース監査
内部監査部門に対する経営陣からの信頼度・期待度	□ 経営陣による監査の理解度が低く、規程の準拠性等の表層的な事後チェックといった限定的な役割に留まっている段階。内部監査部門には、事務不備や規程違反等の発見を通じた営業店への牽制機能を発揮する役割が求められている。	□ 経営陣による監査の理解度が徐々に高まり、第1段階の役割に加え、リスクアセスメントに基づき、高リスク領域の業務プロセスに対する問題を提起する役割が求められている。
内部監査の手法	□ リスクベースではなく、監査部員の経験・勘に依存しており、営業店の現物検査等を通じた指摘型監査が中心。	□ 内部環境や外部環境の状況を踏まえたリスクアセスメントを行い、高リスク領域の業務プロセスにかかる整備状況や運用状況の検証、営業店のみならず本部に対する監査や部署をまたいだテーマ監査の実施等が行われるようになる。
内部監査に従事する人材	□ 内部監査部門として中長期的な方針はなく、通常の人事ローテーションによる人員配置がなされる。	□ 中長期的な視点で監査人材のポートフォリオ管理を行い、ビジネスに対する専門性を意識した人員配置が行われるようになる。 □ 営業店等における管理能力向上の観点で、執行部門から短期トレーニーとして受け入れる等、部分的に内部監査部門を活用する動きがみられる。
品質評価	□ 内部監査の品質評価は未実施または実施していても形式的である等、PDCAサイクルが確立されていない。	□ 内部監査にかかる国際基準（IIA基準）に基づく品質評価を実施する取組みがみられ始める。

（出所）金融庁「金融機関の内部監査の高度化に向けた現状と課題」（2019年6月）を参考に

第
1
章

金融機関の内部監査とシステム監査

第３段階（Ver.3.0） 経営監査	第４段階（Ver.4.0） 信頼されるアドバイザー
□ 経営陣による監査の理解度がさらに高まり、内部監査部門を経営陣への有益な示唆をもたらす有用な部門と捉えている。第２段階の役割に加え、組織体のガバナンス、リスク・マネジメント及びコントロールの各プロセスの有効性・妥当性を評価し、各々の改善に向けた有益な示唆を積極的に提供する役割が求められている。 □ 経営目線を持つとともに、よりフォワードルッキングな観点から、内外の環境変化等に対応した経営に資する保証を提供している。 □ 内部監査部門の独立性が強く意識され、取締役会への直接的な職務上の指示・報告経路及び、内部監査部門の日々の業務を円滑に進めるための最高経営責任者（CEO）への部門運営上の指示・報告経路を確保する等の取組みがみられる。	□ 監査内容の保証やそれに伴う課題解決に留まらず、信頼されるアドバイザーとして、経営陣をはじめとする組織内の役職員に対し、経営戦略に資する助言を提供することが期待される。
□ 実質的に良質な金融サービスが提供されているかといった点に重点を置いた監査、経営環境の変化や収益・リスク・自己資本のバランスに着目した監査、経営戦略の遂行状況に対する監査も行われるようになる。これに伴い、よりフォワードルッキングなリスクの識別が必要となる。 □ ビジネスモデルやガバナンス等にかかる問題の根本原因の追及が行われるようになる。さらに、グループ・グローバルで業務を展開する金融機関においては、国内外の内部監査拠点との連携・報告連絡体制の見直しや監査手法の標準化等、グループ・グローバルベースでの内部監査態勢の構築がなされるようになる。	□ 加速する環境変化等に対応するためには、リスクの変動を即時に把握し、リスクの高まりが認められた場合には、必要な監査を速やかに実施するとともに、監査の内容も状況変化に合わせて迅速かつ柔軟に変更できる態勢を整えておく必要がある。
□ 経営監査のため、組織全体のビジネスや経営戦略を理解した人材が戦略的に配置されるようになる。また、内部監査部門の地位向上や組織におけるキャリア形成の観点から、若手行職員、部門長候補または経営者候補を内部監査部門に配属して経験を積ませたうえ、執行部門に管理職として戻す等のキャリアパスの運用といった動きがみられる。	□ 内部監査においてデータ分析を含むITを活用した監査手法が重視されるようになると、これに対応した監査人材の必要性が高まると考えられる。すでに海外金融機関の中には、すべての監査部員に対して一定のデータ分析技能の習得を求めている事例もみられ、こうした動きを参考とすることが有効となる。
□ IIA基準以外に、国際的にビジネス展開する地域等において関連する規制やガイドライン等を踏まえた品質評価を実施する等の取組みがみられ始める。	□ ITインフラの整備及びデータ分析をはじめとするITを活用した監査手法の高度化を図っていく必要がある。

NTTデータ経営研究所作成

海外の金融機関における内部監査高度化の背景として金融庁は、デジタライゼーションの進展による経営環境の急激かつ革新的な変化に加え、ステークホルダーからの要求の多様化・高度化があるとしている。また、海外では、金融機関におけるデータに着目したガバナンスの範囲は、政府主導で経済安全保障への対応等が加速していることも受け、単なる情報保全から、データ管理手法や内外での積極的な利活用へと拡大している。

　反面、こうした状況変化やステークホルダーの要求水準や要請事項の高まり・多様化が進む一方、役職員における教育や浸透策が実行されていない等を理由とした行職員の認識不足に起因するコンダクト・リスクが生じる格好となっている。したがって、第4段階で想定される内部監査部門の役割とは、第3段階までの機能に加え、経営や外部機関から「信頼されるアドバイザー」として位置づけられることを意識し、経営陣をはじめとする組織内の役職員に対し、「経営戦略に資する助言を提供」することが期待されるとしている。

　内部監査の第1段階から第3段階、さらには海外の金融機関にみられるような第4段階への発展・高度化を目指すうえでは、各金融機関の内部監査部門が、現時点での自らの対応の現状レベルを見極める必要がある。金融庁は、金融機関の内部監査水準が第3段階にあり、自律的な機能発揮が可能と認められる場合には、金融庁と金融機関の内部監査部門における情報共有体制を強化したうえで、モニタリングにおける活用を図る方針としている。

　現状では、業態も数も多い金融機関を対象に十分なモニタリングを行ううえでは、検査・監督を担う金融庁、財務局の職員数は不足しており、結果として定期検査見送りの一因ともされてきた経緯がある。そこで、こうした現状への対処として、金融庁は、検査実務における

金融機関の内部監査部門との連携が有用と判断したようだ。

　具体的には、事前に金融庁が内部監査部門と対話し、当局としての現下の関心事項（個別金融機関に関するリスクや課題事項、対象金融機関が属する業態に共通するリスクや課題事項、金融機関全般に共通するリスクや課題事項）を伝えたうえで双方の課題認識を共有する。また、これを受けた内部監査部門が、課題認識に沿ってリスクアセスメントを実施することが計画されている。なお、金融業態横断的に対応すべきテーマがある場合には、必要に応じて当局が内部監査部門に当該テーマの監査を要請し、結果を当局が受領する、といった推進手法が検討されている。

　さらに、当該結果を踏まえ、個々の金融機関における当局としての検査に濃淡をつける、といった流れも視野に入れた検討が進んでいるようだ。すなわち、第3段階に到達した金融機関の内部監査部門は、実態として「金融庁の別動隊」に近しい様態として位置づけられ、当局のモニタリング機能を代替することになる、という構想だ。

　こうした構想は、金融庁における内部監査への基本的な問題意識とも合致する。すなわち、かつて金融機関の内部監査部門はいわゆる「あがりポスト」として認識され、退職間近の行職員が配置されるなどし、結果として経営や組織への牽制機能が必ずしも果たされていないのではないか、といった指摘がなされていた点だ。こうした将来的な取組みを通じ、金融庁はモニタリングに従事する職員数の物理的制約と併せた解決を模索しているのであろう。

〈内部監査部門が認識すべき自己の役割〉

☐ 金融庁により、事後チェック型監査からフォワードルッキング型監査への転換（過去から未来へ）が図られていることを認識すること。

□ 金融庁が現状の内部監査を３つの発展段階で定義し、準拠性監査から経営監査への転換（形式から実質へ）を図るべきであることを認識すること。

□ 部分監査から全体監査への転換（部分から全体へ）を図るべきであることを認識すること。

□ 内部監査態勢の整備、三様監査（内部監査、監査役等監査、外部監査）の連携を図るべきであること認識すること。

□ 金融庁は、将来的に内部監査部門との連携により金融機関のモニタリングを実現しようとしていることを理解すること。

2 「『金融機関の内部監査の高度化』に向けたプログレスレポート（中間報告）」の要諦

　「現状と課題」の公表から４年後となる2023年10月、「現状と課題」の更新版となる「『金融機関の内部監査の高度化』に向けたプログレスレポート（中間報告）」が公表された。「現状と課題」では、内部監査の水準について、４つの発展段階が示されており、大手金融機関は「第２段階〜第３段階に位置づけられる」とされていた。

　「現状と課題」の公表後、金融庁は金融機関に対し、内部監査の高度化に向けたモニタリングを重ねており、大手銀行グループについては、通年検査の一環で内部監査部門のトップと内部監査の高度化に向けた取組状況や課題について対話したとしている。併せて、外部有識者との間でも、金融業界の内部監査機能の発揮状況や海外の先進事例に関して意見交換を進めてきた。「中間報告」は、こうしたモニタリング等を踏まえ、大手銀行グループにおける内部監査の取組状況及び課題認識が整理されている。

例えば、被監査部門が自己認識している課題及びその改善対策を内部監査部門へ申告する制度を整えている金融機関があり、これを受けて内部監査部門が被監査部門のマネジメント層のリスク認識及び内部統制構築への取組状況を評価するとともに、改善対応策の定着までフォローアップ、アドバイスする制度を導入した例が紹介されるなど、地域金融機関にとって有効と思われる取組みも存在する。その結果、大手銀行グループでは、第3段階から第4段階に進んでいると認識されるグループも見受けられた、と金融庁は報告しており、「現状と課題」公表からのわずかな期間で、大手銀行グループにおける内部監査機能の高度化が急激に進展した様子が窺える。

(1)　大手銀行グループにみられる有意事例

ここでは、「中間報告」で掲出された大手銀行グループの事例を抜粋して取り上げる。

なお、大手行であることから、海外グループ会社における監査における改善ポイントや、監査委員の機能改善等の事例も多く含まれる点に留意すべきである。金融機関の内部監査部門では、自行庫の内部監査の発展段階に応じ、適宜「中間報告」本編を参照しつつ必要な要素を取り込むことで、監査レベル引き上げに向けた材料として取扱うことを推奨する。

①優位事例：経営陣や監査委員・監査役による内部監査部門への支援

- 内部監査の重要性に関して、経営陣と内部監査部門が、次期の中期監査計画に合わせて1年間に亘って内部監査の役割、目指すべき姿等を議論している事例
- 内部監査部門の役職員を増員、予算を増額している事例
- 内部監査の有用性に関して、各種会議体の議長から内部監査部門

の意見を求められることが多くなったとする事例

- 社外の知見を積極的に内部監査に取り入れるため、監査委員・社外監査役との意見・情報交換を頻度高く実施している事例
- 社外の立場から見て注力すべき領域や個別監査の監査視点の妥当性、監査手続の内容等について監査委員から助言を受けている事例

②優位事例：内部監査部門における高度化に向けた取組み

- 内部監査部門が「経営に資する提言」を定義づけし、経営陣と認識共有している事例
- 経営陣や監査委員・監査役、事業本部長等の課題やリスク認識を踏まえた監査テーマを選定している事例
- 経営課題の真因の特定及び改善策を提言するため、真因分析の強化に取り組んでいる事例
- ビジネスモデルや経営戦略を理解した経営企画部門経験者を、内部監査部門に配属している事例
- オフサイト・モニタリングの導入や同モニタリングで認識した懸念点を、適時に所管部門へ提言する手法を導入している事例
- ベテラン監査員で構成する品質評価の専門チームが、伴走的に個別監査の実施状況を評価している事例
- 品質評価の結果を踏まえ、監査委員と次年度以降の高度化に向けた対応策を協議している事例

③優位事例：被監査部門に対する内部監査への理解・浸透やリスクオーナーシップの醸成

- 業務内容説明会や階層別研修会において、内部監査の役割や業務内容を説明している事例

- 営業店監査の臨店時において、営業店行職員に対して内部監査の目的を説明している事例
- 被監査部門が自己認識している課題及びその改善対応策を、内部監査部門へ申告する制度を導入している事例
- 上記申告を基に、内部監査部門が被監査部門のマネジメント層のリスク認識及び内部統制構築への取組状況を評価するとともに、改善対応策の定着までフォローアップ、アドバイスする制度を導入している事例

〈内部監査部門への示唆〉

　大手銀行グループで確認された有位事例などを踏まえ、内部監査部門においては、次の観点で内部監査部門の機能強化や実効性確保を図ることが有効となろう。

▶経営陣との連携強化

- 内部監査部門が「経営に資する提言」を具体的に要件として定義したうえで、経営陣と認識を共有することが有効である

▶監査計画の実効性確保

- 内部監査部門が検討した監査計画を経営陣に通知し、承認を得るだけではなく、事前に内部監査部門と経営陣が共同で内部監査の役割、目指すべき姿の意識合わせを行ったうえで、要諦を内部監査計画に反映することが有効である

▶経営課題の分析作業

- 経営陣への提言には、個々の経営課題の真因の特定及び改善策の立案といった分析作業が欠かせない
- 自行庫のビジネスモデルや経営戦略を理解した経営企画部門経験者を内部監査部門に配属させることが有効である

▶内部監査部門の機能強化

- 自行庫内の各種会議体の長から内部監査部門に意見を求められ

るような存在を目指すべきである
- 人員が限られるなかで効果的な監査を実現するうえでは、対象部門向けにセルフチェックシート等を配布するなど、オンサイトのみならず、内部監査部門主導で独自のオフサイト・モニタリングの仕組みを導入することが有効である

⑵　大手銀行グループにおける現状の課題

　「中間報告」では、大手銀行グループへのモニタリングを通じて認識された課題について、「第3段階の水準にあると自己評価した大手銀行グループ」と「第3段階へ向けた途上水準にあると自己評価した大手銀行グループ」に峻別したうえで、双方の自己評価に基づく課題認識を取りまとめている。

　例えば、「第3段階の水準」にあると自己評価した大手銀行グループの経営陣や監査委員・監査役であっても、内部監査部門に対しては、機動的な監査や経営戦略等を対象とした監査等を期待していることがわかる。すなわち、人材豊富で高スキル人材が内部監査部門に配置されていると捉えられがちな大手行といえども、現状の内部監査部門の取組みは一部受動的なものにとどまるなど、経営層から見ても相応の課題を認識している様子が窺えるだろう。

　同様に、内部監査部門による自己評価結果をみると、「ステークホルダーの視点を意識した監査」や「会社全体で見た経営課題に関する真因の特定」のほか、「第1線・第2線と第3線との間での人材の好循環化」等が現状の内部監査部門における課題として認識されていることがわかる。

①経営陣や監査委員・監査役の期待及び課題

　いわゆるリスク・アプローチを念頭に、ビジネス環境の変化に応じ

た機動的な監査の実施や、経営戦略そのものを対象とした監査の必要性に訴求する声もみられるのが特徴である。また、単なる事務領域での監査にとどまらず「攻め」の観点や業務効率化の観点での改善提案を期待する声も寄せられている。

▶第3段階の水準にあると自己評価した大手銀行グループの課題認識

- ビジネス環境の急変に伴い発生するリスクを捉えた機動的な監査の実施
- 経営戦略の策定・遂行・浸透状況、経営資源配分の十分性・適切性等の、経営戦略等を対象とした監査の実施
- コンプライアンス上の課題等の守りの観点に対する指摘に加え、戦略遂行上の課題等の攻めの観点や業務効率化の観点を含めた提言
- 経営課題の根本的な原因について解決策の提言

▶第3段階へ向けた途上水準にあると自己評価した大手銀行グループの課題認識

- 第三者の立場で、言いにくいことであっても事実に基づき自由に発言する姿勢
- 内部管理態勢に対するアシュアランス機能の発揮
- 環境変化を適時・適切に捉えた監査の実施
- シンクタンクのようなソリューションを提供する組織
  ※単なる指摘にとどまらず、具体的な改善手法や対策について言及、提言することを指しているものと思われる。

②内部監査部門が認識している監査態勢・監査基盤等に関する主な課題

監査部門の待遇や人事異動での有意人材の配置要望等、大手行といえども人材や待遇での要望が寄せられていることがわかる。また、問

題解決やプレゼンテーションスキルの必要性が挙げられるなど、より経営層に訴求するために内部監査部門として必要なスキルセットの必要性が課題として認識されている。

▶第3段階の水準にあると自己評価した大手銀行グループの課題認識

- 株主、経営者、従業員、金融当局等のあらゆるステークホルダーの視点を意識した監査の実施
- 会社全体でみた経営課題に関する真因の特定
- 健全な業務運営を支える内部統制が「適時」「適切」「適度」に整備／運用されているかといった観点からの監査の実施
- 監査対象の業務やプロセスの理解
- 未然予防に重点を置いたフォワードルッキングなリスクの識別
- 内部監査部門をキャリアの終着点とせずに、監査で実績をあげた監査員の昇進・昇格
- 素質ある人材を継続的に内部監査部門に配置してもらう好循環の確立
- 問題の原因を分析し、解決策を提言する問題解決スキル
- 納得度の高い筋道の通った主張をするプレゼンテーションスキル
- 聞く力・伝える力からなるコミュニケーションスキル向上のための人材育成

▶第3段階へ向けた途上水準にあると自己評価した大手銀行グループの課題認識

- 準拠性監査から業務プロセスに係る整備・運用状況を検証する監査への移行
- 分析のためのフレームワークを活用した問題の根本原因の追究
- グループ全体のリスクを網羅的に把握し、的確に評価する仕組

みの構築
- グループ会社全体での監査品質の均質化・向上
- 経営監査を担う人材確保・育成
- 経営全体を見渡す視野を持った監査要員の育成

③内部監査部門が認識している被監査部門に関する課題

実際に被監査部門に臨店監査等で赴いたり、コミュニケーションを取ろうとする場合、内部監査部門担当者がお客様扱いされたり、対立関係として被監査部門に認識されることを課題として認識している様子が窺える。これを念頭に、被監査部門に対する積極的な内部監査部門の重要性や必要性等をはじめとした周知啓発活動の必要性を訴える声が挙がっている点が印象的である。

▶第3段階の水準にあると自己評価した大手銀行グループの課題認識
- 被監査部門に対する、内部監査の役割の理解・浸透

▶第3段階へ向けた途上水準にあると自己評価した大手銀行グループの課題認識
- 被監査部門が内部監査を積極的に受け入れ、協力する風土の醸成
- 第1線／第2線／第3線は本来対立する関係ではなく、共通目標を達成するための仲間であるということの被監査部門の理解
- 業務説明会や社内報等を活用した内部監査の重要性・必要性の社内通知

(3) 「中間報告」を通じて金融庁が示す主要な論点

「中間報告」では、今後の金融庁における方向性のほか、全体を通じた主要な論点が示されている。地域金融機関としては、論点として

示されたポイントをあるべき姿として独自に解釈し直し、現在の自行庫の内部監査機能の現状とあるべき姿とのフィット＆ギャップ分析を行う必要があるだろう。

論点1 経営陣や監査委員・監査役による内部監査部門への支援状況の確認

経営陣や監査委員・監査役が、以下の検討を行っていることを確認することが期待されている。

〈確認ポイント〉

- ☐ 自行庫の経営基盤・規模・特性・経営戦略等を踏まえた内部監査の在り方を検討しているか。
- ☐ 経営陣や監査委員、監査役は内部監査の高度化を支援しているか。
- ☐ 内部監査機能を経営判断や経営戦略立案に活用しているか。

金融庁では、内部監査について、経営陣のトップダウンでの判断のみならず、より具体的な部分に踏み込んだ関与を強めるよう要請していることがわかる。また、経営陣のみならず、監査委員や監査役と連携した内部監査の高度化を推進していることを理解し、3者間での情報連携基盤を確立することも促している。内部監査部門としては、金融庁からかかる要請が論点として示されていることを経営陣に認識してもらうことで、自行庫における具体的な対応に向けた活動の底上げを図る必要があるだろう。

論点2 内部監査部門の監査態勢高度化・監査基盤強化

また、金融庁は、内部監査部門自らが以下の検討を行うことを要請している。

〈確認ポイント〉

☐ 経営陣や監査委員・監査役との意見・情報交換をしているか。

☐ 内部監査部門の独立性を確保しているか。

☐ リスクを洗い出し、監査領域を絞り込んでいるか。

☐ リスクの変化に機動的に対応しているか。

☐ 真因分析を踏まえた改善提案を行う等の深度のある監査を実施しているか。

☐ ITやデータ分析を監査へ活用しているか。

☐ 継続的に監査品質の向上に取り組んでいるか。

☐ グループ・グローバルでの監査態勢の整備に取り組んでいるか。

☐ 内部監査部門として、どのように人材確保・育成に取り組んでいるか。

☐ 内部監査部門として、どのような監査システム・ツールを導入しているか。

　論点1は「経営陣への金融庁の期待」という理解ができるが、論点2のポイントは、内部監査部門に能動的な取組みを要請している部分である。内容のほぼすべてが、現状で金融庁自らが個々の金融機関のガバナンス検証ポイントとしている点であることにも注目すべきである。

　なお、監査システム・ツールとしては、行職員が利用する本部・営業店端末等の動作や操作ログ等をリアルタイムに閲覧、参照可能な監視ツール等が複数のITベンダーより提供されていることもある。また、いわゆる経営ダッシュボードのように、自行庫で内部生成された各種データや統計情報を一目で捕捉・表示可能なツールも存在することから、こうしたデジタル化武装により、少人数での幅広い監査対象のカバーを効果的に実現することも有効な一手となる。

論点3 被監査部門に対する内部監査への理解・浸透やリスクオーナーシップ醸成

被監査部門に対する内部監査への理解・浸透やリスクオーナーシップ醸成については、以下の検討を行うことを要請している。

〈確認ポイント〉

☐ 被監査部門に対する内部監査への理解・浸透を図っているか。

☐ 被監査部門のリスクオーナーシップの評価や醸成、被監査部門とのコミュニケーションを図っているか。

内部監査機能の高度化には、現場部門の理解や協力への意識変革が必要となり、これに向けた組織内での意識啓発や当該意識の浸透が欠かせない。そのため、**論点3**として金融庁は、経営陣や監査委員・監査役、内部監査部門に共通的な課題として組織だった連携態勢の構築を提起していることがわかる。

金融機関の内部監査において理解すべき当局の考え方

ここでは、当局が公表する最近のシステム障害の発生傾向を類型的に捉えることにより、当局が内部監査部門に期待するチェックの視点と、システム障害避止に向けた内部監査の基本的な考え方を整理する。

1 最近のシステム障害などからみたシステム監査の重要性

(1) 金融機関で相次ぐ大規模システム障害

金融機関が利用する情報システムで昨今、大規模な障害が相次いでいる。原因は様々だが、金融庁は、金融機関で発生したシステム障害を「障害発生等報告書」として提出を受ける都度、金融機関に対して障害の発生理由やその復旧状況を確認するとともに、当該障害の真の原因や事後改善策の報告を受けている。

こうしたシステム障害に関する報告を踏まえ、金融庁では2019年以降、近年のITやデジタライゼーションの進展に伴う特徴的な事案などを中心に、分析結果や事例を「金融機関のシステム障害に関する分析レポート」として公表しはじめた。

金融機関では、フィンテック企業をはじめ新たに金融サービスに進出してきた事業者との連携を強化する一方、システムコスト削減を念頭に、システムそのものの合理化施策を進展させている。この過程で、システム障害により多数のATMが利用不可となるなど、全国的に大

きく報道されるような大規模障害も確認されており、多数の顧客に影響を及ぼす事案も発生している。

　さらに、障害発生時に、機器のバックアップへの切替えができない、もしくはバックアップ機器自体にも同時に障害が生じるなどして実質的に機能しない例が確認されてもいる。したがって、単に機器の多重化がなされていれば良し、といった従来のような端的な判断は容認されない状況にもある。

　こうしたケースでは、初動態勢そのものの瑕疵が併せて露呈することが多い。単に障害のモニタリングに人員を割いていたとしても、障害時に実務を担うのは、システム部門のみではない。顧客対応を担う営業部門や、店頭での顧客誘導などを中心に、複数の部門が速やかに緊急時行動を実践する必要があるためだ。つまり、障害時における復旧方針や具体的な対応手順を規程類やマニュアルとして整備するとともに、対応組織ごとに役割分担を明確に定義していない実態が顕在化したことで、金融庁は令和4年同レポート（2022年6月）の中で、「復旧に想定以上の時間を要する事案が複数見られた」と断じている。

　金融庁では、過去に確認された障害事例を通じ、「現状を過信することなく、経営陣の積極的な関与の下、障害発生時を想定した顧客目線での対応態勢を整備することが課題」としており、昨今は、ボトムアップでの対応ではなく、経営陣自らが指揮を執り、緊急時を想定した対応態勢の整備を構築するよう促している。

　むろん、障害を発生させないことが大前提であり、重要な機器の多重化は当然として、あらかじめ障害発生パターンを可視化したうえで、実効性の確保や、具体的な復旧手順を子細に定義のうえ、訓練等によるシステムリスク管理態勢を高度化するよう要請している。さらに、こうした活動を継続するうえで欠かせないのがPDCAサイクルの実装である。

　このように、単に障害を未然に防ぐといった目的のみならず、障害発生時の業務の早期復旧を通じ、顧客に与える影響の軽減を実現することが重視されるなか、金融機関として実効性のあるシステムリスク管理態勢の整備に組織的に取り組むことが問われている。

　内部監査部門においては、同レポートなどにおける過去の障害事例やその分析結果を参照しつつ、金融システムの安定性確保や利用者保護を念頭に、自行庫のシステムリスク管理態勢の整備・高度化に向けたチェックリストとして活用することが望ましい。

⑵　金融庁への提出が必要な「障害発生等報告書」

　金融庁では、障害発生の都度、金融機関に「障害発生等報告書」（**図表1-2**）の提出を義務づけている。

　記載要領として要請されているのは迅速な当局への第1報である。「障害等の全容が判明する前の断片的なものであっても差し支えないものとする」としており、いかに内部での情報エスカレーションをスムーズにこなせるかが重要であるかがわかるだろう。

　そのうえで第2報以降については、「第1報後の状況の変化」に応じて、都度適時にその状況を記載することを求めている。この際、当局への文書に記載する「連絡日時」欄には、報告を行った時点での日時を記載することとされている。

　また、障害発生によって金融機関が提供する各種サービスへの影響が多岐に亘る、あるいはその発生原因が複合的なものであるなどの場合が想定されるが、こうしたケースでは、あらかじめ当局が定義した様式への記入が困難な場合がある。その場合は、適宜捕捉説明資料等の有無を様式に示したうえで、別紙に記載し、添付することも可能とされている。

　したがって、実態としては、当局への報告様式は鑑文を整えさえす

図表1−2　コンピュータシステムに障害等が発生した場合の当局への届け出様式

コンピュータシステムに障害等が発生した場合
様式4−45

金融庁長官　○○○○　殿

金融機関名
代　表　者

担当者情報
所属
氏名
電話番号
E-mail

今般、以下のように障害等が発生したので、（文書番号）に基づき報告します。

障 害 発 生 等 報 告 書

（第　報）　　　　　　　　　　　　　　（連絡日時：　　年　月　日　時　分）

項　目		内　容
障害の発生日時・場所	発生日時	年　　月　　日　　時　　分頃
	発生場所	
障害の発生したサービス	サービスの概要	
	サービスへの影響	
障害原因	障害分類	
	原因内容等	□ 未確認　　□ 確認済 内容（　　　　　　　　　　　　　　　）
対象システム	システム名称	
	システムの概要	
被害状況等	復旧見込	□ 復 旧 済 み（　日　時頃） □ 復旧見込み（　日　時頃） □ 不　　　　明
	被害状況	
	復旧までの影響	
他の事業者等への影響等		
対処状況	復旧までの対応	
	対外説明	
	その他の連絡先等	
事後改善策		

（出所）金融庁「障害発生等報告書」

れば、内容自体は実質的に任意で提出可能ともいえる。あくまで重要なのは、報告書そのものの形式的な外形面ではなく、「事象と影響を正確に報告すること」にあることに留意すべきだ。

　実際の障害に際して、「障害の発生日時・場所」欄における「発生場所」については、障害が発生しているシステムの設置場所等（市町村名まで）及び店舗等の名称を記載することが要請されている。ただし、昨今相次ぐ大規模障害のように、全店舗共通のシステム基盤そのものに障害を生じる場合などを踏まえ、あくまで「障害が与える影響範囲」をその時点で可能な範囲内で類推し、見極めることが大切だ。

　とかく影響範囲を矮小化して捉え、「大したことはない」といった体を装う金融機関もかつてはみられたものの、その後に生じるであろう風評への影響を勘案するならば、その時点で見積もられる最大限のリスクを念頭に置くべきである。

　様式においては、「障害原因」を記入する欄がある。ここでの「障害分類」は、報告時点で判明している限りでの評価とはなるだろうが、障害分類表で示される原因の中から分類可能なものを記載することとされている。また、障害の原因が多岐に亘る場合などについては、「該当し得るものを複数記載すること」が可能とされている。

　例えば、単純なハードウェア障害が生じたところで、このタイミングに乗じて悪意の第三者が当該機器やシステムを標的としたサイバー攻撃を仕掛ける場合などが想定されるが、こうしたケースでは単なるシステム障害なのか、外部からの攻撃による障害なのかの峻別ができないことが考えられる。したがって、考えられるあらゆる原因系因子をあくまで速報ベースとして捉え、選択のうえ届け出ることになる。

　システム障害の原因としては、昨今相次ぐ自然災害などが契機となる場合もある。「災害」を起因とするシステム障害については、とり

第1章　金融機関の内部監査とシステム監査

わけ金融庁は限定的な表現を用いて届け出要件を定義しているのが特徴だ。

金融庁では、「通信障害による遠隔地での通信スループット低下等のように、被災地以外で発生したものに限り、本様式に記載すること」としているのが特徴であり、実際に災害等の影響下にある被災地で何等かのシステム障害が発生している場合においては、当該システム障害は届け出対象には当たらないとしていることに留意する必要がある。

つまり、災害発生時には避難を含めた人身の安全確保などが優先されるべきであり、客観的に災害に起因すると合理的に推定が働くシステム障害に限っては、その報告の必要はないとしているわけだ。

図表1-2様式の項番5．として「被害状況等」欄があり、その中の「被害状況」については、顧客への影響等をはじめとした被害が確認されている場合には、必要に応じてその状況を記載することとされている。一次的かつ小規模なシステム障害にとどまった、あるいは速やかにバックアップシステム等に切り替える等して実質的な顧客への影響や行庫内外への影響を生じさせなかった場合などは、記載の必要はない。

ただし、様式における項番6．「他の事業者等への影響等」欄については、自行庫への影響ではなく、他の金融サービス事業者等に対して同様もしくは類似のサイバー攻撃やシステム障害等が波及する可能性を勘案する必要があり、その恐れがある場合には、具体的にその内容を記載することが要請されており、注意が必要である。

(3) 最近のシステム障害の全体的な傾向

ここでは、金融庁が2023年6月に公表した「金融機関のシステム障害に関する分析レポート」から、2022年度に発生したシステム障害の

図表１－３　2022年度の金融業態全体における障害発生傾向

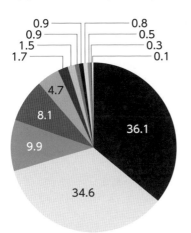

管理面・人的要因	36.1%
ソフトウェア障害	34.6%
その他の非意図的要因	9.9%
ハードウェア障害	8.1%
外部からの不正アクセス、Dos攻撃	4.7%
その他の意図的要因	1.7%
情報通信分野（電気通信）からの波及	1.5%
水道分野からの波及	0.9%
上記以外の他分野からの波及	0.9%
コンピュータウイルスへの感染	0.8%
電力分野からの波及	0.5%
その他	0.3%
災害や疾病	0.1%

（出所）金融庁「金融機関のシステム障害に関する分析レポート」（令和５年６月）

傾向などを探っていくこととする。

　図表１－３に示した金融業態全体的な傾向をみると、「管理面・人的要因」「ソフトウェア障害」による障害が全体の約７割と、太宗を占めていることがわかる。

　「管理面・人的要因」による障害とは、すなわち、外的要因ではなく内部的要因により障害が引き起こされた事例である。金融庁が確認している事例としては、以下の事象が認められたとしている。

▶有識者が適切にアサインされなかった

　　設計の各段階やテスト工程におけるレビューそのものの時間が不足していたり、レビューに必要な観点が網羅性を欠いていたことなどで、設計時の誤りを検出できず、障害を発生させた事案。

▶システム開発部門とシステム運用部門の連携ミス

　　開発部門と運用部門との間で認識の相違や意識離齬が生じ、誤

った認識の下で作業を実施し、結果的に障害を発生させた事案。

　他方、「ソフトウェア障害」については、以下のような報告がなされており、結果的にATMやインターネットバンキング（IB）の障害が発生したとしている。

▶設計時の考慮不足

　　設計段階で合理的かつ安全な閾値などの設定を怠ったり、誤った設定を行うなどし、その前提仕様でプログラムをコーディングした結果、ソフトウェア障害を引き起こした事案。

▶有識者が適切にアサインされなかった

　　対象業務あるいはソフトウェア開発に精通する有識者が適切に配置されなかったことから、テスト時のレビューの観点の網羅性が不十分なものとなり、その結果、必要なテストケースを実施しなかったことに起因するソフトウェア障害等を生じさせた事案。

　以上は、内部的因子から生じた障害事例となるが、サイバー攻撃など、外部起因のリスクにより生じた障害についても2021年度に続き多数報告されている。金融庁が毎年金融行政方針に言及しているとおり、「外部委託先への不正アクセスによる顧客情報の漏えい事案」「外部委託先を含む金融機関への**DDoS攻撃***により、金融機関のホームページの閲覧ができなくなる事案」などが継続して発生しており、重要な外部委託先も含めたサイバーセキュリティ対策等の整備状況の把握及びその実効性の検証といったオペレーション・レジリエンスの確保・向上が必要であることがわかる。

> **＊DDoS攻撃**：Distributed Denial of Service attack。分散型サービス拒否攻撃。ウェブサイトやサーバーに対して過剰なアクセスやデータを送付するサイバー攻撃（DoS攻撃：Denial of Service attack、サービス拒否攻撃）を、対象のウェブサイトやサーバーに対して複数のコンピュータから大量に行うこと。サーバーやネットワーク機器などに対して大きな負荷がかかるため、ウェブサイトへのアクセスができなくなったり、ネットワークの遅延が起こったりする。

　そのうえで金融庁は、「IT資産の適切な管理や不審メール受信時の対応といった基本的な対策を実施するための態勢整備が引き続き課題」としている。要は、高度な技術的対策を物理的に実装するのみならず、いわゆる非物理的対処としての行職員の対応や組織立った連携態勢の構築が必要だということだ。

　非物理的対処たる行職員の行動そのものに着目した対応の高度化を念頭に、金融庁では、毎年秋口に「金融業態横断的なサイバーセキュリティ演習（Delta Wall）」を開催している。2023年度も、10月下旬に160を超える金融機関が参加するなか、総合政策局リスク分析総括課ITサイバー・経済安全保障監理官室の主催によりDelta Wall Ⅷが実施されており、各国で開催されているサイバーセキュリティ演習とは異なり、演習後にプロセス単位での評価結果や改善の方向性が参加金融機関に明確にフィードバックされるなど、本格的な情報連携演習として注目されている。

　なお、このDelta Wallに組み込まれる想定インシデントには、直近で金融業態において確認された実際のサイバー攻撃の事例を踏まえたシナリオが想定されており、実務に即した判断や指示を即時に発出する必要のあるシーンを意図的に生み出すことで、内部組織間、さらには外部機関間との情報連携の必要性を認識させることを目的としていることが特徴である。

金融庁では、システム障害における顧客対応について、「迅速に行う等の好事例も認められ」たとしているものの、やはり、障害復旧に関する不芳事案も認められたとしている。そのうえで、確認された実際の障害事例やベタープラクティス等を踏まえ、以下の4点を、特に金融業態共通の課題として示している。

①経営陣がサイバーセキュリティを含むITレジリエンスの強化（重要な外部委託先を含む）を主導すること。

②経営陣の指示の下、経営上の計画における施策を策定するとともに実施すること。

③必要なリソース（予算及び人材）を確保するとともに適切に配置すること。

④インシデント対応においては顧客目線での対応、インシデントの影響の最小化、重要業務の早期復旧等を実現させるための態勢整備を行うこと。

　これらに共通するのは、いずれも経営トップとしての矜持が問われていることである。システム障害を物理的にゼロとすることは現実的ではないにせよ、発生時に自行庫や顧客に与える影響を矮小なものにとどめおくうえでは、経営トップがシステムそのもののリスク評価や運用、障害時の事後対応を現場任せにするわけにはいかず、それぞれの場面で経営トップ自らが陣頭指揮を執ることが要請されているわけだ。

　例えば、システム障害やサイバー攻撃を模した訓練や演習に際しては、経営トップ自らが陣頭指揮を執ることが金融庁の「監督指針」においても明示されていることを意識せねばならない。

⑷　2022年度におけるシステム障害の事例

　以降、ここでは金融庁が定期的に公表している「金融機関のシステム障害に関する分析レポート」を参照しつつ、最近の代表的な障害事例から内部監査部門として留意すべきポイントを探っていくこととする。なお、本稿で参照している同レポートにおける障害事例は、2018年7月から2022年3月までに金融庁に報告された「障害発生等報告書」によるものである。

事例1 システム統合・更改時に発生したシステム障害

　金融機関の合従連衡が進む現下、大規模なシステム統合や更改プロジェクトが進行している。こうしたなか、統合後のシステム稼働時に振込みに関する障害が発生し、顧客の決済に影響を及ぼすような事例が報告されている。また、**レガシーシステム***で新たな機能追加を行い実稼働させた直後に、勘定系システムが障害により停止したケースも確認されている。

　こうしたケースでは、事前のテスト工程における検証が十分でなかったことを原因に、コーディングされた新プログラムの不具合を見過ごしたり、あるいは、新たに追加した機能が発端となり、他の既存機能に影響を与える可能性が炙り出されていなかったことが考えられる。

　金融庁では、こうした障害の原因として、「旧システムの仕様に係る理解不足」や「テストケース不足」等を挙げている。背景にはレガシーシステムの仕様に精通した内部人材が高齢化等により社外に転出したことに加え、「経営陣における現場実態の把握不足がある」と指摘しているのが特徴的だ。

　内部監査部門としては、プロジェクト特性に基づいたプロジェクト管理態勢が整備されているかどうか、さらに、レガシーシステムの仕様を誰が把握しているのか、IT人材は十分に確保されているのかど

うかといった人的・組織的対応力の評価に加え、各工程におけるテストケースが不足していないか、といった観点で確認を行う必要がある。

さらに、過去の事例では、システム統合の進捗状況やリスク評価に関する子細な状況が必ずしも正確に経営層に伝わっていなかった例も確認されており、経営層の認識について監査役等を通じ、取締役会での報告状況やリスクの認識について確認しておくことが望ましい。

> ＊**レガシーシステム**：過去の技術や仕組みで構築されているシステム。導入から長い期間が経過し、老朽化、複雑化、ブラックボックス化しているケースが多くみられる。

事例2 プログラム更新時における設定ミスに起因するシステム障害

新たなプログラムを導入する際や、既存システムに用いる基盤ソフトウェア（PP）のアップデート時において、本番環境のシステムにおける設定ミス等に起因するシステム障害が複数報告されている。報告されている原因の中では、「製品導入時におけるシステム機器の仕様に係る確認不足」のほか、「設定変更箇所の洗い出しの漏れ等による設定ミス」が挙げられている。こうした単純な設定ミスが、結果的にATM等での取引に影響を与えるなど、重大な障害を招いている。

本質的には、いかに設定ミスを防止するかが課題となるが、内部監査部門としては、「あらかじめ定めていた作業目的や業務要件を正しく作業手順に反映しているか」や「本番環境の実態に即したテストの実施有無」を確認することが必要である。金融庁は、現場での「作業の誤りが発生しない仕組み」を整備すること等により、「システムの設定作業の品質を向上させることが課題」としている。

とりわけ、頻繁に人事異動がみられる金融機関では、プロジェクト進行中の人事異動等のタイミングには特に注意が求められる。そこで、人事異動等で担当者を変更した場合には、改めて「ノウハウの引き継

ぎができているか」といった点を中心に確認する必要がある。

事例3　バックアップ構成の機能不全により生じた障害

　いわゆる機器のバックアップを中心とした対応であるが、とりわけ可用性が求められる重要システムで採用される方式のため、障害時には顧客に甚大な影響を及ぼす重大障害となる恐れがある。

　事例としては、バックアップ機器自体の「十分な実効性の検証」を行っていなかったが故に、実際の障害時に本番環境からバックアップ環境にスムーズに切り替わらなかった例のほか、バックアップシステムへの切替手順が不備で、結果的に復旧時間が過大となり、顧客に大きな影響を及ぼす事例が確認されている。

　なお、「当初設計段階で想定していたトラフィックが傾向的に増加したことでハード的な受容量を超過した」「長年使い続けたハードウェアが構造的に劣化していた」といった、事前に察知できるはずの予兆を見過ごした結果、障害を未然に防ぐことができなかった事例がみられる。

　内部監査部門としては、単に機器が二重化されているから問題ない、といった判断ではなく、同レポート内で金融庁が指摘しているように「冗長構成が意図どおりに機能するように実効性を確保しているか」を中心に、現場における現状の過信を排除し、障害の予兆を捉えた未然防止策が効果的に導入されているかを客観的な目で問いかけることが大切となろう。

事例4　復旧手順の定義漏れや想定不足によりもたらされた事案

　システム障害発生時、復旧作業を行う過程で思うように作業が進捗せず、速やかな復旧に至らない例が報告されている。当該障害では、事前のテスト段階での障害パターンの想定が不足した結果、これに対

応した復旧手順がマニュアルとして整備されていなかったことが原因として挙げられている。また、システム機器の操作ミス等により、復旧までに想定以上の時間を要し、当日取引のために必要な処理の時限に間に合わず、翌営業日の処理となった事例が報告されている。

　内部監査部門としては、現場担当者が障害パターンを十分に想定しているかを確認することが考えられる。金融庁は「設計時の冗長構成では対応できないシステム障害（ハードウェアの多重障害等）が発生する想定」を含むべき、としており、こうした事例を参照しつつ、チェックリストに組み込むことも有効となろう。

　さらに、障害の発生箇所に着目すれば、障害発生時に手動でのバックアップ機器への切替えを行うなどの対策を検討しているかといった照会を行うことも考えられる。金融庁では、「システムの強制的な切離しや副系の単独起動等の対策」の整備や、これを復旧手順として定義したうえで実際に障害復旧訓練のリスクシナリオとして組み込んだBCP訓練を実施しているかといったチェックも必要であるとしている。もとより、障害発生時の顧客影響の確認方法の整備状況についても現場の認識を把握することが大切だ。

　外部ベンダーや新たなフィンテック企業との**API接続***等が当たり前となった昨今、金融機関の情報システムはかつてより複雑化・高度化している。こうした状況で、各システム障害が「どのサービス」の「どの顧客」に影響し、「どれほどの金銭的損失、機会損失を顧客に」与えるのか、といった評価を現場で仔細にできているかは疑問だ。こうした対応を促すことを目的に、内部的に連携が必要な関連部署や外部委託先を事前に特定しているかどうかを確認するほか、顧客目線に立った復旧対応の早期化に係る取組みの実装程度を確認する必要があるだろう。

　金融庁では、障害事例を念頭に、「ATMにおける媒体等のくわえ込

みの設定を見直す」「ATM停止を想定した職員による駆け付けやその際の掲示物の事前準備」「暫定払いのオペレーションの整備」等を有効な対策や取組みとして例示している。そこで、こうした例示自体を「確認項目」として内部監査のチェックリストに組み込むことも有効な一手となろう。

> ＊API接続：「API」は、Application Programming Interface。あるアプリケーションの機能や管理するデータ等を他のアプリケーションから呼び出して利用するための接続仕様・仕組みを指す。「API接続」は、APIを利用してアプリケーション間やシステム間でデータや機能を連携し、利用できる機能を拡張すること。

事例5 サードパーティの提供サービスに起因する障害

　昨今、金融機関では、API接続による外部企業との連携を加速している。この結果、自行庫のシステムは問題ないにもかかわらず、**サードパーティ**＊の提供するサービスの障害や不芳事案によって、金融機関側に思わぬ障害が引き起こされる事例が複数みられる。

　例えば、一部通信事業者における本人認証手続の不備により2020年に発生した口座不正取引が記憶に新しい。当該事案では複数の金融機関の顧客口座が不正取引の被害に遭い、金融サービスの提供を一時的に停止するといった措置に踏み切らざるを得なかったことが知られている。

　金融庁では、外部サービスの停止や障害に起因する自行庫サービスへの影響を事前に精査することを事あるごとに要請していることから、これを念頭に、内部監査部門のチェックリストにも反映することが必要となる。具体的には、「サードパーティの提供するサービスの障害を想定した代替手段」を確保しているかどうかの確認のほか、「平時からサードパーティと密に情報連携をしているか」といった態勢面で

の確認行為が欠かせない。

> **＊サードパーティー**：「当事者ではない第三者」の意。金融機関自身（ファーストパーティ）、顧客（セカンドパーティ）以外を指す。ここでは、モノやサービスを提供するために金融機関と業務上の関係や契約を有する組織をいい、システムベンダー、クラウド業者、電子決済等代行業者、業務提携先など。

事例6 サイバー攻撃によるシステム障害

　金融機関やその海外現地法人等からの、ランサムウェアの感染等が報告されている。具体的には、金融機関が**エモテット**[*1]に感染する事例が目立つ。これを受け、2022年2月23日に金融庁は、「昨今の情勢を踏まえた金融機関におけるサイバーセキュリティ対策の強化について」と題したペーパーを公表し、昨今の情勢を踏まえた警鐘を鳴らしている。

　エモテットなどへの対応として有効視されるのは、「マクロ実行の無効化」「不正な外部サーバーとの通信制御等のマルウェア対策」といった対策であり、こういった対策の実装程度を確認する必要がある。さらに、態勢面においては、「不審メール受信時等の対応」に関する態勢整備の状況を確認しておくことも必要となる。

　また、金融庁は、特定のサイバー攻撃事案が発生する都度、金融機関に対して業界団体などを通じて注意喚起を発出している。日頃、内部監査部門としてもこうした情報に接することで、攻撃パターンや脅威の中身について確認しておくことが望ましい。

　なお、金融庁の実際の注意喚起の中身を見てみると、金融機関に仕掛けられたサイバー攻撃の事例は「基本的な対策の不備」に起因する事例がみられることが特徴だ。もちろん、金融庁の公表事例は預金取扱金融機関のみを取り扱ったものではないにしろ、金融機関として、

基本的な対策自体の不備という状況は看過し得ないところである。そこで、内部監査部門としては、外部企業との連携サービスや外部委託の拡大等の現状を踏まえた確認を行う必要がある。

　実際に、金融庁では、**サイバーハイジーン***2を念頭に、IT資産管理の範囲が拡大し複雑化するなかで、基本的な対策を着実に実施するための態勢強化を金融機関に要請しているところだ。サイバーハイジーンは、「金融分野におけるサイバーセキュリティ強化に向けた取組方針（Ver. 3.0）」（2022年2月）においても新たなリスクへの備えとして言及している。つまり、監査部門としては、現場部門に対し、「サイバー演習や内部訓練」の実施状況を確認するほか、サイバー攻撃による業務やサービスの停止を想定した「バックアップ手段」をオペレーショナルレジリエンスの観点から確認することが有効となるだろう。

　なお、サイバーセキュリティ演習では、指揮を執る経営トップの参加を金融庁は当然視していることから、「サイバー演習や訓練への経営層の参加状況」を確認することも忘れてはならない。

> ＊1　**エモテット**：Emotet。主にメールを感染ルートとして広まっているマルウェア。エモテットに感染すると、感染したメールソフトに登録されたメールアドレスが盗まれるほか、ランサムウェアなどほかのプログラムにも感染するといった被害を受ける。
> ＊2　**サイバーハイジーン**：ハイジーンは「衛生」の意。一般の衛生管理と同じように、IT環境がウイルスに汚染されないための予防対策として必要な衛生管理。

② 「検査・監督基本方針」と「監督指針」の体系

　金融庁の「監督指針」は、金融機関の業態、規模に応じて作成、公表されている。本書では、近年の検査・監督の進め方が示された「金

融検査・監督の考え方と進め方（検査・監督基本方針）」（2018年6月）
及び「中小・地域金融機関向けの総合的な監督指針」（2023年6月）
を参照しつつ、その要諦を解説することとしたい。

(1) 金融庁が公表する関連指針やガイドラインの構造

　金融庁ホームページには様々な情報が公開されており、関連指針や
ガイドラインを俯瞰することは、慣れていないと困難をきわめる。

　その構造を概略として整理すると（**図表1−4**）、まずは、現在毎
年公表されている「金融行政方針」の前提となる基本的な考え方が示
されたのが、2018年6月に公表された「金融検査・監督の考え方と進
め方（検査・監督基本方針）」（以下、「検査・監督基本方針」という）
である。「検査・監督基本方針」は、当該年度のみ公表され、以後更
新はなされていない。

図表1−4　金融庁が公表する関連指針やガイドラインの構造

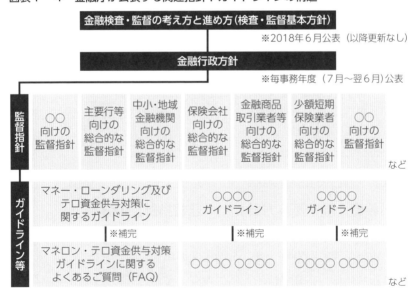

これを踏まえ、行政手続上の実質的な最上位文書として毎年「金融行政方針」が公表され、事務年度ごと（７月から翌年６月）の行政目標や共通課題、個々の業態ごとに横たわる課題などについて示すこととなっている。さらに、これが業態ごとに区分された「監督指針」として個別具体的に示される構造となっている。

ただし、業態ごとに公表される「監督指針」については、預金取扱金融機関を対象とした「主要行等向けの総合的な監督指針（2023年６月23日適用）」「中小・地域金融機関向けの総合的な監督指針（2023年６月１日適用）」「保険会社向けの総合的な監督指針（2023年６月１日適用）」「金融商品取引業者等向けの総合的な監督指針（2023年８月15日適用）」「少額短期保険業者向けの監督指針（2023年４月１日適用）」は2023年中に最新版が公表されているものの、他については必ずしも毎年更新がなされるわけではなく、特段のトピックや方針転換があった場合に更新作業が実施され、公表されるといった運用になっているようだ。

こうした上位文書に続くのがガイドラインだ。例えば、マネー・ローンダリング及びテロ資金供与対策（以下、「AML／CFT」という）への対応を規定する文書としては「マネー・ローンダリング及びテロ資金供与対策に関するガイドライン」が公表されており、これを補完する目的で別途「マネロン・テロ資金供与対策ガイドラインに関するよくあるご質問（FAQ）」が不定期に公表されている。

金融機関行職員としては、このように自行庫が属する業態に向けて公表される数多の文書に目を通すだけでなく精通する必要があることは言うまでもない。

なお、かつては、チェックリストとしての金融検査マニュアルも存在していたが、これについては本節❸で、当時の運用と現在の取扱い上の留意点について後述することとする。また、ガイドラインについ

ても個別具体的なテーマとして取り扱うこととし、ここでは、主要文書に絞ってその構造を解説することとしたい。

①「金融検査・監督の考え方と進め方（検査・監督基本方針)」 (2018年6月)

「検査・監督基本方針」では、金融庁における以下4つの課題認識を踏まえて策定されたものである。

- ▶金融行政の質を高め、我が国の金融力を高め、経済の潜在力が十全に発揮されるよう、当局と金融機関が日々自己革新を行い、ともに前に進めるようにするにはどうしたらよいか
- ▶従来の検査・監督のやり方のままでは、重箱の隅をつつきがちで、重点課題に注力できないのではないか
- ▶バブルの後始末はできたが、新しい課題にあらかじめ対処できないのではないか
- ▶金融機関による多様で主体的な創意工夫を妨げてきたのではないか

金融庁のこうした根本的な課題感から、「検査・監督基本方針」は、金融モニタリング有識者会議が2017年3月に公表した報告書「検査・監督改革の方向と課題」を踏まえ、金融行政の視野を「形式・過去・部分」から「実質・未来・全体」に広げ、金融行政の究極的な目標の達成により効果的に寄与できる新しい検査・監督を実現するために、基本的な考え方と進め方を整理したものとなっている。

そのうえで、「検査・監督基本方針」では以下の2点が要諦として示されている。

〈金融行政の基本的な考え方〉
- ▶金融行政の目標の明確化

▶金融システムの安定／金融仲介機能の発揮、利用者保護／利用者利便、市場の公正性・透明性／市場の活力のそれぞれを両立させ、これを通じ、企業・経済の持続的成長と安定的な資産形成等による国民の厚生の増大を目指す

▶「市場の失敗」を補い、市場メカニズムの発揮を通じて究極的な目標を実現

▶「形式・過去・部分」から「実質・未来・全体」に視野を広げる

▶ルール・ベースの行政からルールとプリンシプルのバランス重視へ

〈検査・監督の進め方〉

▶実質・未来・全体の視点からの検査・監督に注力

- 「最低基準検証」を形式チェックから実効性の評価に改める
- フォワードルッキングな分析に基づく「動的な監督」に取り組む
- ベスト・プラクティスの追求のための「見える化と探究型対話」を工夫していく

▶チェックリストに基づく網羅的な検証から優先課題の重点的なモニタリングへの移行

▶定期検査中心のモニタリングからオン・オフ一体の継続的なモニタリングへの移行（定期検査の廃止）

▶各金融機関の実情についての深い知見、課題ごとの高い専門性を蓄積し、金融機関内外の幅広い関係者との対話を行う方式への転換

以上に基づき、金融庁は新たな態勢整備を行うとしたのが特徴である。その1つに、「外部からの提言・批判が反映されるガバナンス・品質管理」がある。

かつての金融検査では、一部の検査官による高圧的・威圧的な対応が問題視された時代があったことを念頭に、金融機関へ一方通行のやりとりにとどまるのではなく、PDCAを意識した金融機関との双方向でのやりとりを実践することを自ら宣言した格好である。

また、この「検査・監督基本方針」において、2018年度（2018年3月31日）をもって金融検査マニュアルを廃止することに言及された。これは、これまでの機械的な検査を通じて金融機関の現状の実務を否定するのではなく、"金融機関における多種・多様な創意工夫を可能とするための措置"とされた。

②毎年公表される最上位文書「金融行政方針」の構造

現在公表されている「金融行政方針」は、かつて公表されていた「金融レポート」とそれまでの「旧金融行政方針」が統合されたものだ。そのため、相応の文書量となっているのが特徴であり、金融庁自らがポイントを整理した概要書を別に公表してもいる。なお、最後に公表された「平成28事務年度金融レポート」（2017年10月25日公表）は、以下の4章構成で公表されていた。

▶金融システムの健全性確保と金融仲介機能の発揮

▶活力ある資本市場と安定的な資産形成の実現、市場の公正性・透明性の確保

▶金融行政の重点施策

▶金融当局・金融行政運営の変革

「金融レポート」では、前事務年度における金融庁自らの振り返り材料や導入した施策とその効果、前事務年度を通じた市場動向などが示されており、当事務年度における当局としての課題が詳らかにされているのが特徴だ。

　他方、かつて公表されてきた「旧金融行政方針」では、その最後の公表となった平成29事務年度（2017年11月10日公表）のアジェンダは次のとおりであった。

▶金融行政運営の基本方針

▶金融当局・金融行政運営の改革

▶金融上の課題の包括的検討

▶国民の安定的な資産形成に資する金融・資本市場の整備

▶金融仲介機能の十分な発揮と健全な金融システムの確保

▶IT技術の進展等への対応

▶顧客の信頼・安心感の確保

▶重点施策として震災等自然災害への対応、業務の継続態勢の整備

　本来は、金融機関に期待する姿などを中心に「旧金融行政方針」で金融業界共通の課題及び業態別の詳細な課題を示す、といった目的であったことだろう。ただし、前記項目を見るだけでも、この２つの公表文書で述べられている記載内容は重複しており、とても棲み分けがなされているようには思えなかったのも事実だ。また、類似する公表資料を短期間で複数作成するためには、執筆にあたる職員の稼働も無視できなかったことだったろう。なにぶん、中央省庁では対外公表文書作成には必要以上に注意を払い、複数のチェックを経て初めてセットされる、といった傾向があることからも、相当の労苦を職員に強いてしまっていたものと想像できる。

　こうした理由もあり、平成30事務年度（2018年９月26日公表）からは、「金融レポート」と「旧金融行政方針」が統合され、現在の「金融行政方針」として新たに公表されるに至ったものと推察される。

　「金融行政方針」について、毎年そのすべてに目を通している金融機関行職員は少ないだろう。そのボリュームが手に取りにくい原因となっているためだ。ただし、金融機関行職員としては、「金融行政方針」

が公表され次第、速やかに自業態に関連する内容を漏れなく整理し、自分たちに与えられた課題を把握する必要がある。なぜなら、金融庁では「金融行政方針」のうち検査機能にかかる内容について、庁内で項目別のKPIを設定していると思われるためだ。業態によっても異なるようだが、「金融行政方針」に定義されている内容だけみても監視項目は100以上にのぼるとされる。

　KPIとして設定された項目は、すべての対象金融機関の情報を担当官が収集し、個別に管理しているとも聞く。金融庁が確認しようとしている項目については、事前に金融機関内でも要管理対象項目としてセットしておくことで、モニタリングを通じた作業指示や資料徴求への備えとすることも容易となるだろう。

③業態ごとに公表される「監督指針」の構造

　「監督指針」は、400ページに上る膨大な情報が記載されており、これを読みこなすのは難儀である。「監督指針」自体は、金融庁職員が金融機関を監督する際の「目線合わせ」を目的に策定されたものであり、「金融庁としてはこの部分をこういう手続きで点検しており、具体的な評価の視点はこうです」と宣言しているものである。したがって、すべてを金融機関行職員が熟読する必要はないにせよ、金融庁の目線を確認するうえでは、拠り所となる文書として位置づけることができる。

　「監督指針」は業態別に定義されるが、ここでは「中小・地域金融機関向けの総合的な監督指針」を題材に、その構造を紹介する。「監督指針」は5つの章から構成されている。

　　▶I　基本的考え方
　　　金融監督に関する基本的な考え方と監督部局の役割、「監督指針」策定の趣旨について示されている。

▶Ⅱ　銀行監督上の評価項目

　金融機関の経営管理の様相と一般的なガバナンスの様態、財務の健全性を推し量る各種パラメータ、金融機関の業務の適切性の判断基準、事務リスクの典型的な事例、といったものが述べられたうえで、金融機関運営の適切性を捕捉するための金融庁職員としての行動を定義する各種基準や目線が示されている。

　こうすることで、金融庁職員間でギャップを生み出しかねない監督行為の仔細な部分を取り上げつつ、職員間での行動のギャップを矮小化しようとしている。なお、管理すべき重要なリスクとしては、信用リスク、市場リスク、流動性リスクの３つを取り上げ、それぞれの管理指針が定義されている。これらを参照しつつ、総合的なリスク管理の手法と早期警戒制度の意義、運用の在り方について解説が加えられている。

▶Ⅲ　銀行監督に係る事務処理上の留意点

　金融庁における監督事務処理の流れを平時のワークフローとして可視化したうえで、大規模災害などの緊急時への対処をスムーズに実現することを目的に、災害における金融に関する措置についてもあらかじめ定義しているのが特徴だ。この結果、我が国を頻繁に襲う大型台風や大規模震災発生時においても、行職員の経験値や固有スキルに依存することなく、最低限求められる緊急時対応が確保されることにもつながっている。また、銀行に関する苦情・情報提供を金融庁が受領した際の取扱いについても触れている。

　ただし、実態としての事務が金融庁内では一部滞るなど、庁内で課題視されているとも聞くところだ。そこで、寄せられた情報をいかに速やかに分析し、行動に移すことができるか、といった視点で現在も改善に向けた庁内検討が鋭意進められている。

さらに、金融機関から各種問い合わせを受けた場合の対応の在り方についても触れられている。法令解釈などについて、昨今、金融サービスに新たに参入しようとするフィンテックベンチャーなども多数誕生しており、今後もこうしたインバウンド照会は増加する見通しであり、このような場面において、問い合わせ企業によって回答が異なる、といったリスクを回避することを目的に、仔細に手続きが述べられている。

　なお、フィンテックベンチャーからの照会対応については、別途フィンテックデスクという相談窓口が用意されている。ここでは、銀行法に固有の計算ロジックについても定義されており、その最たるものが自己資本比率の計算だ。こうすることで、金融庁側の試算値と金融機関側算出値との間で齟齬を生じさせない仕組みが講じられている。

　本章の最後には、かつて問題視された「当局の職員が高圧的」といった誹りを受けぬよう、行政指導等を行う際の留意点、金融機関行職員と面談する際の留意点といったポイントが要諦として取りまとめられており、金融庁がいかに金融機関との関係を強固にかつ健全に構築しようとしているかが推察されよう。

▶Ⅳ　銀行代理業　及び　Ⅴ　協同組織金融機関

　業態別にそれぞれ固有の事務処理がワークフローとして示され、個別の留意点が述べられている。とりわけ協同組織金融機関では、信用金庫と信用金庫連合会といった中央組織との関係についても示され、検査・監督に際して固有の組織構造への配慮を滲ませる記述となっている。

④旧金融検査マニュアルが示した検査官向けチェックリスト

　すでに「運用が廃止」とされた旧金融検査マニュアルでは、金融検

査の基本的考え方を踏まえた適切な検査の実施を目的に、検査官が留意すべきポイントが冒頭に記載されていた。金融検査マニュアルはそもそも検査官の手引き書としての位置づけとされており、平仄の取れた検査対応を実現するための検査官の心構えを中心に示されているといってよい。そこでは大きく5つのポイントが示されてきた。

　1点目は、重要なリスクに焦点を当てた検証を実施する旨だ。検査官は取得した情報を踏まえ、各金融機関を取り巻くリスクの所在を調査・分析したうえで、中でも重要と思われるリスクに焦点を当てるべし、とされている。したがって、目についたあらゆるリスクを網羅的に分析するといったスタンスではなく、重要性の原則に立った検査を指向しようとしていることがわかる。金融庁ではこれを「メリハリをつけた」という表現を用いていたのも特徴だ。

　2点目は、問題ありとされたポイントに関しての深度ある原因分析とその解明について述べていたことだ。検査官は、経営の健全性等に重大な影響を与える問題について、本質的な改善に必要な対応の方向性に関する認識を金融機関と共有するべく、「双方向の議論により」深度ある原因分析を行うこととしていた。かつて一部の検査官の一方的な指弾により金融機関と当局との関係が悪化したという事例も踏まえ、一方的な指摘ではなく双方で問題自体を議論することで、納得感のある答えを導き出そうとしていたことが理解できるだろう。

　3点目として、金融機関における改善に向けた取組みの評価について言及していた。金融機関が問題点を念頭に改善に向けた努力を進めている場合には、これを積極的に好意的に取り上げようとしていることが理解できる部分だ。

　そのうえで4点目として、検査官は金融機関に対して、指摘や評定根拠を述べることとしていた。具体的かつ論理的にその根拠を示すことで、金融機関により高度な内部管理態勢の実現を求めようとしてい

るのだ。

　最後に５点目として、金融機関が検査全体の納得感を得ることを目的に、検査官は経営陣との対話を通じて検証結果に対する真の理解が得られるよう努めることとされている。

　このように金融庁では、検査全体を画一的に機械的にこなすのではなく、検査官に、金融機関との双方向の議論を促すことで、一方通行の検証作業に陥らないよう示してきたことを我々は理解する必要がある。

⑵　「中小・地域金融機関向けの総合的な監督指針」（2023年６月１日適用）

　「監督指針」策定の目的として挙げられるのは以下の３点である。

- ▶金融機関の経営の透明性確保と自己規正の促進
- ▶行政の透明性や公平性の確保
- ▶オン・オフ一体モニタリングの実施による金融機関の健全化促進

　金融庁の行政運営で最も重要なポイントは、信用を維持し、預金者等の保護を確保するとともに金融の円滑を図るため、銀行の業務の健全かつ適切な運営を期し、もって国民経済の健全な発展に資することにある。このため、監督をはじめ検査・監視を含む各分野において、行政の効率性・実効性の向上を図り、さらなるルールの明確化や行政手続面での整備等を行うこととしている。また、金融機関の経営の透明性を高め、市場規律により経営の自己規正を促し、預金者等の自己責任原則の確立を図るため、金融機関のディスクロージャーの充実を継続的に推進することも重要、としている。

　そのうえで、行政の透明性や公正性が引き続き行政運営の基本となる。しかしながら、ルールを明確化しようとするばかり過度に詳細なチェックリスト等を策定し、問題の根本原因や、これが広がりをもっ

て他の問題として生じる可能性を踏まえた実質的な検証等を行うことなく、網羅的な検証項目に基づいた事後的かつ一律の検証を機械的に反復・継続するにとどまれば、かえって、金融機関において、経営全体や問題の根本原因を踏まえた真に重要な課題の把握、再発防止に向けた根本原因の解決、将来に向けた早め早めの対応や、より良い実務に向けた創意工夫の発揮が進まない等の弊害を惹起しかねない。

　そこで、各金融機関の規模・特性や財務の健全性・コンプライアンス等に係る重大な問題が発生する蓋然性等に応じて、実態把握や対話等によるオン・オフ一体のモニタリングを継続的に行い、必要に応じて監督上の措置を発動すること等により重大な問題の発生を事前に予防し、併せて、対話等を通じ、金融機関によるより良い実務に向けた様々な取組みを促していくことを目指しているわけだ。

　こうした目的観を念頭に、最近の金融庁検査では、定期検査をなくし、ターゲット検査や特に必要な場合に限った特別検査に重心を移してきた。また、かつては検査に入った金融機関の情報を金融庁ホームページなどで外部に公表してきたものの、昨今は「風評を害する可能性がある」として、この公表自体も取り止めてもいる。「鬼の検査官」が在籍していたかつてに比べれば大きな行政運営上のスタイルが転換されてきたといってよいだろう。

❸ 金融検査マニュアルによる検査廃止が内部監査にもたらす影響

　2019年12月、金融検査マニュアルがついに廃止された。永らく金融業界の引当・償却スキームを担ってきた拠り所が廃止されたのだ。これに伴い、各金融機関は、独自のビジネスモデルや戦略を踏まえ、新

たな行内定義による引当・償却実務を実践することとなった。

　ただし、大手銀はともかくとして、代替する新たな要件を速やかに定義することがリソース的にみて困難な金融機関もあることから、金融検査マニュアルが担ってきた考え方に代替する新しい考え方及び引当事例について、金融庁は、2019年12月18日に併せて公表している。

　そこで本項では、金融検査マニュアル廃止のインパクトと、これに代替すると思われる金融庁の「検査マニュアル廃止後の融資に関する検査・監督の考え方と進め方」（以下、「廃止後の考え方と進め方」という）を紐解きながら、金融庁の最近の検査の動きと、これを踏まえた内部監査部門行職員の行動の在り方について考えてみよう。

(1)　従来の融資に関する検査・監督における課題

　バブル崩壊後、金融庁では、各金融機関の特異なビジネスモデルや戦略とは「切り離す」格好で、長らく融資業務にかかる検査・監督を実践してきた。それが故に、個々の金融機関が新たなスキームを定義したり、個々の融資先企業の高度な分析を踏まえた融資を実施したりといった取組みを行う課程においても、画一的・機械的な対応による引当・償却手続を要請してきたといってよいだろう。

　この結果、個々の金融機関における先進的な取組みや将来損失の「適格な見積もりを制約する結果となっている可能性」（金融庁）が指摘されるに至っている。現状でいえば、こうした手法による横並びの手続きが実践され続けた場合、新たな技術やスキームを担いで金融業務に参入しようとする新規プレイヤーの業界参入を阻害することにもなりかねず、新たな発想自体を否定する格好となってしまう恐れすらあったということだ。

　人口減少時代が到来し、低金利環境が長引くなかで、従前とは異なるマーケットが形成されつつあるのは事実であり、さらにいえば、金

融サービスの利用者自身にも変革が加わっている昨今、金融庁としては、こうした環境変化に迅速に対応しない限り、金融業界の健全な発展が実現されないと判断したものと考えられる。こうした考えに基づき、今般、金融庁は金融検査マニュアル廃止に踏み切ったのである。

　ところが、体力のある大手銀行はこの金融検査マニュアルに代替する新たな行内定義を十分なリソースと時間をかけて要件として定義することができているものの、比較的規模の小さな地域金融機関の多くでは、対応要員が十分に配置されていないことなどもあり、速やかな代替手続の定義づけに苦労しているのが事実である。

　こうした実情を勘案したうえで金融庁では、単に金融検査マニュアルを廃止するのみならず、最近の金融サービスの実態や実務の変化などに対応した新たな引当・償却のイメージを公表することで、金融検査マニュアルに替わる拠り所を渇望していた地域金融機関に助け舟を出した、というのが「廃止後の考え方と進め方」文書公表の背景にあるものと筆者は予想している。それもあり、当該文書では十分な紙幅を割いた「事例集」が附属しているのがポイントである。したがって、体力のない地域金融機関の一角は、この事例集を参照することで、金融検査マニュアルに代替する組織内定義のイメージを容易に掴むことが可能となったといえよう。

⑵　旧金融検査マニュアルにみる融資関連実務のチェックポイント

　「廃止後の考え方と進め方」ではまず、金融機関の個性や特性に即した検査・監督を実現するうえでの、融資に関する検査・監督の基本的な考え方が述べられている。

　具体的には、経営戦略としていかなるリスクをどの程度受容するかを決定したうえで、個々の金融機関を取り巻くリスクのモニタリングの考えが示されている。金融庁では、個々の金融機関の経営理念や戦

略の多様性を理解したうえで、これらに基づく「金融機関の内部管理態勢にも多様性があることを理解」し、「金融機関の個性・特性に着目」した検査・監督を実践していく、としているのがポイントである。

次に、肝心の融資に関する検査・監督の進め方としては、実態把握と対話の在り方について説明している。金融庁では、金融機関の「個性・特性」といった表現を用いたうえで、以下の観点を重視するとしている。

- 金融機関が置かれている環境
- 経営理念
- 融資に向けた方針
- 融資業務の進め方と収益確保の方策、収益の状況との関係
- 想定される信用リスク

金融庁では、これらをリスクベースド・アプローチ（RBA）に則って確認するとともに、あくまでゼロベースで対象金融機関別に着眼点を検討するとしている。これは横並びでの検査姿勢を貫いてきた金融庁としてはかつてない方針展開といえる。

なお、併せて、検証に際しては、以下の観点を考慮するとしている。

- 地域経済の状況
- 融資ポートフォリオの特性
- 資本配賦や収益管理の状況

さらに、手続きの一環として金融庁では、金融機関との対話を強化するとしている。その具体的な討議対象としてはどうやら次のようなものが想定されているようである。

- 個別貸出について
- 融資審査、期中管理（途上管理）

- 信用リスク管理、自己査定
- 償却・引当

　こうした討議対象について金融庁では、償却・引当の水準そのものの適切性は言うに及ばず、以下について議論を深めるとしている。
- 経営戦略におけるリスクテイク方針
- 内部管理態勢のあり方
- 実質的な自己資本の十分性
- 収益状況等

　金融検査マニュアル廃止に伴い、個々の金融機関が個別に代替する引当・償却手続を定義することを念頭におけば、そもそもこのような原始的とも思える「手続論」自体の確認が必須という想定を意識する必要があるだろう。

　なお、上記の収益状況等については、現下の動向などを勘案し、3年先はもとより10年先までのコア業務純益の試算などを双方向で持ち寄りながら討議を加える、といった手法が取り入れられてきていることから、より中長期の目線での点検が欠かせない。

　金融庁では、さらに「廃止後の考え方と進め方」において、事例をふんだんに紹介している。具体的には、金融機関の個性・特性に関する認識の共有を念頭においた仮想金融機関の例、これを前提とした想定される当該仮想金融機関への実態把握の着眼点の例、仮想金融機関を対象とした経営陣との想定議論の中身、把握した実態に基づく仮想金融機関との対話の例を紹介している。実際は、こうした動きが金融当局における検査官向けの指針にも影響を与えることにもなったことから、直後の「令和2事務年度監督指針」などの見直しは大規模なものになったのが特徴だ。

次に、「廃止後の考え方と進め方」は、信用リスク情報の引当への反映の考え方を示している。そこでは、金融庁における基本的な考え方に加え、次の情報が詳述されていた。

- 一般貸倒引当金の見積りにあたっての視点
- 個別貸倒引当金の見積りにあたっての視点

金融検査マニュアル廃止後に特徴的なのは、個々の金融機関における将来を見据えた信用リスクの特定と評価の重要性を鑑み、前述の経営戦略に基づくリスクテイクや内部管理態勢構築の目的と自己評価などについて、金融庁と金融機関との間で対話が従前にも増して進められてきたことだ。現在でも、トップインタビューと称して、長官や局長クラスが直接に金融機関の経営トップとの対話を積極的に重ねている。さらに、最近ではこの動きが拡大され、経営トップのみならず業務部門（経営幹部クラス）、社外取締役・監査役、一般行職員に対してもインタビューやヒアリング形式での対話が進みつつある。

実際、最近の検査事例をみるに、金融庁は社外役員が果たすべき機能のチェックに余念がないばかりでなく、一般行職員を対象としたヒアリングを検査期間を通じて実施している。今後は、こうした各階層との間での対話や情報収集が一層充実していくものと思われるので留意が必要であろう。

⑶ 金融検査マニュアル廃止が内部監査にもたらす影響

ここでは便宜上、中小の地域金融機関を念頭にモニタリングシーンを想定し、金融庁における金融機関への要請事項を例示している。

内部監査部門としては、金融検査マニュアル廃止に伴い、金融庁がこれまで金融検査マニュアルに従って実施してきた個別の点検をいわば「肩代わり」することが期待されている。つまり、内部監査を担う

行職員自らが、旧金融検査マニュアルに基づく内部牽制機能を発揮する必要があるといえるだろう。そこで、本項では実際の金融検査を念頭に、本部や営業店行職員にいかなる具体的な確認行為がなされているのかをみてみよう。

①金融庁における経営層への期待からみた内部監査部門の確認行為

「令和元事務年度金融行政方針」では、金融機関が今後配意すべき個人顧客の属性として、高齢者と障がい者が明記されていた。いわゆる「金融包摂」への言及がはじまったのがこの頃である。

デジタライゼーションのなかで、こうした属性の方々が金融サービスを利用しにくい環境となることが予見されることから、デジタル化志向の反面で、「デジタルに取り残される可能性のある個人」にどのように金融サービスを提供し続けることができるかが問われてきた。そこで、金融庁はこれまで、こうした属性の顧客への対応方針や実際の実務上の課題を対話の材料としても取り上げてきた経緯がある。

金融庁では、この金融包摂を念頭に、人々があまねく公平に金融サービスに手が届く環境構築を目指すものと考えられ、こうした質問が投げかけられることを念頭に、経営方針や営業戦略を個々に策定することが経営層の重要なミッションとなりそうだ。

内部監査部門としては、経営トップや組織が描く具体的な金融包摂への対応方針のほか、組織が認識する現状の業務運営上の課題について掘り下げた点検が必要となるだろう。

また、デジタル化が指向されるなかで、行職員教育と**コンダクトリスク***低減に向けた取組みが急務となっている。経営層としては、ITベンダーやメーカーからの提案を踏まえ、本部機能や営業店といったリソースごとに、デジタル化可能領域を検討することで、事務の合理化効果の発現を追求していることだろう。

金融機関内部のデジタル化に伴い、これまで紙でやりとりされていた情報がデータ化されることとなるが、この場合、常につきまとうのは、ITリテラシーによる行職員間での対応格差の存在だ。とりわけ、年配の行職員では高度化されたITツールに馴染まない可能性が考えられ、ITリテラシーの高い行職員との格差拡大が懸念されるところだ。さらに、年配者が上長に就く文化が長く続く我が国の金融機関においては、デジタル化された情報のチェック機能、いわゆるダブルチェックや再鑑といった部分が従前よりも簡素化される傾向にある。こうしたケースでは、金融庁が懸念するコンダクトリスクを産みだす背景ともなり得る。したがって、金融庁は経営層に対し、行職員間でのこうしたリテラシー格差解消に向けた取組方針（教育・研修プログラム含む）に加え、デジタル化された金融機関内事務フローにおける内部牽制機能の発揮の考え方やデジタル化された情報の改ざん余地などについて確認を求めることが想定される。

　内部監査部門においては、こうした当局の課題認識を念頭に、組織内部におけるデジタルリテラシーを取り巻く行職員間での対応格差の現状や認識課題について踏み込んだチェックを実施することが求められる。

　同じくデジタライゼーションのなかにあって、地域金融機関の戦略は、ほぼ同一のものに収斂する傾向となっている。すなわち、内部事務のデジタル化に加え、顧客接点でさえもデジタル化の様相を呈し始めている。将来的には、異なる金融機関であっても、手続きや顧客対応が近似することで、他行庫との差別化が図りにくい環境に陥る恐れがある。こうした点を念頭におくと、今後の金融庁が認識する課題としては、地域の実情に見合った戦略をいかに打ち出そうとしているのか、といった経営戦略そのものが確認されることになりそうだ。すなわち、新たな付加価値創出に向けた自行庫の創造的な意見形成の実現

と経営方針への取り込みについて、金融庁は直接に経営層に問いかけることになるだろう。

　内部監査部門行職員としては、デジタル化の波のなかで自行庫が顧客接点の在り方をどのように変革しようとしているのか、といった視点を持つことが重要である。そのうえで、自行庫が、デジタル化で同一視されがちな金融サービスにおいて、いかに具体的な差別化戦略を定義しようとしているのか、その戦略は金融包摂の視点に十分に配意されたものなのかを把握・確認することが肝要だ。

＊コンダクトリスク：「顧客保護」「市場の健全性」「有効な競争」に対して悪影響を及ぼす行為が行われるリスク。

②金融庁の社外役員へのアプローチからみた内部監査部門の確認行為

　従来から金融庁では、検査を通じて、役員会や経営会議といった意思決定の場での社外取締役、監査役の発言内容を注視している。場合によっては、議事の模様を収めたICレコーダーを直接聞くことで、発言内容を確認してもいる。その際、経営トップが独断専行的な裁可をしていないか、牽制機能が働いているかといった点のほか、そもそもの発言量自体に注目しているようだ。もちろん、個々の役員が、重要な決定事項のどの部分において、いかなるコメントを残しているかについても確認している。顧客の視点に立った場合、金融機関としての対顧客戦略や今後の融資戦略といった点を中心に、個々の役員の見解を金融庁が直接に問うことが考えられる。

　役員としては、これまで以上に当局からのプレッシャーを意識せざるを得ないだろうし、自身が認識する自行庫内の問題意識そのものも確認対象とされることだろう。

　昨今の金融検査では、「金融機関内部での意思決定の過程を振り返

るうえで最低限必要な基礎的情報さえ記録として保持されていない金融機関」の事例もあると聞く。こうしたケースでは、経営トップの独断専行的な判断の有無すら確認することが困難となることから、内部監査部門としてはとりわけ金融機関内部における「意思決定メカニズム」と個々の役員の発言主旨に注目し、判断の起点となる事案のトリガー情報のほか、組織的な判断であることを裏付ける資料の有無、個々の役員の具体的な発言主旨が議事要旨や議事録の類に残されているかどうか、といった点についても、都度確認しておくことが望ましい。

　また、社外役員の機能の在り方については、金融機関のみならず業態を問わずにその機能性について討議対象とされてきている。形ばかりの配置にとどまっていることで、実効性の高い機能が発現されていないのではないかといった点が、指摘の太宗を占めているものと思われる。

　社外役員の機能として客観的に求められるのは、経営戦略そのもののご意見番であり、経営トップに対する牽制機能である。したがって、金融機関における意思決定にいかに関与しているか、具体的な意見を述べているかどうか、当該意見は経営戦略や方針にどのように反映されているか、といったことも確認される。加えて、金融機関内部における合理化余地を探ることで、経営効率の改善に向けた方向づけに積極的に関与することも求められる。

　今後の金融検査に際しては、こうした点を中心に、具体的な考え方の説明を要請されることを意識せざるを得ないだろう。内部監査部門は、社外役員の活動実態の把握に向け、定期的な社外役員へのヒアリングなどが欠かせない。経営陣の一角として、社外役員も他行庫との競争において優位に立つためのアイデアを客観的な第三者目線で提示せねばならない。役員会や経営会議で付議される今後の営業戦略や融資スタンスについて、仮に他公庫と同様もしくは競争上の優位性に乏

しいと思われる方針や方向性が示されたとしたら、競争環境における有意性確保に向けていかなる差別化戦略をどの営業プロセスに組み込んでいるのか、といった点を指摘することが肝要だ。

　検査に際しては、社外役員に対して直接に、日頃の取組みや経営そのものへの働きかけ方の実態について、ヒアリングが実施されることが想定されるので注意すべきである。

　内部監査部門としては、常勤監査役、非常勤監査役との連携により、自行庫の営業地盤の経済環境や周辺の競合金融機関との競争環境の変化についての見解を個々の役員に問いかける、といった踏み込んだ確認行為も必要となるだろう。

③一般行職員へのアプローチからみた内部監査部門の確認行為

　顧客との関係をどのように構築しているのか、顧客からのクレーム内容は具体的にどのようなものが寄せられているか、本部と営業店との関係は……、といったように、顧客接点を中心に金融庁担当官から直接のヒアリングを受けることが予想される。

　すでにいくつかの金融機関において、入行から日の浅い若手を招聘したうえでのヒアリングが実施されているなど、今後は、営業現場の行職員へのヒアリングが常態化することだろう。金融包摂が叫ばれる世の中、とりわけ金融庁では、デジタル化対応で取り残される可能性のある、高齢者や障がい者へのケアを金融機関に要請している。そのため、顧客との直接の接点を担う行職員からのヒアリングは実態把握に欠かせない手続きとなるのだ。

　内部監査部門においては、臨店監査などを監査役と連携しつつ実施することに加え、とりわけ営業現場の若手行職員の意識について、ヒアリングを通じて確認することが必要となる。営業店幹部へのヒアリングでは吸い上げることが困難な、現場の人間の実際の声を確認する

ことが、インシデントを未然に防ぐ牽制機能となるだけでなく、硬直化しがちな営業店の意思決定メカニズムや行動原理に一石を投じることが期待されるためだ。

　金融検査における営業店の一般行職員に対してのヒアリングでは、自行庫における経営戦略、方針、営業目標、融資スタンス、顧客との関係、自身に課せられる営業目標、といったものが金融庁担当官から直接ヒアリングされることとなる。

　最近の事例では、「あなたの毎月の営業目標はなんですか？」といった質問を通じ、本部が現場に課している具体的な目標の中身を確認するといったやりとりも行われているようだ。加えて、トップインタビューや企画部門の担当役員などからの説明を聞いたうえで、現場の行職員との間での方針やルール、手続きに関する認識齟齬がないかどうか、経営方針が営業の現場にまで浸透しているかどうかといった点でも、現場の行職員への反面調査が実施されることとなる。

　内部監査部門としては、臨店監査などを通じ、本部が発したルールを歪曲して運用していないかといった当たり前の確認行為のみならず、そもそも本部通達の存在を理解しているか、本部のルールと異なる実務が現場で運用されていないかといった点での確認が必要となる。

　また、金融庁からは、「営業現場として、他行庫との差別化をどのように図っているのか」という質問が投げかけられることだろう。オーバーバンキング状態にある我が国において、過度の貸出競争が地域によっては生じていることから、この実態把握の側面もある。特定エリアでは、周辺地域を営業基盤とする金融機関がこぞって出店した結果、貸出金利が異常に低位安定しているという姿も過去から観察されている。こうした環境下の営業現場でいかなる工夫が施され、いかなる課題が生じているのかといった点が確認される。

　さらには、当該環境下で、本部や営業店の責任者からいかなる営業

目標が通達されているかという面も当局からすれば興味深い視点となる。過度の競争環境は、コンダクトリスクを生み出す因子となりやすいためだ。そのため、チェックされる営業店は、自行庫内でのエリア分析さえきっちりと抑えておけば、自ずと予見される。

このように、営業店の行職員が金融庁のヒアリング対象として重視されてくることから、内部監査部門としては、自行庫の経営戦略や方針、各種ルール、顧客保護の具体的な取組みなどの詳細な部分を含め、全行職員向けの教育・研修プログラムの内容確認も必須といえるだろう。

④金融庁の内部監査部門へのアプローチからみた内部監査部門自らの対応

内部監査部門としては、営業店における融資態度やその特異な傾向を探ることで、特定顧客への過度な依存の有無を確認する必要がある。とりわけ、コンダクトリスクへの対応が喫緊の課題とされる昨今、実効性の高い内部監査手続が金融機関に問われており、当局からは、より厳しい目線で評価が加えられることだろう。

コンダクトリスクを念頭に置いた場合、書類の改ざんリスクなどへの対応が各金融機関共通の課題ともなっている。そこで、融資残高の多い顧客や急激に融資残高が増加傾向を示す業態などを特定し、仮説検証型アプローチによるチェックが有効となる。かつて話題となった政府系金融機関での融資関連書類の改ざんや、地銀における不動産担保ローンにおける顧客の預金残高改ざんといったように、営業事務プロセスにおける不正可能領域はほぼ特定が可能だ。そのため、あらかじめターゲットを絞り込んだうえでの監査が効果的といえる。

金融庁では、内部監査における手続きそのものについて、内部監査マニュアルや手順の類を徴求したうえで、内部監査部門が監査に際して具体的なチェックリストを用いているかといった確認を行うことが

想定される。

　こうしたシーンを念頭に、内部監査手続そのものの実効性確保に向け、あらかじめ「使える内部監査規程類」と「チェックリスト」を整備のうえ、内部的に浸透させておくことが望まれる。

　また、現在、金融庁では、内部監査部門の機能高度化を目指していることから、内部監査部門にいかなるキャリアを有した行職員を配置しているかが問われることだろう。つまり、内部監査部門における行職員の配置状況、さらには個々の行職員が過去に在籍した組織、といった部分を含めた行職員のキャリアについても確認される可能性がある。

　なお、システムのガバナンスにアプローチするうえでは、システムに精通した行職員のみならず、個々の行職員のスキルや、公的資格の有無、監査経験についても問われることが想定されるので注意が必要だ。

　とかく金融庁が懸念しているのは、内部監査部門の担当者に営業現場などを退いた年配の行職員が配置される金融機関が少なからず存在する点だ。こうしたケースでは、内部監査そのものの機能に疑問符がつくことだろう。そこで、内部監査に従事する行職員そのものへの動機づけを設計することが肝要だ。

　例えば、指摘件数や指導件数といった定量的尺度を内部監査部門の組織評価や人材評価に組み込むことで、不正検知への意識を高める一助とすることも有効だろう。金融庁では、内部監査の高度化を、ここ数年の金融行政方針において優先課題として位置づけてきたこともあり、具体的な監査手続や監査チェックリストも含め、従前とは異なる厳しい態度で確認を求めることが予想される。

　なお、内部監査マニュアルや監査に際して拠り所となるチェックリストについては、他行庫と同様のものを用いることも可能だ。これは、

そもそも金融機関の競争領域に直結しない機能であるためだ。そこで、人員が限られる内部監査部門について、近隣の他行庫や同業態内で共通の事務手続やマニュアルを整備し、それらを共有することで、マニュアル策定にかかるコストを圧縮するだけでなく、他行庫の有するプラクティスの活用も可能となるだろう。

　とりわけ最近課題視されるのは、内部起因のリスクへの対応だ。不正をはじめとしたコンダクトリスクの撲滅は、全金融機関共通の悩みでもある。営業活動において数値目標が内部的に掲げられている場合、目標未達を背景とした不正行為への動機が形成される恐れが否めない。内部不正事案の発生は、過去の事例をみても理解できるように、場合によっては金融機関の事業継続に甚大な影響を与えかねない。対応次第では、レピュテーションリスクが拡大してしまうためだ。したがって、金融機関の競争政策上、他行庫を横目で睨みながら「近隣の金融機関がこのレベルで対応しているから」などといった理由で、個々の対策がおざなりになることは避けねばならない。たった1つのミスコンダクトが致命傷になる世の中なのだ。

　金融庁が公表する行政処分の事例をみると、ミスコンダクトを生じさせるプロセスの多くは、融資審査手続時に生じている。さらにその因子を紐解くと、顧客とのやりとりの場面における検知・牽制機能の瑕疵があるようだ。

　「内緒ですが」「貴社だけの条件なのですが」といった営業トークはまだしも、怪しげな言葉が顧客との間で交わされている場合もあることだろう。顧客とのやりとりをすべてICレコーダー等に記録し、AIなどを活用することでリスクワードを抽出し、アラームを発出する、といったツールも世には存在するが、顧客とのやり取りすべてをウォッチし、リスクを排除することは必ずしも現実的ではない。そこで、事務プロセス全般におけるチェック機能の高度化が必須となってくる。

まずは、再鑑やダブルチェックといわれる現場での相互牽制機能が形骸化していないかどうかを、内部監査部門では確認し、対策を起案するためのレポーティング機能を具備する必要がある。

　さらに、残念ながら、意図的にルールを逸脱する行職員が存在する可能性も考えられる。他行庫を含めたインシデントを分析し、対策を打っているかどうかが金融検査を通じて内部監査部門に問いかけられることを想定し、あらかじめコンダクトリスクの発生パターンをいくつかに分類整理し、その背景を紐解きながら、一つひとつ対策を打っていることを丁寧に担当官に説明することが求められることだろう。

　今後、金融庁では、内部監査部門と当局間での有意連携を目指すものと考えられる。具体的には、内部監査結果を速やかに当局担当者が共有し、両者間で問題意識の共有と今後の対策を練り上げる、といった運用も想定されるのだ。内部監査部門には、**RegTech***の実用化を念頭に、金融機関の内部情報が速やかに当局に吸い上げられるであろう将来を見据えた対応が期待されている。

> ＊RegTech：規制（Regulation）とテクノロジー（Technology）を組み合わせた造語であり、ブロックチェーンやAI、ビッグデータ解析など先端技術を活用することで、複雑化する規制へより効率的、効果的に対応するもの。規制が求める目視や巡回等のアナログな手段を代替するテクノロジーの総称。

第 2 章

金融機関の
ITガバナンスと
ITマネジメント

ITガバナンスの要諦

かつての金融機関経営陣は、システム開発や運用そのものをシステム部門やITベンダーに過度に依存する傾向にあり、結果として金融機関としてのガバナンスが発揮できずに数々のシステム障害を招いたとの指摘がある。そのうえで昨今の当局は、金融機関の経営陣に対してITガバナンスの高度化を要請している。ここでは当局の要請事項を俯瞰することで、内部監査部門が意識すべき論点を明らかにする。

1 従来のITシステムとリスク管理

従来、金融機関で実践されてきたITシステムを対象としたリスク管理は、「システム企画」「開発」「運用」といったプロセス単位で実施されてきた。さらに、個別テーマとしてサイバーセキュリティやAML／CFTを含めたセキュリティ管理における内部管理態勢を中心としたマネジメントが行われてきた。金融庁でも、ITガバナンスを支えるITマネジメントに焦点を当てた対応を指向しており、これを受けて金融機関では、システムの安定運用を実現すべく、現場レベルでの実務対応がこなされてきた。

ただし、こうした金融機関での対応が進んできたものの、金融庁は「（ディスカッション・ペーパー）金融機関のITガバナンスに関する対話のための論点・プラクティスの整理」（初版2019年6月、第2版2023年6月）において、「金融機関の中には、ITシステムの課題認識として、システム部門・システムリスク管理部門における既存システムの維持を主眼として、システム統合やシステム障害等の個別問題への対応にとどまる傾向があるところもみられた」と断じている。

そのうえで、金融庁は、重要なリスクに焦点を当てた金融機関における実務対応の検証や、認識される問題の金融機関における本質的な改善につながる原因分析・解明等を、オンサイト／オフサイトモニタリングの手法により行ってきたものの、「個別事案の部分的な事項の事後検証に焦点を当てた従来の検査姿勢が金融機関の上記の対応を助長し、内部管理の合理性・効率性の追求を阻害している面もあった」と自省もしているのが興味深い。

❷ 新たなデジタルサービスやビジネスモデル変革への対応

金融機関、とりわけ地域金融機関が営業地盤とする地域部を取り巻く環境は、高齢化の進展や都市部への人口流出等により激変しており、地域ごとに異なる利用者ニーズに適合した金融サービスを提供したり業務をデザインしたりするためのハードルは、ひときわ高いものとなっている。

業務要件や利用者ニーズを受けて要件定義されるITシステムについても、地域金融機関が自身の体力を踏まえた投資により、「経営戦略を実現させる上で適切かつ効果的な形で整備」していくことが求められている。

さらに、地域金融機関に対して金融庁は、地域の顧客の利便性の向上のみならず、「地域経済の活性化、少子高齢化社会への対応、デジタル社会の推進などといった社会的課題の解決」も要請しており、いわゆるコンサルティング機能の発揮が期待されている。これを実現するうえでは、地域課題の掘り下げと、課題に即した対応を支援するための情報システムの実装が欠かせない。

金融庁では、「（ディスカッション・ペーパー）金融機関のITガバ

ナンスに関する対話のための論点・プラクティスの整理　第2版」(2023年6月。以下、「ディスカッションペーパー第2版」という)において「グループ外の金融機関や非金融の事業者とも業務提携し、『共創する』ことにより、各種サービスを組み合わせた利便性・付加価値の高い顧客体験を生み出したり、新規事業領域を拡大させたりする事例」を掲げつつ、こうした取り組みを強化するよう金融機関に促している。

　すでに、地域金融機関では、かかる課題への対応を目指し、新しいデジタルサービスの創出やビジネスモデル変革を推進しているものと思われるが、単なる非対面サービスに対するニーズを満たすだけでは十分とはいえない。

　例えば、営業店におけるハイカウンターの設置に合わせ、顧客自らが操作し、入出金や振替サービスなどを行うセルフ端末を導入するケースを想定しよう。現状では、「ローカウンター対応では顧客対応コストが嵩む」といった自行庫の問題意識に基づき、ハイカウンター設置によるセルフ端末化が志向されているに過ぎないのではないだろうか。つまり、ここには顧客視点が抜け落ちている可能性が否定できない。本来は、営業店を取り巻く地勢的な周辺課題や産業構造、顧客属性、確認される顧客ニーズや自行庫への期待、といったものを総合的に勘案する必要がある。そのうえで、「顧客ドリブン」での金融サービスの在り方を検討すべきなのだ。

3 自治体、地域企業のDXと金融機関のIT戦略

　自治体を巡る環境として昨今は、内閣官房、デジタル庁を中心にデジタル田園都市国家構想が打ち出され、かかる補助金などのスキームが整ってきた。デジタル田園都市国家構想の定義は、高齢化や過疎化

などの社会課題に直面する地方にこそ新たなデジタル技術の活用ニーズがあることに鑑み、デジタル技術の活用によって、地域の個性を生かしながら地方を活性化し、持続可能な経済社会を実現するものとされている。

　政府は、高齢化・過疎化に直面する地方にこそ、デジタルで解決可能な課題があると考えており、従来の自治体職員による現場力や地域コミュニケーションによる改革では限界が見えてきたと捉えている。そのため、デジタル技術を導入することで、社会課題の解決への活路を見出そうとしている、というのがデジタル田園都市国家構想が必要とされる背景にある。

　また、従来は、人口ビジョン策定を念頭に「まち・ひと・しごと創生総合戦略」と呼ばれてきた地方版総合戦略が自治体によって策定されてきたが、デジタル田園都市国家構想を踏まえ、デジタル実装による新たな視点をもって策定し直されることとされた。

　さらに、総務省でも自治体向けに都市OSなどの活用によるデータドリブンでの地域課題解決を指向しており、金融機関の強みである信用によって得られる顧客データや決済システムから生成されるデータ等を、こうしたデジタル田園都市国家構想や都市OS等のデータ基盤向けに提供することで、地域における新たな「まちづくり」への貢献や地域に根差した独自の事業創発も期待されるだろう。また、こうした活動を通じ、取引先企業の内部における業務効率化やDXなどを、側面支援するコンサルティングサービスも可能とみられる。

　これらの視点を念頭におけば、付加価値創出に向けた金融機関のIT戦略は、ビジネスモデルを左右する重要課題として認識されるはずであり、経営戦略、とりわけ中期経営戦略とIT戦略の一体化運用が欠かせない。

　そのうえで、金融庁は、前述の「ディスカッションペーパー第2版」

で、「経営者がリーダーシップを発揮」したうえで、「ITと経営戦略を連携」させ、企業価値の創出を実現するための仕組みである「ITガバナンス」を適切に機能させることが金融機関にとって極めて重要としている。

これは、金融機関のITガバナンスが適切に機能しなかった場合、ITマネジメントが阻害され、ひいてはシステムの安定稼働が損なわれる事態につながる可能性を懸念しているためだ。

金融庁が具体的に掲げる懸念材料は次の2点である。

▶厳しい経営環境に置かれているにもかかわらず、経営戦略を踏まえたITシステムのあり方を検討していないために、自らの体力に見合わない多額のシステムコストが放置されている場合には、将来的な健全性に悪影響が生じる

▶非金融からの新たなプレイヤーに対抗すべく、適切にITを活用した経営戦略を立てようとしても、企業文化や人材戦略を含めたビジネス・業務の円滑な転換を図るうえで業務上の混乱が生じる

これらから読み取れるのは、ITガバナンスの要諦は、単なる利用者利便を向上させるだけの観点だけではないということである。あくまで本来的に金融機関に期待されるのは、金融システムの安定そのものや、金融業を総体として社会のデジタル化の動きに適応させていくといった観点であることを理解すべきなのである。

金融機関の ITガバナンスと ITマネジメント

一般的なITガバナンスとITマネジメントとしては、金融庁のほか、内閣官房（デジタル庁）が事業法人共通の概念を定義している。ここでは、内閣官房（デジタル庁）の要件を念頭に置きつつ、金融当局が指し示すフレームワークを整理する。

1 内閣官房（デジタル庁）が定義する ITガバナンスとITマネジメント

ITガバナンスとITマネジメントは混同されがちな概念であり、体系的に認識する必要がある。ITガバナンスとITマネジメントについて、理解しやすい形で定義しているのが、当時の内閣官房（現デジタル庁）が2022年に公表した「デジタル・ガバメント推進標準ガイドライン」だ。

同ガイドラインは、本来は政府情報システムの整備及び管理に係るプロジェクトを実施するに際し、サービス・業務の円滑な構築・運営を通じて利用者に価値を提供し、高い費用対効果をもって政策目的やプロジェクトの目標を実現できることを目的として定められたものであるが、金融機関の内部監査部門が理解するうえで有用となる基本的な体系が示されている。

政府系の重要プロジェクト遂行における基本的な実施手順を定めた同ガイドライン及び同ガイドラインの解説書においては、**図表2−1**

図表２−１　内閣官房によるITガバナンスとITマネジメントの定義

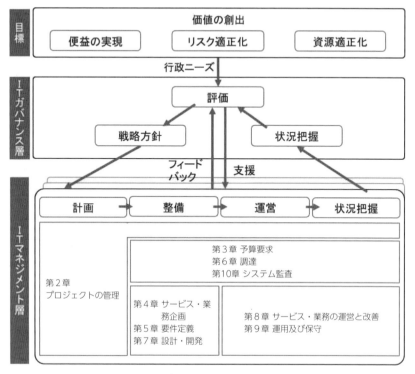

（出所）内閣官房情報通信技術（IT）総合戦略室「デジタル・ガバメント推進標準ガイドライン解説書」（2021年3月30日）

のようにITガバナンスとITマネジメントの概念を模式化している。

　これによれば、ITマネジメントとは、情報システムを活用するプロジェクトの計画、整備、運営、状況把握の一連の活動そのものを指す用語として用いられていることがわかる。さらに、ITマネジメントの目的は、デジタル技術を活用して利用者中心のサービス・業務改革を推進するため、サービス・業務改革を支える情報システムの整備及び管理に係る各プロジェクトにおいて、利用者が実感できる効果を確実に達成することにある点も理解できよう。

　また、同ガイドラインではITガバナンスを、政府全体の情報システムの開発を統括する立場にあるデジタル庁並びに各府省における情報システム開発を個々に統括するデジタル統括責任者及び副デジタル統括責任者を中心とした体制を主体として捉えている。

　具体的には、これらの体制を「サービス・業務改革並びにこれらに伴う政府情報システムの整備及び管理に係る個々のプロジェクト」を、「全体的かつ適正に管理するための仕組みを組織に組み込み、機能させることによって、政府情報システムに係る課題解決のみならず、各組織の政策目的を実現し、個々のプロジェクトをマネジメントするだけでは出し得ない価値を創出」することを念頭に位置づけている。ここでいう「価値」とは、ステークホルダーたる国民及び情報システムの利用者たる各省庁／自治体職員等への便益の実現をはじめ、政府及び国民が負うリスクの適正化なども包含したものと解釈されている。そのうえでこれらを念頭に、デジタル庁では、ITガバナンスに係る組織体制、中長期計画、人材確保・育成、予算及び執行、情報システムの管理、システム監査等を包含し、ITガバナンスとして規定しているのが特徴である。

　内閣官房では、このようにITマネジメントが、CIOを頂点とするITガバナンスにより適正化されることを要請しており、こうした概念は金融機関においても準用が可能である。

❷　金融庁が示すITガバナンスの要諦

　金融庁の基本的な考え方となる「検査・監督基本方針」では、金融行政の目標について、「金融システムの安定と金融仲介機能の発揮、利用者保護と利用者利便、市場の公正・透明と市場の活力の両立とい

う基本的な目標の実現を通じて、企業・経済の持続的成長と安定的な資産形成等による国民の厚生の増大という究極的な目標を実現すること」と整理している。

　従来の金融機関のITシステムは、金融システムの安定と利用者保護の観点に重きが置かれ、結果的にシステムリスク管理態勢及びシステム統合リスク管理態勢を中心に扱われてきた経緯がある。本章第1節に述べたように、金融機関を取り巻く環境変化や、地域課題への対応を目指した新たな活動を促進するためには、経営管理の状況等についても実効性のあるモニタリングを行うことが必要と金融庁は認識しているようだ。そのうえで、2023年6月に金融庁は、ITガバナンスについての当局の考え方を示すとともに、従来のシステムリスク管理態勢及びシステム統合リスク管理態勢についての考え方についても改めて整理し、「ディスカッションペーパー第2版」として公表するに至っている。

　金融機関におけるITガバナンスとは、経営者がITと経営戦略を連携させ、企業価値を創出する仕組み全体を指している。そのうえで、**図表2-2**のように、ITマネジメントとの位置づけを公表している。

　金融庁が指し示すITガバナンスは、単なる内部統制のみならず、金融ビジネスそのものから生まれる収益向上のための成長戦略の実現も包含される概念である。こうした点を念頭に、金融庁では、金融機関経営者との対話を「トップインタビュー」として重ねてきており、経営戦略、IT戦略及びDX戦略の関係において得られた示唆を中心に、好事例を抽出し、公表し始めている。総じてみると、おおよそ次のようなストーリーに基づく体制作りが有効とされていることがわかる。

　中長期的に持続可能なビジネスモデル確立に向けた経営戦略を策定
　↓

図表２－２　金融庁が示すITガバナンスとITマネジメントの概念

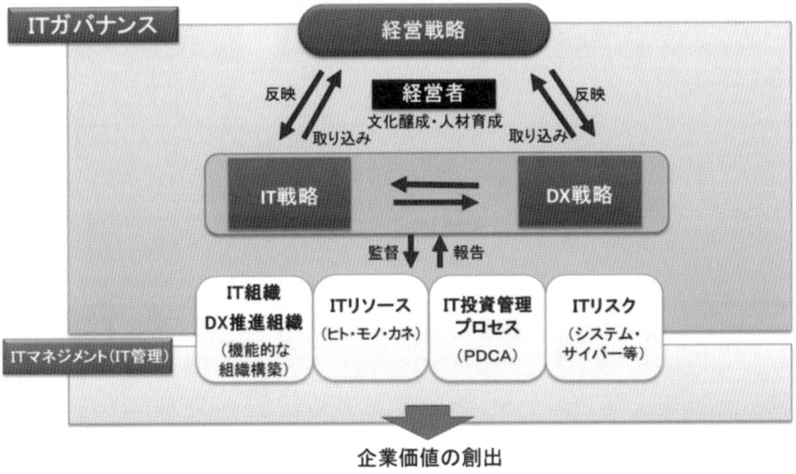

（出所）金融庁「金融機関のITガバナンスに関する対話のための論点・プラクティスの整理　第２版」（2023年６月）

将来に向けた事業ポートフォリオの見直し、カルチャーの変革、IT・デジタルの素養を持った人材の育成方針等の明確化

↓

基幹系システム更改や次世代システムアーキテクチャ等の方針を定めたIT戦略の決定

↓

経営戦略とIT戦略に基づく既存業務の革新やビジネスモデル変革等のDX戦略の計画

　これらを踏まえ、本項では、「ディスカッションペーパー第２版」から「ITガバナンスの６つの着眼点」（**図表２－３**）の要点を紐解き、内部監査部門におけるチェックポイントを取り上げていく。

　なお、金融庁は、「ディスカッションペーパー第２版」をもって「個々

図表２−３ ITガバナンスの６つの着眼点

❶ 経営陣のリーダーシップ	❷ 経営戦略とIT戦略の連携	❸ IT組織の実態
✔ 経営陣自らがITガバナンス構築に取り組んでいるか	✔ 経営戦略・事業戦略と、IT戦略が連携しているか ✔ デジタルトランスフォーメーションの理解はどうか	✔ 外部委託先に任せきりにしていないか

❹ ITリソースの最適化	❺ IT投資管理プロセス	❻ ITリスクコントロール
✔ ヒト・モノ・カネがIT戦略に基づき適切に配分されているか	✔ IT戦略は、企業価値創出につながっているか ✔ IT投資の効果測定を、PDCAサイクルの中で定義しているか	✔ 新技術を導入しない場合の機会損失について評価しているか ✔ RBAによるリスク評価が体系的に実施されているか

（出所）金融庁「金融機関のITガバナンスに関する対話のための論点・プラクティスの整理　第２版」（2023年６月）を基にNTTデータ経営研究所作成

の論点を形式的に適用したり、チェックリストとして用いたりすることはしない。また、本文書を用いた対話に当たっては、金融機関の規模・特性を十分に踏まえた議論を行う」としている。ただし、運用を停止したはずの旧金融検査マニュアルについては、現在でも金融証券検査官の必携ツールとして利用されている実態も勘案すれば、本書で指し示される各論点は、内部監査部門として有用な「拠り所」として十分に活用の余地があるものと認識される。

着眼点1 「経営陣によるリーダーシップ」の視点

　サイバーセキュリティ対策の高度化が特に金融機関に厳命され始めて以降、金融機関の経営陣、中でも代表取締役や理事長などの経営ト

ップには、ITシステムそのものにおける統括責任者であることの意識や、能動的な取組みが強く要請されてきている。「監督指針」においても、サイバーセキュリティ演習やBCP訓練等において、代表取締役や理事長が自らこれを主導し、指揮することが要件として示されてもいる。

　人口減少・高齢化の進展や、低金利環境の長期化等により金融を取り巻く環境は厳しい状況が続くなか、金融機関はITシステムについても、自らの体力に応じたコスト構造を理解したうえで、経営戦略を実現させるために適切かつ効果的な形で構築していくことが期待されている。このため、金融機関の経営陣は、自らの体力と進むべき経営戦略を踏まえて、あるべきITシステムの姿を率先して検討していくことが求められている。

　なお、こうしたケースで金融庁が用いる「金融機関の経営陣」は、「経営者のほか、ITシステム部門を含む内部管理部門及び事業部門の責任者を含む」と定義されているので注意が必要である。

〈内部監査のポイント〉

☐ 経営陣は、デジタル活用が顧客ニーズを起点としたサービスの提供に欠かせない手段であることについて役職員の理解を得る努力を示しているか。

☐ 経営陣は、将来のDXの到達点を示し、組織全体を導く努力を示しているか。

☐ 経営陣がDX戦略についてリーダーシップを発揮し、例えば、情報発信を続けることで、ステークホルダーの信頼と共感を得ながら、組織内の戦略の実現に向けた機運やモチベーションを高める活動を率先して実践しているか。

☐ 経営陣は、単なるシステム改革だけでなく、業務改革と人事制度改革も併せて進めることで、デジタル活用のアジリティ確保

や全社的な意識変革が促されることを理解しているか。

☐ 経営陣は、DXに関する取組みがすべて成功するわけではないことを理解のうえ、失敗を恐れずチャレンジを奨励する企業文化の醸成に努めているか。

☐ 経営陣は、サイバー空間における脅威が増大するなか、金融機関に対するサイバー攻撃によって、顧客情報の漏えい、顧客資産の不正出金や業務停止などの被害が発生している現状を認識しているか。

☐ 経営陣は、DXを安心・安全に推進していくうえでは、デジタル活用に伴うサイバーリスクを評価するとともに、リスクに見合ったサイバーセキュリティ管理態勢を構築し、適切にリスクコントロールする必要があることを認識しているか。

☐ 経営陣は、ITリテラシーとデジタルリテラシーの向上に努め、IT・デジタル技術を経営にどのように活用してビジネスモデル変革につなげるのか、デジタル活用の恩恵を享受するうえでの前提となるセキュリティをどのように確保するのか、ITリスク（サイバーリスクを含む）をどのように管理するのか等、バランスを考えながら創造力を働かせて組織内で議論を行っているか。

☐ 経営陣は、DX推進に伴う新たなリスクへの備え、経営層のリーダーシップの発揮など、金融庁が金融機関に期待するサイバーセキュリティの考えを示した金融庁「金融分野におけるサイバーセキュリティ強化に向けた取組方針（Ver.3.0）」（2022年2月）を理解し、これを踏まえた組織的対応を指揮しているか。

着眼点2 「経営戦略と連携したIT戦略」の視点

地域金融機関の中には、筆者がこれまで確認してきた範囲内におい

ても、中期経営戦略といわゆるIT中期戦略は策定するも、それぞれ別個に検討、策定されているケースが少なからずみられる。

　本来、中期経営戦略は、金融庁が指し示す検査・監督に関する方針や新たなルール、レギュレーションなどを踏まえたうえで、中期的に予見される外部環境を俯瞰し、これに伴って想定される内部環境への影響を勘案して策定される。また、ここで決定される経営基本方針や業務要件、金融サービス提供方針などの実現に必要となるITの機能やあるべき姿を定義するのがIT中期戦略である。

　つまり、上位方針である中期経営戦略とIT中期戦略のベクトルが不一致となった場合、ITガバナンスはおろか、実効性の高いITマネジメントも困難になりかねない。ましてや、フィンテック等による金融イノベーションが急激に進展するなか、金融機関には、経営戦略とIT戦略との一体的運営へのプレッシャーが一層増していると考えるのが自然だ。

　最近の金融庁幹部の発言や金融機関向けセミナー等を通じて、金融庁は、繰り返し本件の必要性に訴求しており、本項目で触れられる確認ポイントや視点も、これを踏襲したものとなっている。

〈内部監査のポイント〉

- ☐ IT戦略では、基幹系システムの更改、情報系システムの高度化、クラウド活用、情報セキュリティ等の方針を定めているか。
- ☐ ビジネスとDX推進を支えるシステムアーキテクチャの在り方について検討しているか。
- ☐ 老朽化したレガシーシステムを使い続けると、維持保守費の増大につながるだけでなく、DXの足枷となる可能性があることが問題意識として認識され、IT中期戦略等の将来計画において課題として考慮されているか。
- ☐ ビジネス要件の変化に柔軟かつ迅速に対応できるよう、システ

ム構成を全体最適化することの必要性を認識しているか。

- [ ] システム再構築には、リホスト、リライト、リプレース等の手法が存在するが、中長期のITコスト、現行システムの開発言語の将来性、システム開発に従事した行職員等が退職する等といったことに起因するブラックボックス化の懸念、ハードウェア価格の動向、最新の導入事例やトレンド、といった観点で多面的に評価して選択しているか。

- [ ] システムアーキテクチャの将来像として、メインフレームとオープン系基盤、オンプレミス（システムに必要なソフトウェア、ハードウェア等を自行庫で保有する利用形態）とクラウド等の最適な組み合わせを示し、さらにデータ活用基盤・API連携等についても有用性を検討しているか。

- [ ] 既存のITシステムについて、自行庫の体力に応じたコスト構造の下、経営戦略を実現させるための効果を最大化するものとなっているか。

- [ ] IT戦略がその時々の経営の考え方に沿ったものとして適切に機能するよう、戦略そのものに適宜見直しを加える必要があることを認識しているか。

- [ ] デジタル化の進展による社会環境変化に対応するため、IT戦略を経営戦略に基づいて策定しているか。

- [ ] DX戦略では、収益性の向上やビジネスモデル変革に向けて、チャネル改革、業務革新、店舗のデジタル化、顧客接点拡大、商品・サービスのクロスセル、新規事業開発といった戦略領域を定め、中長期を見据えたロードマップを策定しているか。

- [ ] 絶え間なく変化し続ける顧客のニーズと自行庫の課題を常に調査分析し、実装に必要なデジタル技術をもつITベンダーやメーカー、さらには相応の顧客基盤を有する事業者との連携を検

　　討しているか。

□ 投資余力を生み出すことを念頭に、単独で実行すると過剰投資
　になる恐れがあると判断されるIT投資案件で、かつ、その有
　用性が認識される場合には、他行庫との連携による共通基盤・
　システム構築の可能性等を見定めつつ、各種機能の共同利用や
　適したプラットフォームの検討を進めているか。

着眼点3 「IT戦略を実現するIT組織」の視点

　安心・安全を念頭に、枯れた技術のみを有意に導入・実装してきた
かつてのITシステムとは異なり、DX推進においては、積極的に新た
な技術を検証・導入し、新たな息吹を金融機関内に吹き込むことで、
従来は放置されてきた各種課題を解決することが期待されている。

　現在の地域金融機関では、勘定系等の基幹システムの共同利用化が
進んでおり、結果として、かつて自行庫で独自システムを開発・運用
していた時代に比べてもシステム開発そのものに精通した人材は総じ
て少ない。したがって、現状の人員構成で新たな萌芽となるDX推進
を目指そうとしても、そもそも人材不足を理由に、検討が思うように
進捗しない、といった課題に直面しがちである。DX推進に際しては、
金融業務とIT・デジタルの知識双方を高度に習得した様々な職種の
専門キャリア人材が必要とされる。そのうえでは、自行庫における当
該人材確保・育成・評価を実現するための人材のスキル要件の定義が
優先課題となる。

　次に、金融機関内での当該専門キャリア人材の組織内でのキャリア
パスの明確化のほか、新たな報酬体系等の整備が肝要だ。加えて、必
ずしも当該専門キャリア人材の外部からの確保が芳しくないことも想
定し、既存人材のスキルアップ、育成に向けた教育研修プランの企画
等、新たな人事制度の設計も急務となっている。

金融庁は、「新しい事業への挑戦の推奨やアジャイル開発手法の導入、AI・データサイエンス等に携わる先端人材の中途採用といった取組み」により、自行庫内で「IT戦略とDX戦略を支えるカルチャーを醸成し、組織全体に定着させていくことも重要」としている。

　ただし、ここで留意せねばならないのは、既存人材とは異なり、外部から専門キャリア人材を獲得し、**アジャイル型の開発**[*1]手法を導入するシーンにおいて、いわゆる**β版**[*2]レベルのシステムやプログラムが商用サービスとして投入された結果、障害等を発生させるリスクである。

　前述のとおり、かつての金融機関は、安心・安全を標榜したうえで枯れた技術を中心に導入・実装することで、システムの安定運用を実現してきた経緯がある。DX推進に際して新たな技術の導入や、これを実現する専門キャリア人材に金融サービスのデザインや開発そのものを過度に依存した場合、これまで充実してきたはずのシステムを取り巻くリスク管理がおざなりとなりかねない点にくれぐれも注意を払う必要がある。

[*1] **アジャイル型の開発**：agileは、直訳すると「素早い」「機敏な」。プロダクト・ソフトウェアを素早く、効率良く、小さなサイクルで小単位ごとに開発する手法。

[*2] **β版**：ソフトウェアの正式な製品版を発売・配布する前に試用で提供される、開発途上のテスト版を指す。⇔α版（開発の初期段階）。

〈内部監査のポイント〉

- □ 金融機関においては、従来、ユーザー部門からの要望を受けた
  システム部門が一元的にシステム化対応を行う組織体制が多く
  みられるものの、IT戦略やDX戦略を実現するには、企画・開
  発を担う責任者、組織（部門、子会社等）、会議体のあり方、
  IT・デジタル人材と情報セキュリティ人材を確保・育成する
  観点から、適した組織能力を設計し構築する必要があることを
  認識しているか。
- □ IT戦略が経営戦略と連携されたものとなるうえでは、システ
  ムの企画・開発・運用・管理等の判断及び責任について、経営
  陣・システム部門・ユーザー部門における機能分担が重要であ
  ることを認識しているか。
- □ システム開発におけるユーザー部門の役割の明確化や人事交流
  等により、ユーザー部門とシステム部門間のコミュニケーショ
  ンを活発化させる取組みが検討され、講じられているか。
- □ 新たな金融サービスの創出やDXを推進するにあたっては、経
  営陣を中核にした推進体制や部門の垣根を越えてシナジー効果
  が生まれるような組織体制を検討することの重要性を認識して
  いるか。
- □ IT・デジタル技術を活用した既存事業の構造改革では、事業
  部門に可能な限り権限委譲し、小さく始めて改善を繰り返すア
  ジャイル・アプローチによって、柔軟かつ迅速に対応するため
  の検討を進めているか。
- □ アジャイル開発の検討に際しては、開発工程や運用そのものに
  おいて想定されるリスクを念頭に、あらかじめリスクを特定、
  評価、軽減するための仕組みが検討され、組織的な対策が講じ
  られているか。

第2章　金融機関のITガバナンスとITマネジメント

- [ ] IT組織は、アジャイル開発の手法やポリシー、ツール選定、開発環境等について標準化を行い、各事業部門で管理不能な開発にならないよう支援する必要があることを認識し、あらかじめ対策を講じているか。
- [ ] DX推進に際しては、IT子会社やITベンダーとの連携が有効と考えられ、案件の企画から実装まで短期間で行える体制作りが重要とはなるものの、企画・設計のみならず、プロジェクト管理や開発・テスト工程を金融機関が主体的に実施するなど、実効性の高い体制を金融機関内部で構築しているか。

着眼点4 「最適化されたITリソース（資源管理）」の視点

IT戦略を実現するためには、策定した戦略に基づきITリソースを配分し、最適化を図る必要があり、金融庁はその際には「ヒト、モノ、カネの観点を考慮することが重要」としている。

「ヒト」の視点は**着眼点3**でも触れているが、高度化するシステム開発要件や新たな技術のアセスメント等に対応可能な専門キャリア人材の外部からの獲得や、内部での要員育成が引き続き金融機関における課題となっている。

また、「モノ」では、収益の確保において、金融機関が業務を通じて獲得してきた各種データの利活用に注目のうえ、当該データの商流への活用で新たな収益源として位置づけることも有用としていることがわかる。この発想は、いわゆるサーキュラーエコノミーの概念にも通じるところがある。これまで価値を見出してこなかった「埋もれた資源」や「忘れられた資源」に着目し、再利用を促す行為そのものである。

さらに、「カネ」の面で、かねて金融庁は、ITコストは単に低水準に収めることが重要ではなく、必要な場面で必要なカネを投じること

が重要なのだとしてきた。ここでは、必要な資金を捻出し、DXを通じ効率的な事務をデザインすることで、経営の効率化が図れ、結果的に投資に向けた原資の確保につながることを期待している様子が窺える。

このように、**着眼点４**では、金融機関が経営資源をいかに効率良く配分し、より効果的なITのパフォーマンスを現出することが可能となるか、といった視点で要点が整理されている。

〈内部監査のポイント〉

「ヒト」の観点

- ☐ デジタル技術の発展や新たな開発手法の登場を受け、システム開発そのものにおける専門性が従前よりも高じているなか、かかるIT人材の不足にいかに対応しようとしているか。

- ☐ 一般行職員にもIT関連資格の取得を奨励するなど、内部で「業務スキルとITスキルを兼備した人材の育成に努める金融機関も少なくないが、自行庫における内部での人材育成を具体的にどのように実現しようとしているか。

- ☐ 既存システムの維持・運用・更改において、さらにはDX推進においても高度なセキュリティの実装の必要性を認識したうえで、かかる人材の確保・育成を進めているか。

「モノ」の観点

- ☐ 自行庫における取引データを商流等に活用した場合等の付加価値創出に着目し、自行庫における新サービスとしてデータ利活用の検討を進めているか。

- ☐ セキュティ面のリスク等を踏まえつつ、新技術を導入しないことの機会損失も踏まえて、その採否を検討しているか。

「カネ」の観点

- ☐ 新技術（API、AI、クラウド等）を積極的に活用することでコ

ストを大幅に削減している他金融機関の事例を踏まえ、自行庫
としていかなる課題を認識しているか。

☐ 既存システムの機能を維持するためにIT予算を配賦すること
は重要であるが、維持・制度対応の予算を所与のものとするの
ではなく、あくまで自らのIT戦略に基づきながら、他の選択
肢の可能性の検討や、企業価値創出のための戦略的な投資の確
保など、最適な予算配賦を行うことの重要性を認識しているか。

着眼点5 「企業価値の創出につながるIT投資管理プロセス」の視点

高度化するデジタル化技術を経営戦略に適合する形で導入・実装す
るためには、研究開発と導入判定に資する実証実験が有効とされてい
る。新たな技術の導入検証作業は、既存システムの安定性・堅牢性を
維持しつつ検討されることとなり、その際には、従来にも増してIT
投資の管理プロセスが複雑化することが想定される。

また、これまでにない開発プロセスが定義されがちなDX戦略の推
進にあたっては、従来の既存システム向けの工程管理やリスク管理の
手法が必ずしも有効に機能しないことも想定される。

これを踏まえ、想定されるリスクを念頭に、PDCAサイクルを通じ
た精緻な投資対効果の検証とリスクマネジメントが必要となっている。

しかしながら、金融庁では「DX戦略を支えるシステムアーキテク
チャへの更改やインフラ強化を図ることが中長期の競争優位性を築く
と考えられる」としている。すなわち、投資した場合のリスクと投資
を回避した場合の機会損失を天秤にかけ、慎重に判断する必要がある
ということだ。

したがって、金融機関には、リスクとリターン双方を睨みつつ、よ
り合理的な対応手法を導出することが期待されている。ここではIT
投資のバランシングに注目することが肝要であり、内部監査部門にお

いては、投資対効果の評価手法やそのタイミング、PDCAサイクルを通じたリスクモニタリングの実装程度を詳細に確認することが必要となる。

〈内部監査のポイント〉

- □ 戦略的なIT投資額及びそれに含まれるDX案件の投資額について、中期計画と年度予算を定め、全社的な戦略案件の起案から審議、投資意思決定までが迅速に実行できるようなプロセスを整備しているか。
- □ 投資後の進捗管理において、ROI（投資利益率）等の指標を用いて定期的に投資対効果の評価を行い、進捗状況に応じてリソースの増強やサービスの縮小・撤退を判断するPDCAを回しているか。
- □ PoC（実証実験）の段階や中期的な観点で対応が必要な戦略投資案件は、収益化の目途が立つまでの間、特性に応じてKPI（定量的指標）を設定のうえ計画対比をモニタリングしているか。
- □ 最新技術の継続的な情報収集と外部専門家の活用等によって選定プロセスを強化し、外部から確かな知見を獲得しているか。
- □ 戦略的なIT投資の割合を増やす目的で、非戦略領域の維持保守コストを抑制・削減する取組みを実践しているか。

着眼点6　「適切に管理されたITリスク」の視点

　金融機関は、自らの経営戦略を実現させる目的で、新たな技術やサービスについて、セキュリティ面や外部委託先管理等、新たに生じるであろうリスクを十分に想定しつつ、その採否を検討する必要がある。ただし、昨今のデジタル化機運を受け、地域社会や取引先企業もさることながら、競争相手となる他金融機関もDXへの取り組みを強化している状況を勘案すると、自行庫のみが呑気に構えている状況にはす

でにない。

　金融庁では、「既存システムを漫然と利用し続けることが、競争面はもとよりコスト面においても経営におけるリスクとなり得る」との判断を示しており、「IT戦略とDX戦略の策定から個別案件の投資判断に至るまで、また、DX推進の恩恵を享受するうえで、これらのリスクの低減及び管理」を金融機関に求めている。

　DXにおいて有用とされる技術を有する外部企業との連携にあたっては、いわゆるフィンテックベンチャー等、必ずしも企業規模の大きくなく、業歴も浅い企業と連携する場面が増加している。実際、金融庁が示してきたレギュレーションや金融情報システムセンター（FISC）のガイドライン等に必ずしも精通していない企業も金融検査を通じて確認されていると聞く。

　内部監査部門では、こうした外部企業との連携から生まれる新たなリスクや、外部チャネルとの顧客情報等の連携におけるリスク等を想定し、現場部門へのヒアリングを通じて組織内で問題意識を醸成していくことが期待されている。

〈内部監査のポイント〉

　□ 新技術等にも目を配りつつ、必要に応じて、新技術等を採用することで高まるオペレーショナル・リスク等と、採用しないことで将来得られる収益やコスト削減等の機会を逸し得るリスクを比べ、適切に投資判断を実施しているか。

　□ DX推進におけるリスクとして、新商品・新サービスに係るリスク、システム障害リスク、情報セキュリティリスク（サイバーリスク含む）、外部事業者との連携に伴うリスク等を想定のうえ、対策を実施しているか。

　□ クラウド等の新たなサービスの利用は、セキュリティ面を含む従来と異なる外部委託先管理が必要になるといったオペレーシ

ョナル・リスクがあることを認識し、対策を講じているか。

☐ 新商品・新サービスを検討する際には、企画・設計段階からセキュリティ要件を組み込む「セキュリティバイデザイン」を実践し、サービス全体の流れのなかで、連携先も含めて脆弱性を洗い出し、リスクに見合った堅牢なサイバーセキュリティ対策を導入しているか。

☐ 新商品・新サービスの採用・提供に際しては、根拠法令等コンプライアンス上の問題がないことを確認のうえ、事前にリスクの洗い出しと対応策の検討、残余リスクの評価等を行っているか。

☐ DX関連の新サービス採用に際しては、戦略領域にある周辺システムで開発、運用、提供されることが多いことを認識のうえ、事前にシステムリスク管理態勢の評価等の審査を十分に行っているか。

☐ IT子会社や銀行業高度化等会社、外部事業者など連携先と共同でシステム障害発生時の顧客対応・業務継続・復旧体制を整備しているか。

☐ 個人情報・顧客情報の管理態勢について、外部事業者に情報連携する場合には、業者側で情報漏洩等のインシデントが発生するリスクを認識し、十分な対策を講じているか。

☐ データ利活用による顧客への新たな価値の提案やAI分析等を行う場合、提供データの品質・信頼性が低い場合には誤った出力結果となるリスクがあることを認識し、必要な対策を講じているか。

第**3**章

システム監査の進め方

システム監査の
ポイント整理の
前提として

　必ずしもシステムに高度に精通していない人材であったとしても、有効なシステム監査は可能である。ここでは、本来の内部監査部門に期待される「牽制機能」をはじめとした基礎的要件を理解することで、システムに詳しくなくとも、また、少人数であっても有効に機能するシステム監査の概念を整理する。

　いわゆる「システム監査」は、ITシステムの信頼性、可用性、安全性、効率性の観点からリスクベースド・アプローチ（RBA）を用いた点検を中心に実施されてきたものである。「システム監査」の語感からもわかるように、システム開発経験などを有する有識者を中心にメンバーシップが構成され、開発要員による誤謬や誤認を排除することが狙いとされるなど、実践的なシステムリスク軽減策の一環として位置づけられてきた経緯がある。

　ただし、こうしたいわゆるシステム監査は、監査法人等の外部専門家もしくはシステムに精通した有識者が中心となった専門機関が、その機能の根幹を担う場面が多い。そのため、実態として金融機関の内部監査部門が実務で期待されるシステム監査とは位置づけが異なる。また、金融機関の内部監査部門の要員構成をみると、実務としてシステム開発の経験を有する人材が必ずしも適切に配置されているとは限らず、システムに特化した専門性を負わせることにも限界があるし、相応の負荷が生じているのが実感だろう。

　もちろん、仮に過去にシステム開発の実務経験を有する人材を充て

たとしても、次々と新たな技術やフレームワークが登場する現代では、過去に積み上げたスキルが陳腐化するスピードも速い。したがって、現場の開発工程を一つひとつ検証したり、実装技術そのもののアセスメントを内部監査部門が担うのは、現実的に困難になりつつある。開発現場のモニタリングを精緻に行おうとすれば、相応の人数をアサインせざるを得ず、コストセンターとして位置づけられがちな内部監査部門の現実解とはなり難い。

こうした背景の下、実態としてこれまでの内部監査部門におけるシステム監査は、「監査法人のシステム監査結果の追認」にとどまってきたことが想定される。

片や、金融機関における情報システムの高度化・複雑化の進展で、実装予定のシステム一つひとつを金融庁の検査官が事前にアセスメントし、潜在化するリスクを隈なく炙り出すことも、現在の金融当局の要員構成をみれば困難と言わざるを得ない。そのため、金融機関内部におけるチェック機能として金融庁が金融機関の内部監査部門に寄せる期待は高まる一方となっているのも事実である。

こうした環境を勘案すれば、内部監査部門には、少人数でも有効に機能するシステム監査の実現に向けた構造改革が期待されているとみるべきだ。すなわち、以下が主要ミッションとなる。

- ▶自行庫の重要システムを取り巻くリスクファクターを整理
- ▶優先課題と認識されるトピックを特定し、対応状況を捕捉
- ▶被監査部門への「気づき」の提供
- ▶被監査部門への「牽制機能」の確保

こうした対応を可能とするうえでは、所与のフレームワークの活用によるシステム監査の外形基準への準拠が欠かせない。

そこで、本章では、経済産業省が公表する「システム監査基準」（2023

年4月26日）を参照しつつ、内部監査部門に期待される外形的な要件として、システム監査のポイントを整理してみることにしよう。

　なお、「システム監査基準」は外国語を直訳したかの如くその記載や表現が独特なものとなっており、初見では理解に苦しむ部分が散見される。そこで、本章第2節では内部監査担当者の理解を促すことを念頭に、筆者が独自の解釈を加えていることをご理解いただきたい。

　また、金融機関向けに特化した基準としては、金融情報システムセンター（以下、「FISC」という）が2019年3月に「金融機関等のシステム監査基準」を策定、公表している。当該基準は、経済産業省の「システム監査基準」をベースに金融機関向けにモディファイされたものだ。ただし、こうした経緯はあるものの、公表から時間が経過し、現状のDXの進展や足元のITシステムを取り巻く環境変化を必ずしも反映しきれているとはいえない。そこで、本章第3節では、こうした実情も念頭に、FISC「金融機関等のシステム監査基準」から、経済産業省の「システム監査基準」では触れられていない金融機関向けに特化した要件に注目し、内部監査部門の参考に資する情報を整理する。

第2節

経済産業省「システム監査基準」にみるシステム監査の進め方

後段で別途解説するFISC公表の「金融機関等のシステム監査基準」は、ここで紹介する経済産業省の「システム監査基準」を前提に、金融機関向けにモディファイされたものである。まずは、基礎的知識としてベースとして位置づけられる経済産業省の「システム監査基準」の要諦を整理することで、すべての事業法人に共通するシステム監査の定義やその実施目的を理解する。

① システム監査の定義と目的

　経済産業省が、システム監査人の行為規範及び監査手続の規則を規定した「システム監査基準」(以下、「経産省監査基準」という)は、システム監査が効果的かつ効率的に行われるために、システム監査のあるべき体制や実施方法等が示されている。

　そのうえで、「経産省監査基準」ではシステム監査を、専門性と客観性を備えた監査人などが、「一定の基準に基づいてITシステムの利活用に係る検証・評価を行い、監査結果の利用者にこれらのガバナンス、マネジメント、コントロールの適切性等に対する保証を与える、又は改善のための助言を行う監査」と定義している。

　また、システム監査の目的として「経産省監査基準」は、ITシステムに係るリスクに適切に対応しているかどうかについて、組織体の経営活動と業務活動の効果的かつ効率的な遂行、さらにはそれらの変

革を支援し、組織の目標達成に寄与すること、そのうえで内外の利害関係者に対する説明責任を果たすことにあるとしている。

　従来のシステム監査では、「開発工程」「テスト工程」「運用工程」といったプロセス単位でのモニタリングを中心にチェックされてきたのだが、これに加えて昨今、「システムリスク」「外部委託先管理」「コンティンジェンシープラン」などが新たに点検対象としてクローズアップされてきた。

　この点検対象のうち「システムリスク」の点検対象はさらに要素分解され、「情報セキュリティ」「サイバーセキュリティ」「システム障害管理」といった形で個別具体的に定義されているのが特徴だ。

② システム監査の位置づけと「経産省監査基準」の活用の在り方

　「経産省監査基準」でいうシステム監査は、そもそも監査法人等に属する専門のシステム監査人による外部監査を指してきたと考えられる。ただし、金融機関の内部監査部門におけるシステム監査も、さらには金融機関の監査役が行うシステム監査も、「経産省監査基準」を準用することが有用とされている。

　「経産省監査基準」では、システム監査の基準として3つの視点、計12基準を挙げており、専門機関に属する監査人のシステム監査、監査役によるシステム監査、内部監査部門におけるシステム監査に共通する基準として認識することが可能である。ここに挙げる基準については、内部監査部門が活用する監査計画に監査基準として掲げることも有用だが、システム監査を行う際のチェックリストの大項目として採用することも有効だろう。

　なお、ここでは、「経産省監査基準」において特に重要と思われるシステム監査上のポイントを抜粋して紹介するものの、本基準は記載上の表現が一部難解かつ独特なものとなっているのが特徴でもある。一般に理解が困難な記載個所が存在することから、原文をそのまま紹介しても読み手の理解を促すことが難しい。そのため、以下では、多くの場面で筆者の解釈が加わった記述としていることを、あらかじめご理解いただきたい。

3 システム監査の属性に係る基準

　「経産省監査基準」で示される基準のうち、次の**基準1**から**基準5**までがシステム監査の属性に関するものだ。システム監査の属性とは、システム監査の権限や責任、実施する要員に求められる属性、さらにはかかる要件等が内部規程として定義されているか、といったものを指すと理解すればよい。

基準1 システム監査に係る権限と責任等の明確化

　効果的かつ効率的なシステム監査を実現するための体制整備として、内部監査部門の権限と責任を組織体の内部監査規程等によって明確にし、組織体全体に周知しておく必要がある。

　併せて**基準1**では、外部委託における要件も示されている。

☐ システム監査を実施する意義、目的、対象範囲、並びに監査人及びシステム監査を行う組織の権限と責任は、文書化された規程等により定められていなければならない。

☐ システム監査を部分的にせよ外部に委託する場合には、委託先の権限と責任を契約書等の文書で明確に定めておく必要がある。

なお、システム監査の一部を外部に委託するケースとは、海外拠点や遠隔地など、往訪が困難な拠点を対象とした内部監査等を想定した条件とみるべきである。また、「委託先の権限と責任を契約書等の文書で明確に定めておく必要」に言及しているが、併せて金融庁の「監督指針」を参照すべき要件でもある。

　「監督指針」では、システム関連業務や金融機関における業務の外部委託に際して、選定基準に基づき評価、検討のうえ選定しているかを確認している。また、委託先との間で締結する契約書の記載要領として次の要件を示しているので注意が必要だ。そのため、金融機関におけるシステム監査基準としては、**基準1** に以下を追補のうえ認識すべきであろう。

- □ 契約書に委託先との役割分担・責任、監査権限、再委託手続、**SLA***の記載があるか。
- □ 委託先に、遵守すべきルールやセキュリティ要件を提示し、契約書等に明記しているか。

> ***SLA**：Service Level Agreement。「サービスレベル合意」「サービス品質保証」の意。サービスの提供者と利用者の間で結ばれる、そのサービスが満たすべき品質についての合意。

基準2 専門的能力の保持と向上

　システム監査の信頼性を保つためには、監査対象とするシステムそのものに加え、ITやシステム構築を取り巻く諸課題に精通し、専門的な観点からシステム監査が実施される必要がある。

　組織体の状況変化やIT環境の変化に対応した品質の高いシステム監査を実施するためには、ITシステム及びシステム監査に関する専門的知識や技能を保持する必要があり、さらに論理的思考能力やコミュニケーション能力等も求められる。また、継続的な教育・研修と実

務経験を通じて、効果的かつ効率的なシステム監査を行えるよう、必要な知識、技能及びその他の能力の向上を図ることが必要である。

　そのうえで、**基準2**として次の要件が挙げられている。

- □ 適切な教育・研修と実務経験を通じて、システム監査に必要な知識、技能及びその他の能力を保持し、その向上に努めなければならない。

- □ 組織体のシステム監査を行う組織の長は、効果的かつ効率的なシステム監査に必要な知識、技能及びその他の能力を、システム監査を行う組織が総体として備えているか、または備えるようにしなければならない。

　内部監査部門が行うシステム監査については、システム開発の各工程で想定されるリスクファクターや他金融機関での失敗事例等を念頭に、監査対象となる現場部門に気づきを与え、自己点検を促すことに意義を求めるべきである。

　そのため、内部監査部門担当者が過度にシステム開発の現場状況を捕捉しようと行動したり、過剰な介入を為すことは本来与えられている権限や期待されている行為を逸脱する振る舞いとされかねない。

　また、システムの専門性獲得を目的に、システム開発の上級者が取得すれば良いような高度なIT資格を取得する必要は必ずしもない。ただし、ITの専門用語や新たな技術等、内部監査部門として最低限求められる情報は精力的に収集、取得に努めるべきである。

　例えば、業界団体等が開催する内部監査研修等への出席のほか、各省庁やFISC等の専門機関が公表する内部監査部門に有用となる公表情報の捕捉といった活動が望まれよう。

　なお、当然ながら、監査対象によっても必要なスキルが異なる。例えば、サイバーセキュリティ対策における監査と、ITガバナンス監

査では、内部監査部門に求められるスキルは大きく異なる。とりわけ、サイバーセキュリティ人材は自行庫内でも確保・育成が困難な状況にある。そこで、自行庫内で特定スキルを有する人材を一時的な支援要員として公募して配置するほか、場合によっては外部機関に委託するなどにより必要な人的資源を確保することも一考に値する。

このように、内部監査では、その目的や対象に応じて、適切な知識や技能を有する者がシステム監査を担当すべく、柔軟な発想で対応態勢を整えることが有効である。

基準3 システム監査に対するニーズの把握と品質の確保

システム監査は、自行庫におけるシステム監査に対するニーズを十分に踏まえたものでなければならない。また、一定の監査品質を確保するための体制を整備・運用することが必要である。

さらに、システム監査終了後、監査対象先へのインタビューやアンケートを行い、内部監査部門が実施したシステム監査の方法や結果等に関する反応や評価を確認し、これをインプットとしてPDCAサイクルの中で改善活動につなげることも、監査品質の維持及び向上に有益とされる。

なお、経済産業省では、内部監査として実施するシステム監査の場合の留意事項として、一般社団法人日本内部監査協会の「内部監査基準」や内部監査人協会（IIA）の「専門職的実施の国際フレームワーク」を参照して品質を高めることを挙げている。ただし、前者の「内部監査基準」は2014年6月1日付けで公表された改訂版以降、改訂が加わっていない。そのため、最新の監査フレームやアップデートされた論点が反映されていないことに注意が必要である。

そのうえで「経産省監査基準」は次の点を要件として定めている。

□ システム監査の実施に際し、システム監査に対するニーズを十

分に把握したうえでシステム監査業務を行う必要がある。

□　システム監査では、監査品質が確保されるための体制を整備・
運用しなければならない。

システム監査に際しては、内部監査部門が自由にその目的や監査対象を決定し、システム監査を実施することが必ずしも有効とはされない。あくまで自行庫における統制の一環で実施するためであり、内部監査結果の利用者の意向や利用目的に合致せねばならないためだ。

そのため、監査報告の利用者たる経営層との事前のディスカッション等を通じ、システム監査の目的やその必要性を評価し決定する必要がある。次に、これに見合ったシステム監査の対象が決定される。

なお、一般にシステム監査のニーズとして考えられるのは、経営者からの要請である。自行庫のITシステムのマネジメントが有効に機能しているかといった検証依頼のほか、自行庫のシステム管理態勢に不備はないか、といった確認行為が該当する。

さらに、「監督指針」等で金融機関に要請される外部委託先管理やサードパーティリスク対応の高度化に向けた機運が高まる昨今の現状を鑑みると、水平レビューを含めた金融庁からの自己点検が下達されるケースのほか、連携先となる外部企業からセルフアセスメントと報告が要請される可能性が挙げられよう。

重要インフラ提供事業者たる金融機関としては、顧客や国民の生命・財産に対する社会的責任を負うことから、政府や外部企業から今後益々こうしたシステムの内部検証ニーズが生じることが予見される。

基準4　監査の独立性と客観性の保持

システム監査は、客観性、誠実性の保持として、客観的な立場で公正な判断を行うという精神的な態度を堅持する監査人によって行われ

なければならない。これがいわゆる「精神的独立性」である。

　さらにシステム監査は、組織体の内部監査部門で行われるものであっても、監査対象先から独立した立場で実施されているという外観が確保される必要がある。これを指して「外観的独立性」という。

　そのうえで、「経産省監査基準」は次のように定めている。

- [ ] システム監査は、監査人によって誠実かつ、客観的に行われなければならない。
- [ ] 監査人が監査対象の領域または活動から、独立かつ客観的な立場で監査が実施されているという外観にも十分に配慮されなければならない。

　以上のとおり、システム監査の実施にあたり、客観性が担保されない場合には有意な説明材料としてのシステム監査の品質が確保できず、報告先（経営陣等）から期待される監査そのものの信頼性を毀損することになりかねない。

　さらに、内部監査担当としての自身が所属する部門が、「監査対象の領域または活動と同一の指揮命令系統に属する場合」に該当する場合、組織的な独立性が伴わないと判断されることに留意が必要となる。過去には、内部監査部門の責任者と被監査部門（IT部門等）の責任者が同一、といった例も存在したのである。

基準5 監査の能力及び正当な注意と秘密の保持

　内部監査部門が監査を行うに際しては、独立性と客観性の保持と併せて、監査の専門家として要求される正当な注意を払う必要がある。加えて、内部監査担当者は、監査及び被監査部門から得られた情報のうち、秘密に該当するものについて、当該秘密の保持の遵守に努めなければならないとされている。

☐　システム監査は、内部監査部門担当者による正当な注意をもって実施する必要がある。

☐　内部監査担当者は業務上知り得た秘密を保持しなければならない。

　ここでは、内部監査部門は、システム監査に際し、客観的な立場で公正な判断が行われるために、専門的な知識・技能を有する担当者を配置する必要があることを示している。そのうえで、専門的な知識・技能を習得し、維持することを要請している。

　また、システム監査は、監査人としての「正当な注意」を払い、また「正当な懐疑心を持って」リスクを見過ごさず、的確に識別することが重要とされる。とりわけITシステムの利活用に係る監査においては、「組織体の論理や価値観だけで判断」するのではなく、「社会的な視点からみて公正な判断」をなすことが望まれるとしていることに留意が必要である。なお、「経産省監査基準」で経済産業省は、特に「ITの進展をはじめ、デジタル技術の変化によるリスク、システム開発手法の変化によるリスク」に注意するよう促していることを念頭に置く必要がある。

　また、当然ではあるが、業務上知り得た情報等を正当な理由なく他者に開示したり、自らの利益のために利用することは禁じられている。

４　システム監査の実施に係る基準

　経済産業省では、「経産省監査基準」で示される基準のうち、次の**基準6**から**基準10**までを指して、「システム監査の実施に係る基準」としている。すなわち、監査プロセスがこれに該当するとみればよい。

基準6ではリスク・アプローチに言及しているが、これは後述**6**にて解説することとする。

基準6 監査計画の策定

　監査の網羅性と効率性を整合させた有効性の高いシステム監査のためには、目的達成に必要十分な事項を記載した適切な監査計画を策定する必要がある。なお、金融機関でも業態によっては、業界団体を通じて業態内での有意な取組事例や共通的な監査規程類が示される例がある。また、特定の監査テーマに限定し、業態内での共通的なスケルトンが示されるケースも出てきた。

　例えば、全国信用金庫協会では、2023年11月に、AML／CFT対策に係る内部監査マニュアルを共通化し、全会員金庫に配布する等、高度化する監査業務に共通する各信用金庫の負荷軽減に向けた取組みを実践している。このように、内部監査部門においては、それぞれの業態が公表する共通的なスケルトンや規程類、マニュアルの有無をまずは確認することが先決で、これらの活用により本来注力すべき実査そのものに人的リソースを集中することが肝要だ。

- システム監査を効果的かつ効率的に実施するためには、適切な監査計画が策定されなければならない。
- 監査計画は、その適切性を確保するために、主として監査対象のリスクの大きさや重要性等に基づいて策定する（リスク・アプローチ）。
- 監査計画は、リスク等の状況の変化に応じて適時適切に見直し、変更されなければならない。

　監査計画は、監査の網羅性を確保し、かつ監査リスクを合理的に低い水準に抑えた効果的・効率的な監査を実施するために、監査の基本

方針を策定し、監査の具体的内容（目的・目標、実施時期、適用範囲、及び監査の方法等）を決定することになる。なお、監査計画は対象期間によって中長期、年度、個別に分かれる（後述**基準7**）。

　監査対象には、リスクまたは重要なリスクが存在する可能性があると合理的に推測できる範囲（組織、業務プロセス等）をすべてシステム監査の対象範囲に含める必要がある。

　また、手続きとして、いかなる経緯・理由・背景で当該監査を実施する必要があるのかといった点を監査計画に詳述することで、監査対象や監査テーマ決定に関する説明力を担保することが求められる。

　「経産省監査基準」では、システム監査は、次の3つの目的に併せて検証する必要があり、さらに監査計画に反映することを要件としている。ここではその概略を示すことにしよう。

(1) ガバナンスの視点

　ITシステムに係るガバナンスを監査対象とする場合、監査計画策定に際し、次の点を重視し、監査計画を策定する必要がある。ここで示される要点は、金融庁公表の「金融機関のITガバナンスに関する対話のための論点・プラクティスの整理」（2023年6月）に定義された確認ポイントとほぼ同一である。

- ☐ 役員会等がITシステムの利活用について経営目的や経営戦略に沿うように経営者に対して適切な方向付けを行い、指示し、かつ、経営者の執行状況を監督し、必要な場合には是正措置を適切に指示しているか。
- ☐ IT戦略は経営戦略と整合しているか。
- ☐ 新技術や技術革新を経営戦略推進のために適時適切に利活用できているか。
- ☐ 投資の結果が適切なリターンを生んでいるか。

⑵　マネジメントの視点

　ITシステムの利活用に係るマネジメントを監査対象とする場合、経営者による方向づけに基づきPDCAサイクルが確立され、かつ適切に運用されているかを確認することに重点を置いた監査計画策定が求められている。

　また、継続的モニタリングの実施により、PDCAサイクルのどこかに機能の不十分な点や重大なリスクが識別された場合には、それらの点について監査を優先的に行うことも必要である。

　☐　IT投資管理や情報セキュリティ対策が、PDCAサイクルに基づいて、組織体全体として適切に管理されているかどうか。

⑶　コントロールの視点

　ITシステムが適切にコントロールされることで、情報システムの有効性、効率性、信頼性、安全性（機密性、完全性、可用性）、準拠性が維持される。これを踏まえ、業務プロセス等において、リスクに応じてITシステムが適切にコントロールされ、機能しているかの確認に重点を置く監査計画の策定が肝要となる。

　☐　規程に従った承認手続が実施されているかどうか。
　☐　異常なアクセスを検出した際に適時に対処及び報告がなされているか。

基準7　監査計画の種類

　監査計画は、原則として中長期計画、年度計画、及び個別監査計画に分けて策定されなければならない。「経産省監査基準」では、監査計画の種類について次のように定義している。

　☐　システム監査を効果的かつ効率的に行うためには、監査計画を、中長期的な対応が必要な事項（中長期計画）と、リスク・アプ

ローチに基づき年間において監査を実施すべき事項（年度計画）と、年度計画に基づいて実施する個々の監査のための計画（個別監査計画）に分けて、策定するのが有益である。

すでに金融庁は、「金融機関のITガバナンスに関する対話のための論点・プラクティスの整理」において、金融機関として策定する中期経営計画とIT中期計画との整合を確保し、経営方針に沿ってデザインされる金融機関業務を支える立場で、ITシステムの投資や運用に関する計画を立案するよう求めている。

そこで、内部監査部門としても、システム監査を経営に資するものに昇華するために、さらには利害関係者に対する説明責任を果たすことを目的に、ITシステムの中長期計画と整合を取ることが肝要である。

つまり、IT中期計画に示される中長期のシステム開発・更改計画やIT基盤の構築・更改等を踏まえて、システム監査の中長期計画を策定する必要があるわけだ。

また、年度計画は中長期計画に基づき、そこで記載される方針を踏まえて年度単位での監査目標や論点を整理し、監査対象を特定したうえで策定されるべきもので、システム監査の年間スケジュールが記載される。

個別監査計画とは、監査対象となるシステム単位で、具体的な監査スケジュールまで落とし込んだ詳細計画を指している。また、「経産省監査基準」では、原則として、いずれの計画体系もリスク・アプローチにより策定される必要があるとしている点に留意が必要だ。

基準8　監査証拠の入手と評価

監査手続は、予備調査と本調査に分けて実施する。監査手続の結果としてエビデンス（監査証拠）が入手され、このエビデンスに基づい

て監査の結論が形成される。つまり、監査手続においてエビデンスは不可欠な存在として位置づけられ、**基準8**でも次のとおり明確に要件が示されている。

☐ 内部監査部門は適切かつ慎重に監査手続を実施し、監査の結論を裏づけるためのエビデンスを入手しなければならない。

　予備調査とは、監査対象の実態を把握するプロセスをいう。具体的には、情報システムや業務等の詳細、事務手続・マニュアル等による業務内容や業務分掌、組織図等による体制などの確認を要するものだ。

　予備調査では、被監査部門及び当該部門が担う業務、管理するシステムを理解することを目的に、関連する文書や資料等を確認する行為が一般的だ。また、プレヒアリングとして、監査対象先や関連部門の行職員へのインタビュー等を実施することもある。予備調査の重要な目的は、本調査に向けた具体的な論点や確認すべき事項を仮説レベルで導出することにある。こうして導出した仮説を踏まえて臨むのが、本調査である。

　本調査は、予備調査での仮説を検証することを念頭に、十分かつ適切なエビデンスを入手するプロセスを指している。「経産省監査基準」では、十分かつ適切なエビデンスとは「証拠としての量的十分性と、確かめるべき事項に適合しかつ証明力を備えた証拠」と定義される。予備調査での仮説検証を目的とするうえでは、行職員へのインタビューのみでは十分でなく、より有効視される書類等の物的証拠を入手すべきとされるのはこれが理由でもある。

　なお、最近のシステム開発の現場、とりわけ金融機関の重要な連携先ともなりつつあるフィンテック企業では、いわゆるアジャイル型の開発手法が多用される傾向にある。こうした開発手法では、**ウォーターフォール型**＊といった従来の開発手法とは、開発プロセスや開発者

が参照する開発標準も大きく異なる。そこで、内部監査に際しては、開発現場や監査対象それぞれに特有の開発手法を意識したうえで、適切な監査証拠を入手することが肝要である。

　なお、金融庁は、アジャイル型開発によるシステムであっても、エンドユーザとして金融機関の顧客が利用し、障害発生時に顧客への影響が生じるシステムにおいては、適切にドキュメントが生成され、適切に保管されることを求めている。

　実際、昨今はフィンテック企業や資金決済事業者の一角で、金融庁による入検時にドキュメント不備に係る指摘を受ける例が確認されていることから、内部監査部門でも注意深く点検する必要がある。

> ＊**ウォーターフォール型**：プロジェクトの立ち上げからソフトウェアの開発までを複数の工程に区分し、滝のように上流工程から下流工程へと順番に進めていく手法。

基準9　監査調書の作成と保管

　監査調書とは、実施した監査手続、入手したエビデンス、導出された結論、といった要点が記載されたものを指す。かつ、監査の結論の基礎となるものであることから、適切な形式で作成・保管しておく必要がある。

　「経産省監査基準」では、**基準9**として以下を定めている。

- ☐ 監査の結論に至った過程を明らかにし、監査の結論を支える合理的な根拠とするために、監査調書を作成し、適切に保管しなければならない。
- ☐ 監査調書の記載事項には、一般的に、以下の事項が含まれる。
- ・監査実施者及び実施日時
- ・監査の目的
- ・監査手続

- エビデンス（監査結果を立証するための資料、データ、証言、監査証跡を含む記録等のすべて）
- 監査手続に基づき確かめた結果
- 発見事実（事態・事象、真因、影響等）及び発見事実に対する所見
- 監査調書のレビューが行われた場合には、レビューアの氏名及びレビュー実施日
☐ 監査調書は、定められた手続に従って監査調書を体系的に整理し、後日、容易に参照、活用できるように保管する必要がある。
☐ 監査調書保管に際しては、未承認アクセスに対する防止対策、及びバックアップ措置を講じる必要がある。

　監査調書に記載されたシステム監査人の所見は、監査結果の結論をまとめるための合理的根拠とされる。そのため、参照権限を有する者が適切に参照、活用できる様態で保管せねばならない。また、監査調書には、組織としての重要情報や機密情報が記載されていると認識する必要がある。そのため、経営層であっても、内部監査担当者間のメールの授受であっても、暗号化したうえでパスワード等を付したやり取りをルールとして定めておく必要がある。

　さらに、昨今では外部からのサイバー攻撃もさることながら、内部者犯行による情報窃取の事案も発生している。こうしたリスクを念頭に、金融機関内の信頼できる情報システム基盤を経由したアクセスであっても、参照権限を有さない第三者によるアクセスを拒絶するためのツールを組み込む等の対策が必要である。同様に、オペレーション・レジリエンスの観点から、重要な情報である監査調書を安全に保持することを目的とした遠隔地でのデータバックアップのほか、サーバーの二重化といった対応が施される必要がある。

基準10 監査の結論の形成

　監査の結論を導くための合理的かつ客観的な根拠を得るまで、内部監査部門では十分かつ適切なエビデンスを入手するよう努める必要がある。また、活動が収束した場合は、監査調書に記載すべく監査の結論を導出する必要がある。その際には、合理的かつ客観的な根拠に基づき結論を導出せねばならない。

- ☐ 監査報告に先立って、監査調書の内容を詳細に検討し、合理的な根拠に基づき、監査の結論を導かなければならない。
- ☐ 監査の結果、ITシステムのガバナンス、マネジメント、またはコントロールに不備・不足があることが明らかになった場合には、それによる発現可能性のあるリスクの具体的な内容と影響から、残存リスクの大きさを評価し、指摘事項として改善を求めるべきか否かを判断する必要がある。
- ☐ コントロールが明らかに不十分な場合には、原則、指摘事項として改善を求める必要がある。ただし、監査で発見された不備・不足のすべてを指摘事項とする必要はないものの、残存リスクの大きさに基づき指摘事項の優先順位付けを行う必要がある。

　監査で指摘した事項をすべて監査調書に盛り込む必要まではないとされているのがポイントである。ただし、特定された指摘事項すべてを対象に評価を行い、優先的に解決すべき課題を抽出する、といったプロセスが必須となる。

　監査の結論導出に際しては、事前に被監査部門との間で事実確認を行う必要がある。なお、事実確認の結果、指摘事項として監査調書に記載すべきと内部監査部門が判断した場合には、改めて被監査部門との間で、最終確認を行う必要があるとされる。

5 システム監査の報告に係る基準

　経済産業省では、「経産省監査基準」で示される基準のうち、次の**基準11及び12**を「システム監査の報告に係る基準」としている。主として事後の手続きが定義されており、一般企業における内部監査と同様の要件が示されるにとどまる。したがって、金融機関として意識すべき固有の概念等は含まれていない。

　そこで、ここでは外形上、最低限必要な手続きのみを抜粋して紹介する。また、**基準11**で求められる監査報告書の作成と報告については、業界団体等から提供されている雛型等を準用すべきであり、本稿ではあえて言及しないものとする。

基準11 監査報告書の作成と報告

基準11で示される具体的な要件は次のとおりである。

□ 監査報告書に改善提案が記載されている場合、適切な措置が、適時に講じられているかどうかを確認するために、改善計画及びその実施状況に関する情報を収集し、改善状況をモニタリングしなければならない。

□ 監査報告書に改善計画が記載されている場合も、同様に、その実施状況をモニタリングしなければならない。

　内部監査部門によるシステム監査は、監査報告書の作成と経営陣等への報告をもって業務そのものは完結する。ただし、監査報告書に改善提案等を記載した場合等においては、当該改善事項が適切かつ適時に実施されているかどうかを継続してモニタリングすることを求めている。

　なお、内部監査部門自体が改善の実施状況や結果事象に責任を負うことはないとされる。そのため、あくまでフォローアップの立場でのモニタリングにとどまるときは、把握した動向や進捗状況等については、適宜、経営層、役員会等への報告を要するとされていることに留意せねばならない。

基準12 改善提案（及び改善計画）のフォローアップ

　フォローアップ活動に際して留意すべきは、内部監査部門における独立性と客観性を損なう行為に踏み込まないことである。具体的には、内部監査部門は、監査対象となる部門における改善計画の策定とその実行に関与すべきではない。そのうえで、監査対象先から提出された改善実施状況報告書を確認する行為に注力すべきである。

　改善実施状況報告書の点検ポイントは概略次のとおりとなる。

- ☐ 改善内容の妥当性。
- ☐ 改善に向けた体制と人員の配置。
- ☐ 改善の時系列での進捗状況。

　なお、内部監査部門による改善提案の前提となった指摘事項の重大性等を総合的に勘案し、併せて次の確認を行うことが望ましいとされている。

- ☐ 内部監査部門として追加的な検証が必要な状況か。
- ☐ 次回以降の監査に反映、考慮すべき点はないか。

　仮に、監査対象先が実施した改善策が十分でないと判断された場合等は、当該部門に対して、再度の改善対応を要請するとともに、必要に応じて取締役会等及び経営者等に報告することが求められる。また、フォローアップが完了した場合は、フォローアップ報告書を作成し、

被監査部門に通知する必要がある。

　なお、「経産省監査基準」においては、「重要度に応じ」経営者、取締役会等にも報告することを求めていることに留意されたい。

⑥ リスク・アプローチの適用による監査

　「経産省監査基準」においてとりわけ重要なのが前述の**基準6**で言及される「リスク・アプローチ」の理解と実務への適用である。なお、AML／CFT対策などで用いられる「リスクベースド・アプローチ」(RBA)とは類似するも異なる概念で用いられていることに留意する必要がある。

　システム監査でいうリスク・アプローチは、ITシステムに係るリスクの大きさに応じて監査の人員や時間を充てることにより、監査を効果的かつ効率的に行う実施方法を指している。**基準6**は、リスク・アプローチの手法を用いたシステム監査計画の策定を要請していることもあり、ここでは実務上必要となる観点を中心に取り上げ、解説する。

⑴　リスク・アプローチの概要

　リスクの大きさは、脅威と脆弱性が決定要因となるリスク発生可能性と、リスクが発生した場合に組織体が受ける影響度の組合せで評価される。金融システムの場合、かねて日本銀行がBCP（業務継続計画）やコンティンジェンシープラン（CP、IT−BCP）を策定する際、「リスク・アプローチ」によるドキュメント策定を要請していることもあり、BCP策定経験のある金融機関担当者には馴染み深いものだ。金融機関には、種々の情報システムが実装されており、IT−BCP策定に

際しては、「有事に優先的に復旧を図るシステムを特定」する作業が欠かせない。そこで、数多ある情報システムの復旧優先順位を決定する際に用いられるのが「リスク・アプローチ」である。

　具体的には、対象となる情報システムについて、それぞれ「障害発生確率」と「障害発生時に与える影響」を勘案し、マトリクス図にプロットする。そのうえで金融機関として「守るべき」情報システムを特定していくことになる。また、FISCが公表する「金融機関等におけるコンティンジェンシープラン策定のための手引き書」においてもIT−BCP策定において必要となる対象リスクの特定に同様の概念が用いられている。同手引き書では、金融機関をとりまく数多のリスクのなかで、IT−BCPで想定し具体的な対応手順として対象とすべきリスクを特定する際の手法として言及されている。

　これに倣い、金融機関の内部監査部門においても、重大なリスクが存在する領域に対して漏れなく監査を行い、かつその領域に存在する重要な脅威や脆弱性、残置されるリスクを確実に検知するうえでは、リスク・アプローチを用いた監査計画を作成することが肝要だ。

　リスク・アプローチに基づく監査の狙いは次のようなものとなる。

▶監査対象に対する重要なリスクの特定、分析、評価
▶監査実施に係る重要なリスクの特定、分析、評価

⑵　監査対象に対するリスクの特定、分析、評価

　システム監査に係るリスクには、監査対象に対するリスクと監査実施に係るリスクがある。「経産省監査基準」では、システム監査において、監査対象に対するリスクを、「組織体の目的達成や戦略遂行において、ITシステムの利活用が果たすべき目標（あるべき姿）と実際（現状）との間で差異が発生する可能性とその影響の大きさ」と定義している。

少々わかりにくいので解釈するならば、監査対象に対するリスクとは「対象システムが思うように利用できない場面」を指すものと捉えられ、その場面が現実のものとなったときに、「いかなる影響が生じるのか」を推し量る必要があるということだ。なお、「経産省監査基準」では、監査対象に対するリスクを次の3つに分解定義している。

①固有リスク
　　経営戦略とIT戦略との不整合、業務プロセス上における情報システムの機能不全、情報漏洩等により、情報システムの有効性、効率性、信頼性、安全性、コンプライアンスが維持されないITシステムに係るリスク。

②統制リスク
　　ITシステムの利活用に係るコントロールの不備や不足により、固有リスクの顕在化等の望ましくない状況や状態に対して、発生防止や適時の発見、是正がなされないリスク。

③残存リスク
　　固有リスクに対してコントロールが施された後も残っているリスク。

　上記のうち①固有リスクでいう「経営戦略とIT戦略との不整合」は、業務要件に合致しない仕様でITシステムが設計・運用されている場合などを指すと考えられる。また、②統制リスクのうち、「ITシステムの利活用に係るコントロールの不備や不足」とは、ITシステムが適切に保守・運用されていない状態を指すものと理解できる。
　なお、リスク・アプローチとは、監査の網羅性（監査対象全般に対するリスク評価）と効率性（リスクに応じた監査の実施）を両立させるための方法とされている。そのため、システム監査計画策定における監査対象先の選定や監査の優先度は、主として残存リスクの評価に

基づきリスクが高いものが選定されることになる。

　ただし、もちろん固有リスクや統制リスクについても併せて考慮する必要があり、「経産省監査基準」においては、「両者を区別して評価することにこだわるとリスク評価が形式的になるおそれがある」と警鐘を鳴らしている。内部監査部門における視点としては、業務要件にしたがってシステムが開発され、かつ、完成したシステムが業務要件に基づいて運用されているかどうか、適切に保守がなされているかを確認することで、対応可能と理解される。

⑶　監査実施に係る重要なリスクの特定、分析、評価

　また、「監査実施に係るリスク」であるが、「経産省監査基準」では次のように定義している。

　　▶組織体に対して重要な影響を与えるリスクを発見できない等、監査の目的が達成できない可能性を合理的に低い水準にまで抑えられないリスク

　これを念頭に置くと、例えば、リスク・アプローチに基づく監査計画は次のような作業を通じて策定されることになる。

　　①監査対象全般についてのリスクの識別（特定）、分析、評価を行う

　　②リスク評価に基づいて、監査対象と範囲を絞り込む

　　③監査時間、監査に用いるツール、投入すべき人材、予算、監査手法を検討する

　　④（監査のテーマや目的によって）システム監査以外の監査を担当する業務監査とシステム監査が一体となって監査を行う統合監査の実施の必要性を検討する

　　⑤以上を加味した監査計画を策定する

まずは監査対象全般を見渡すことが必要で、最初から対象を特定してはならないということだ。そこで、全般に対し、一定の基準を用いてリスクの高低を評価する。そのうえで相対的にリスクの高いものを特定し、監査対象と範囲を絞り込むことになる。

　また、特定したリスク及び特定した監査対象に応じ、専門性の高い情報が必要となる場合には、かかる情報を書籍や外部セミナー、あるいは専門機関などから提供を受け、事前に学習しておく必要がある。さらに、かかる監査を実施する際にも、場合によっては専門性の高い人材が必要となることが考えられるが、適宜内部から必要な人材の支援を得るだけでなく、人事異動などによる要員確保の工夫も求められるはずだ。

　なお、金融機関で実施する内部監査においては、業界団体や監査法人から一般的なフォーマットが提供され、これを踏まえて監査計画に落とし込む、といった対応がなされてきたケースも多いことだろう。

　ただし、古いフォーマットを前任者から代々引き継ぎ利用してきた、といった金融機関も少なくない。こうしたケースでは、監査手続のみならず、監査において有用となる視点なども陳腐化し、最新の手法や方法論が組み込まれていないままとなっている恐れもある。とりわけリスク・アプローチの類は、昨今のトレンドでもあることから、現在利用している監査フォーマットにこうした視点が実装されているか否かを改めて点検することも必要だ。

⑷　ITガバナンスに係るリスク

　最後に、ITガバナンスに係るリスクとして、「経産省監査基準」では次のように定義している。

　▶ITガバナンス機能がITシステムの利活用に係る、法的要求事項を満たしていないリスク

▶経営判断を誤るリスク

▶監督が不十分なリスク

▶ITシステムの利活用が組織体の求める目標（経営計画や経営戦略の達成のためのITシステムの利活用に係る目標）を十分に達成していないパフォーマンスに係るリスク

　経営陣には、これらのリスクが顕在化することのないよう、取締役会等は、適切で十分な情報に基づき判断を行い（判断過程）、かつその判断が著しく不合理でないこと（判断内容）が求められる。そこで、内部監査部門の役割としては、次のようなものが中心となるだろう。ただし、経営そのもののチェック機能を果たすことを目的とした行為では必ずしもないことから、こうした確認を内部監査部門が単独で主導するというよりも、監査役との連携、情報共有により実現することが適切である。

▶経営における判断過程の適切性と判断内容の合理性の確認

▶各取締役が相互監視し、かつ取締役会等として監督機能を果たしているかの確認

▶監査役（会）等が、ガバナンスにおける監査機能として、取締役会の機能発揮状況、取締役の職務の執行を適切に監査しているかどうかの確認

第3章　システム監査の進め方

第3節

FISC「金融機関等の システム監査基準」に みる内部監査の進め方

ここでは、本章第2節で解説した「経産省監査基準」を踏まえ、FISCが金融機関向けにモディファイして公表したシステム監査基準について、金融機関に特化したシステム監査の基準のほか、ITガバナンス、ITマネジメント、ITコントロールの3つの構造を整理する。

　FISCが公表する「金融機関等のシステム監査基準」（以下、「FISC監査基準」という）は、「経産省監査基準」と同様、金融機関内のシステム監査担当者、監査役等に加え、監査法人等によるシステム監査にも適用可能とされている。

　なお、「FISC監査基準」は、「経産省監査基準」で規定される内容を網羅したうえで、金融機関等の特性を踏まえた定義がなされているのが特徴である。

　内部監査部門としては、「経産省監査基準」で内部監査のフレームワークと企業体に求められる基本的な要件を学び、「FISC監査基準」から金融機関に特化した要件を抜粋して取り入れる、といった使い方が有意となろう。

　「経産省監査基準」が2023年6月に最新版が公表された一方、「FISC監査基準」の公表は2019年まで遡る。必ずしも現状のDXへの急激なシフトや、監督指針において規定される要件の見直し、さらには2023年6月に公表された金融庁「金融機関のITガバナンスに関する対話のための論点・プラクティスの整理 第2版」等の最新の要件が反映

されていないことに留意する必要がある。

　本節では、「FISC監査基準」のうち、「経済省監査基準」では触れられない金融機関に特化した要件やフレームワークを中心に抜粋し、内部監査部門に有用な視点を整理する。

　まず、「FISC監査基準」では、システム監査の目的を次の３つに大別している。金融機関向けにシステム監査基準をカスタマイズしていることもあり、顧客視点が定義されていることが特徴でもある。

▶顧客の利便性向上・企業価値の最大化

▶安全対策の確保

▶ITの利活用に価値を付加すること

　構造的には、前２つの目的を通じて３つ目のIT利活用への付加創出を実現するという格好だ。前提として顧客視点を持ちつつ、顧客利便に適うITの安全性を確保し、金融機関はIT資源に付加価値を与えるための活動を目指すべきとしていることがわかる。

　なお、「安全対策の確保」としては、別にFISCが「金融機関等コンピュータシステムの安全対策基準・解説書」を公表しており、これに準拠する必要がある。この安全対策基準では、金融機関が情報システムを保全・管理し、安全性を確保するための方針と手続きが定義されている。

　具体的には、情報セキュリティポリシーの策定といった経営に不可欠な上流工程の要件に加え、システム開発・運用・保守といった工程単位での留意事項、さらには重畳化を含めたバックアップシステムの構造や体系にも具体的に触れられている。いわゆる一般事業法人の情報システムの保全の考え方に加え、国民生活に欠かせないインフラと位置づけられる金融システムに特化した要件が定義されていることか

ら、現在でも金融庁における検査・監督等を通じて、定義された要件に基づき情報システムが構造・運用されているかといった視点で、個別に実装状況等が確認される。

なお、安全対策基準にも監査手続が要件として定義されている。そこでは、情報セキュリティ対策にフォーカスしており、顧客保護の視点が重視されていることがわかる。ただし、そこで言及されるのは、一般的な内部監査・外部監査の手順といった要件のほか、監査対象エリア、監査頻度といったものにとどまり、具体的な要件は本書他節で紹介する他の評価フレームを参照することが適切と思われる。そのため、本節では仔細な解説は行わない。

内部監査部門におけるシステム監査は、こうした基礎的要件に基づき、金融機関の情報システムが実現されているかを確認することもさることながら、その行為自体が金融機関の活動を底支えするものである。それだけでなく、経営層のサポート機能も併せ持つことが期待されてもいる。したがって、顧客視点に加え、ステークホルダーたる株主、金融当局に対するアカウンタビリティにも貢献せねばならない。

そのうえで、以下ではシステム監査基準と異なる金融システム監査基準に特有の要件を示す。

なお、「FISC監査基準」では、個別論点として、「外部委託管理」「サイバーセキュリティ管理」を取り上げているが、いずれも第5章第2節にて個別に取り上げていることから、本節では捨象している。

1 システム監査人の要件

システム監査の現場では、「経産省監査基準」で示すように、ITに関する高度な知識・技能の修得のみが注目される傾向にあるものの、

「FISC監査基準」では、システム監査人に次の能力が求められるとしている。

▶ 論理的な思考能力
▶ 監査対象に関係する経営層、管理者、担当者から問題点や課題を的確に引き出すためのインタビュー技能を含むコミュニケーション能力

　以上から、必ずしもITスキルを高度に具備する人材が必要とされているわけではないことがわかる。それよりも、経営全般を俯瞰した現状把握が可能な人材や、当局が定義するレギュレーションに精通している人材、といった複数の異なる素養を有する行職員を確保・配置することで、チーム力でシステム監査をカバーする体制作りが有効と捉えるべきであろう。

　とりわけ、昨今の金融システム障害に際して、「金融レギュレーションへの理解不足」や「バックアップシステムの未整備等」に起因とする例が散見されるとの指摘がある。つまり、そもそもFISCの安全対策基準に合致していなかったわけだ。そこで、内部監査部門としては、開発の現場や運用担当者における当局要請事項の理解を促す必要があり、定期的に更新されるレギュレーション変更に内部監査部門担当者自らも敏感でなければならないといえる。

❷ システム監査の対象

　「FISC監査基準」では、システム監査の対象を3つに大別しており、それぞれの関係性を**図表3－1**のとおり示している。

図表3−1　ITガバナンス、ITマネジメント、ITコントロールの関係

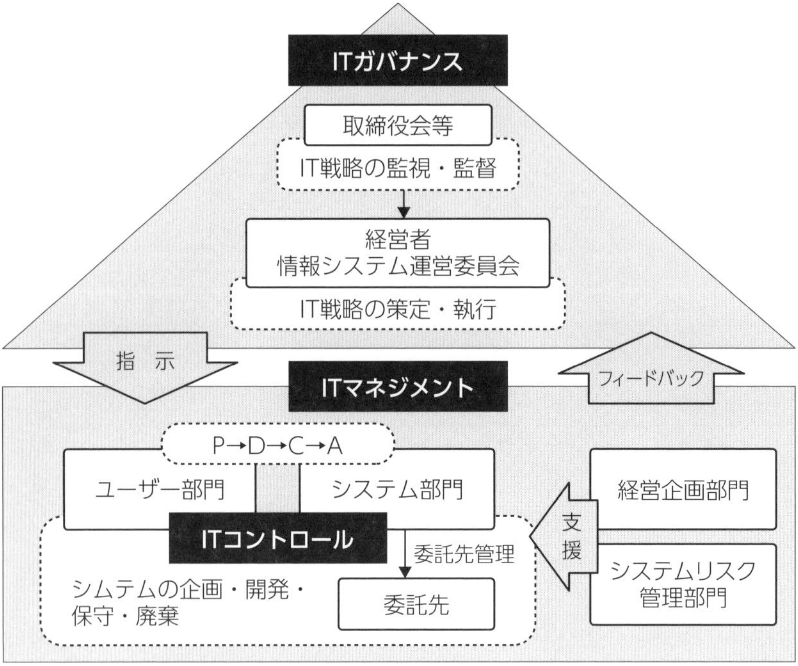

(出所) FISC「金融機関等のシステム監査基準」より作成

▶ITガバナンス

　金融機関等のミッションに基づいて、株主・顧客・規制機関等の外部ステークホルダーとの関係（ステークホルダーが及ぼす経営者に対する規律付け、及び経営者によるステークホルダーのニーズの捕捉）に留意しつつ、IT戦略を支援し、当該戦略の実現に伴うリスクに適切に対処することを確実にするための経営層の活動又はそれに関連するプロセス。

▶ITマネジメント

　経営者からの指示に基づき、主にシステム部門及びユーザー部門において、システムの企画・開発・運用・保守・廃棄に係る全

般的な管理体制を構築し、それに対するPDCAサイクルを適切に
運用し、さらには経営企画部門やシステムリスク管理部門などに
よる支援を確保するための仕組みまたはプロセス。

▶ITコントロール

システムに具体的に組み込まれた管理策。

そのうえで、内部監査部門が行う監査は、次のようなプロセスで個
別に評価・検証を行う必要がある。

ITガバナンスが実態として機能しているか

↓

ITガバナンスに基づいてITマネジメントの体制が整備されているか

↓

ITマネジメントはPDCAサイクルを通じて改善が促される仕組みと
なっているか

↓

改善施策は、情報システムの個々の管理施策として組み込まれてい
るか

↓

ITコントロールとして個々の管理策が適切に機能しているか

一般的に、ITガバナンス、ITマネジメント、ITコントロールは、
監査対象として区別されてはいるものの、本来はこのように一連のプ
ロセスで表現され、いずれも密接な関係にある。そのため、「今期は
ITガバナンスのみを対象とする」といったように、いわばプロセス
を切って内部監査を実施した場合、内在する子細な問題点を炙り出す
ことが困難となることを念頭に置く必要がある。したがって、監査手
続の制約上、ITガバナンスのみを対象に監査を行う場合であっても、

被監査部門にITマネジメント及びITコントロールに関する確認項目を一覧化して手交のうえ、セルフアセスメント等を促し、その結果を勘案して評価するといった手続きが、本来は期待されるところである。

「FISC監査基準」においても、「各金融機関等におけるシステム監査に対するニーズや監査資源の制約から、上記3つの監査対象のうちのいずれか又はその組み合わせとならざるを得ない場合」においても、「全般的な状況を把握しておく必要がある」としており、留意が必要である。

---

❸ ITガバナンス監査の留意点

ITガバナンスは、アップデートされた概念が2023年6月に金融庁から公表されていることもあり、まずは第2章第2節の要件を確認願いたい。ただし、「FISC監査基準」では、ITガバナンスを監査の対象とする場合についての留意点として、以下を挙げている点に注意すべきである。

　▶ITに係るとはいえ、経営判断そのものの適切性や妥当性にまで踏み込んだ評価・検証が求められているわけではないこと

そこで、これを制約要件とみなしたうえで、内部監査部門が行うシステム監査には、「ITガバナンスのプロセスを対象とした評価・検証」が求められるものと解釈すべきである。

これを踏まえると、ITガバナンスの監査における視点は以下に挙げる5つとなる。

内部監査部門では、監査計画立案に際し、これらの視点をシステム監査の大項目に取り入れる等の活用が有効となろう。とりわけ、視点

　３「経営者の戦略の視点」は、金融庁「金融機関のITガバナンスに関する論点・プラクティスの整理」の記載要件にも合致している。そのため、第２章第２節記載のITガバナンスにおける内部監査の具体的な確認ポイントとも整合する。

　なお、以下の５つの視点では、経営層そのものに確認するかの如く確認ポイントが定義されているが、前述の解釈を踏まえ、直接に経営層に確認するのではなく、被監査部門における行動を確認することにより反面調査を行うものと理解すればよい。

〈内部監査の５つの視点〉

▶視点１　外部ステークホルダーの視点
- 外部の環境要因（規制を含む）の変化がIT戦略に適切に反映されているか
- 関連するITリスク及びITリスクへの対応が適切に外部ステークホルダーに開示されているか

▶視点２　役員会等による監視の視点
- 経営者によるIT戦略の策定において、適切な情報を踏まえたリスクの受容が行われているか

▶視点３　経営者による戦略の視点
- IT投資計画が経営戦略と整合しているか
- ITリスク対応の基本方針及び投資効果の測定指標が明確になっているか

▶視点４　管理者への指示の視点
- 経営者は、技術動向や競争環境等の変化やそれらに伴うITリスクの変化に基づいてシステム計画等を適時に見直しできるよう、経営企画部門、システム部門、ユーザー部門などの役割と責任を明確にしているか

▶視点5　管理者からのフィードバックの視点
　　•ITマネジメントのプロセスで生じた問題点や課題が適時に経
　　　営者に伝達され、適切な対応が行われる体制となっているか

---

❹ ITマネジメントとITコントロール

前述のとおり、ITガバナンスとITマネジメント、さらにはコント
ロールの関係は密接不可分である。これを踏まえ、ITマネジメント
を対象とする監査と、それに基づいて設定された具体的な管理施策を
監査対象とするITコントロールの監査は、同時に実施することが望
ましいとされる。

なお、「FISC監査基準」では、ITリスクの評価結果に基づいて、監
査手続の深度等にメリハリをつける監査アプローチが必要としている。
そこで、ITマネジメント及びITコントロールを対象としたシステム
監査では、次のような形で手続きを進めることとなる。

　情報システムを取り巻くITリスクの特定

　　　↓

　ITリスクの評価

　　　↓

　ITリスクの低減に向けた活動の評価

これをみると、ITリスクが、ITマネジメントの体制及びシステム
に組み込まれたITコントロールによって、合理的な水準まで引き下
げられているかという観点で評価・検証することになる。つまり、
RBAの実行状況を確認することがITマネジメント監査及びITコント
ロール監査の主たるポイントであることが理解できよう。

　内部監査に際しては、このように、ITマネジメントとITコントロールの関係をセットで捉え、効率的かつ抜け漏れなく検証することが求められているのだ。

〈内部監査のポイント〉

☐ 被監査部門では、ITマネジメントとITコントロールの関係をどのように認識しているか（RBAの意識の確認）。

☐ ITリスクをどのように特定しているか。

☐ 特定されたITリスクのうち、脅威となるものは何か。

☐ 脅威となるITリスクを低減するために、具体的にいかなる措置を講じているか。

☐ こうした点検を、どのようなタイミングを実施しているか（PDCAの確認）。

☐ 直近で見出された改善プランにはどのようなものがあるか。

５ ３線ディフェンスからみた監査報告

　図表３－２は、「FISC監査基準」で示す、３線ディフェンスの定義モデルである。ここでは一般的なレポートラインが模式化されて紹介されている。

▶第１のディフェンスライン：現業部門内におけるモニタリング

▶第２のディフェンスライン：第１のディフェンスラインの補強、補足

▶第３のディフェンスライン：専門的かつ独立的な立場からの評価・検証

　内部監査部門が担うのは、最後の砦としての第３のディフェンスラ

図表3－2　3線ディフェンスにおけるシステム監査の位置づけ

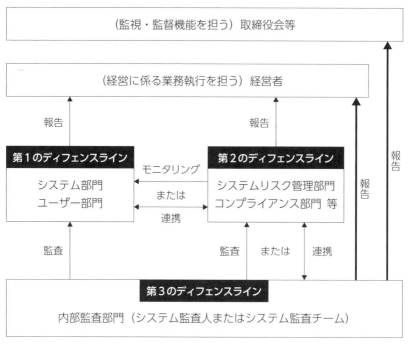

(出所）FISC「金融機関等のシステム監査基準」より作成

　インである。一般的に、内部監査部門は、実施した監査結果を経営者
に報告する必要がある。ただし、金融機関におけるシステム監査の結
果は経営判断の監視・監督にも極めて重要な影響を与える可能性があ
ることを念頭に、「FISC監査基準」では「取締役会等に対する報告ラ
インを確保」しておく必要があるとしている。
　なお、前述のとおり、「FISC監査基準」におけるシステム監査の対
象を「ITガバナンス」「ITマネジメント」「ITコントロール」の3つ
に大別して定義している。
　ここで留意すべきは、「FISC監査基準」では、それぞれの監査のも
つ意味や結果が経営に与える重要性を鑑み、監査結果の報告先を個別

に定義することを要請していることだ。

　例えば、ITマネジメントやITコントロールを監査対象とした場合には、経営者が主たる報告先となるものの、内部監査部門がITガバナンスを監査対象とした場合には、取締役会や理事会等をまずは報告先とすることとしているので注意したい。また、次のような行為は避けるべきと言及している。

〈内部監査部門が避けねばならない代表的な対応〉

- ▶経営者をシステム監査報告書の宛先とし、その「写し」を取締役会等及び被監査部門などとすればよいといった安易な対応
- ▶経営者と併せて取締役会等にも監査報告書を提出しさえすればよいという形式的な対応

　効果的な監査結果の活用に向けては、システム監査の対象や結果によって、主たる報告先と報告内容に差異をつける弾力的な運用が期待される。そこで、「FISC監査基準」では、システム監査がITガバナンスを監査対象としている場合、次のような対応が望ましいとしている。

〈ITガバナンスを監査対象とした場合の望ましい対応〉

- ▶その結果のみを簡潔に記載した監査報告書を取締役会等に提出し、改善提案が付されている場合には、その箇所をハイライト表示した監査報告書を経営者に提出する

　ただし、内部監査がITマネジメントやITコントロールを対象に実施される場合には、報告先として次のように監査結果を踏まえて対応を変更することを要請している。

〈ITマネジメント、ITコントロールを監査対象とした場合の望ましい対応〉

- ▶監査結果に重大な指摘がない場合には、経営者に直接報告する

▶監査結果に、金融機関等の経営を脅かす可能性がある重要な不備への指摘がある場合には、取締役会等にも報告する

　このように、内部監査部門では、システム監査結果の報告先として、監査対象にかかわらず、一律に経営者に報告先を定義することは容認されていない点を改めて認識すべきである。加えて、被監査部門におけるその後のフォローアップを念頭に置くならば、ITマネジメント、ITコントロールにおいて、重要な不備の指摘や改善提案の必要性がある場合には、これらを含むシステム監査結果の詳細を、被監査部門にも提示する必要があることに注意が必要である。

第 **4** 章

金融庁が指し示す
システム監査の
具体的なポイント

「監督指針」にみる システム監査の着眼点

「監督指針」は、業態ごとに金融庁が公表しており、検査官における基本的な判断の拠り所が示されている。内部監査担当者も「監督指針」を参照することで、自らがシステム部門に問いかけるべき要件や考え方を取り入れることが可能である。ここでは、内部監査担当者が利用可能なチェックリスト形式で、「監督指針」が示すシステム監査のポイントを整理する。

「中小・地域金融機関向けの総合的な監督指針」（2023年6月。以下、「監督指針」という）では、事務リスクを「銀行の役職員が正確な事務を怠る、あるいは事故・不正等を起こすことにより、銀行が損失を被るリスク」と定義しており、金融機関は「当該リスクに係る役職員の人事管理を含む内部管理態勢を適切に整備し、業務の健全かつ適切な運営により信頼性の確保に努める必要がある」としている。この中で「システムリスク」は広義の事務リスクとして位置づけられ、「監督指針」では次のとおり定義している。

▶コンピュータシステムのダウンまたは誤作動等のシステムの不備等に伴い、顧客や銀行が損失を被るリスクやコンピュータが不正に使用されることにより顧客や銀行が損失を被るリスク

昨今相次ぐ、金融機関の経営統合や再編に伴う基幹系システムの統合、他業態との連携等による新規の商品・サービスの投入に伴い、銀行の情報システムはますます高度化・複雑化の様相を呈している。かつては「枯れた技術」を中心に、デバッグされ尽くしたソフトウェアや充分に運用実績のある機器を中心に経験を積んだエンジニアによっ

て実装された金融機関の基幹系システムは、「安心・安全」を標榜できるレベルを維持してきた。ただし、昨今のフィンテックブームと新たな技術の加速度的な導入傾向を受け、特定技術を掲げるベンチャー企業との連携が進み、いわゆるアジャイル型システム開発も多様化されるなかで、「β版」にとどまるITシステムがリリースされるケースもみられる時代となった。

さらに、業態を超えた連携の進捗で、金融サービスネットワーク自体が従来の定義よりも拡大され、こうしたネットワークへの参加者も増加傾向を辿っている。この結果、重要情報に対する不正なアクセス、漏えい等のリスクがかつてない規模で増大しているといえる。

こうした金融システムを取り巻く環境変化や金融サービスへの金融機関の意識変化を念頭に、金融庁は、「監督指針」の中で「システムが安全かつ安定的に稼動することは決済システム及び銀行に対する信頼性を確保するための大前提」としたうえで、システムリスク管理態勢の充実と強化は極めて重要な課題としている。

金融機関のIT戦略は、今や金融機関のビジネスモデルの根幹を左右する重要課題となっており、金融機関において経営戦略をIT戦略と一体的に考えていく必要性が増している。こうした観点から、金融庁は、金融機関の「経営者がリーダーシップを発揮し、ITと経営戦略を連携させ、企業価値の創出を実現するための仕組みである「ITガバナンス」が適切に機能することが極めて重要」（「監督指針」）としている。

こうした問題意識の下、「監督指針」では、システムリスクを事務リスクの一要素として位置づけている。したがって、「監督指針」にみる内部監査部門における主たる役割は、「事務リスク管理態勢を監査するため、内部監査を適切に実施しているか」という形で、あくまで事務リスク管理態勢の監査の一環として実施することが期待されて

いる。ただし、もちろん「システムリスクを除く他の事務リスク」と「システムリスク」を峻別したうえで、個別に監査を実施することに問題はないものと解釈される。

そこで、本項では、「監督指針」で定義される事務リスクのうち、システムリスクとして掲げられる要件を取り上げ、内部監査部門がシステム監査を行ううえでのポイントと留意点を解説する。

■ 「監督指針」にみるシステム監査への期待

「監督指針」では、システム監査における内部監査部門の役割として、次の4点を挙げている。

▶ システム部門から独立した内部監査部門が、定期的にシステム監査を行っているか

「定期的」の概念については諸説あるものの、金融庁職員へのヒアリング等によれば、当然に「最低でも年に一度は実施すること」が必要と理解すべきである。金融庁では「定期的に」という表現を他の公表文書でも多用しているが、他で用いられているケースでは金融庁職員による講話等において解釈が述べられることもある。例えば、BCP訓練などについては「年に2回」といった頻度が講話等で口頭で提示されたケースもあるので注意が必要だ。

▶ システム関係に精通した要員による内部監査や、システム監査人等による外部監査の活用を行っているか

「システム関係に精通」の意図であるが、必ずしもシステムの内部監査に従事する内部監査担当者全員がシステム部門出身である必要はないと解釈される。ただし、金融機関のビジネスモデルの根幹を左右する基幹系システムなどの監査を担ううえでは、最

低でも1名は基幹系システムの企画・開発・運用等に従事した経験を有する要員を配置する必要はあるだろう。

　また、システム監査人等の活用については、必要に応じて外部の専門機関に属するシステム監査人に意見を仰ぐといった対応が有効となるほか、監査契約を締結する会計事務所が実施するシステム監査担当者との意見共有などを図ることが必要である。

▶監査対象は、システムリスクに関する業務全体をカバーしているか

　「監督指針」は、システムリスクに関して金融庁職員が参考とすべき共通的な視点や拠り所を示した文書である。つまり、「監督指針」に定めのあるこうした基準を、内部監査部門のチェックリストとして活用することで、本件対応が十分に可能と解釈できる。

▶システム監査の結果は、適切に取締役会に報告されているか

　システム監査を含めた内部監査の結果は、実施後に報告書としてとりまとめ、内部でエスカレーションする必要があり、実施の都度、取締役会に報告することになる。

　以上が、「監督指針」に定義される内部監査部門としての主たる行動規範となる。そこで、以降では、実際に内部監査部門が実施すべきシステム監査の具体的なポイントを整理していこう。

　なお、「監督指針」は「検査官が検査を行う際の共通的な視点や拠り所」と位置づけられていることから、内部監査部門ではこれを自らが監査を行う際の視点として認識することが可能だ。そのため、本節では「監督指針」を参照しつつ、内部監査担当者がチェックリストとして活用可能な形で記述している。現在利用中の監査リストと照らし合わせつつ、確認願いたい。

❷ 「監督指針」を踏まえて内部監査部門が 活用可能なシステム監査チェックリスト

(1) システムリスクに対する認識を確認するための監査ポイント

　金融機関によっては、経営トップにおけるシステムリスクの認識に乏しく、自らが能動的に指揮・命令を発動することなく現場任せとしているという例もみられる。そこで、ここでは、経営トップのシステムリスクの認識そのものを問いかける項目が多くなっているのが特徴である。

　また、金融庁は、毎年「金融業態横断的なサイバーセキュリティ演習（Delta Wall)」を開催しているが、金融機関によっては、経営トップを含めた役員層が出席しないといった例もみられる。ただし、以下に要件が示されるように、「監督指針」における確認ポイントには、経営トップはBCP訓練やサイバーセキュリティ演習に単に出席するだけでなく、自ら能動的に指揮・命令を発動することを求めていることがわかる。

　さらに、システムリスク等について、かつての金融機関は、システム担当部門が判断・評価を担い、結果や決定事項を経営陣にエスカレーションするといった対応が主流であったとも認識されるものの、「監督指針」ではシステム統括役員の設置と取締役会の担務に直接に言及してもいる。かねて金融庁では、システムを金融機関経営の重要なリソースとして意識するよう経営トップの意識変革を促してきたことから、昨今の金融機関では、システム統括役員を設置するのが当然視される風潮にはある。ただし、自行庫の態勢整備の実態を改めて確認のうえ、形骸化していないかを具体的に点検することが必要だ。

　このように、金融庁は、経営陣に期待する具体的な要件を示してお

り、内部監査部門では、自行庫の実態を評価したうえで、監査役との連携により経営陣の意識変革を促す必要がある。

〈内部監査チェックリスト〉

☐ （ア）システムリスクについて、代表取締役、理事長をはじめ、役職員がその重要性を十分認識し、定期的なレビューを行うとともに、全社的なリスク管理の基本方針が策定されているか。

☐ （イ）代表取締役や理事長は、システム障害やサイバーセキュリティ事案（以下、「システム障害等」という）の未然防止と発生時の迅速な復旧対応について、経営上の重大な課題と認識し、態勢を整備しているか。

☐ （ウ）取締役会や理事会は、システムリスクの重要性を十分に認識したうえで、システムを統括管理する役員を定めているか。なお、システム統括役員は、システムに関する十分な知識・経験を有し、業務を適切に遂行できる者であることが望ましい。

☐ （エ）代表取締役・理事長及び取締役・理事（指名委員会等設置会社にあっては執行役）は、システム障害等発生の危機時において、果たすべき責任やとるべき対応について具体的に定めているか。

☐ （オ）代表取締役・理事長及び取締役・理事（指名委員会等設置会社にあっては執行役）は、自らが指揮を執るBCP訓練やサイバーセキュリティ演習を行い、その実効性を確保しているか。

(2)　システムリスク管理態勢の監査ポイント

フィンテックベンチャー等との連携や資金決済事業者とのシステム

のネットワーク接続が指向されるなかで、仮に自行庫の情報システムが健全に運営されていたとしても、接続先たる外部企業や事業者のシステム環境に障害などが生じた場合には、自行庫でのシステム処理が遅延もしくは停止に至る可能性が考えられ、ひいては自行庫の顧客にも影響を与えかねない。

　そこで、ここでの主要論点は、「監督指針」でも紙幅を割いて示される外部委託先管理の要件をトレースする行為の必要性そのものといえよう。内部監査部門としては、改めて外部委託先管理の要件をチェックリストとして再掲しつつ、内部組織そのものの取組みを検証せねばならない。さらには、外部委託先にも自己点検を促すべく内部組織への牽制機能を発揮することが肝要だ。

　こうした意識が経営トップをはじめ、システムの開発現場や運営担当者、自行庫のシステム部門担当者に根づいているかどうかを最優先で確認せねばならない。すなわち、システムリスク管理方針が単に金融機関の内部で規程類の一部として定義されていることが重要なのではなく、金融機関全体でこうした理解が浸透していることを確認することが内部監査部門の重要な役割なのである。

〈内部監査チェックリスト〉

□ （ア）取締役会は、コンピュータシステムのネットワーク化の進展等により、リスクが顕在化した場合、その影響が連鎖し、広域化・深刻化する傾向にあるなど、経営に重大な影響を与える可能性があることを十分踏まえ、リスク管理態勢を整備しているか。

□ （イ）システムリスク管理の基本方針が定められているか。

□ （ウ）システムリスク管理の基本方針には、セキュリティポリシー（組織の情報資産を適切に保護するための基本方針）及び外部委託先に関する方針が含まれているか。

□ (エ)システムリスク管理態勢の整備にあたっては、その内容について客観的な水準が判定できるものを根拠としているか。

□ (オ)システムリスク管理態勢については、システム障害等の把握・分析、リスク管理の実施結果や技術進展等に応じて、不断に見直しを実施しているか。

⑶ システムリスク評価に関する監査ポイント

　昨今、新システム投入時やシステム更改時等における大規模システム障害が相次いでおり、その1つの原因が、テスト工程におけるチェック不足とされる。とりわけ、テストに用いるトラフィックの閾値の想定に起因するものが挙げられる。具体的には、許容トラフィックの想定もさることながら、想定を超えるトラフィックが生じた場合のシステム動作の検証にまで至っていなかったという例だ。

　そのうえで本件は、リスク・アプローチの概念による評価が実務として根づいているかを確認することが中心となる。リスク・アプローチは、FISCの「金融機関等におけるコンティンジェンシープラン策定のための手引書」にも定義されているとおり、金融機関をとりまくあらゆるリスクを取り上げ、評価を行い、リスクの最も高いものを特定する作業から開始される。このような体系で、システム管理部門、システムリスク管理部門へのヒアリング等を通じ、自行庫の対象システムを取り巻く想定リスクが抽出・特定・評価され、発生頻度が高く、かつ影響度の大きなシステムを取り巻く想定リスクが適切に導出されているかを確認することが、内部監査部門の役割となる。

　また、ここでも「定期的に」という表現が出てくるが、前述のとおり、最低でも一年に一度は実施されているか、洗い替えされているかは確認すべきである。さらに、「適時にリスクを認識・評価しているか」の要諦だが、単に、年に一度の点検や洗い替えを機械的に実施するだ

けではなく、「新商品の投入」や「システムの仕様変更」といったタイミングでも、適切に評価作業が実施されることが期待されている点に注意すべきである。なかでも、設計上の許容トラフィックと閾値の設定根拠といった定量的な部分に時間を割き、被監査部門自らの再検証を促すことも有効な手続きとなる。

〈内部監査チェックリスト〉

- ☐ （ア）システムリスク管理部門は、顧客チャネルの多様化による大量取引の発生や、ネットワークの拡充によるシステム障害等の影響の複雑化・広範化など、外部環境の変化によりリスクが多様化していることを踏まえ、定期的にまたは適時にリスクを認識・評価しているか。
- ☐ （イ）洗い出したリスクに対し、十分な対応策を講じているか。
- ☐ （ウ）システムリスク管理部門は、例えば１口座当たりの未記帳取引明細の保有可能件数などのシステムの制限値を把握・管理し、制限値を超えた場合のシステム面・事務面の対応策を検討しているか。
- ☐ （エ）商品開発の担当部門は、新商品の導入時または商品内容の変更時に、システムリスク管理部門と連携するとともに、システムリスク管理部門は、システム開発の有無にかかわらず、関連するシステムの評価を実施しているか。

⑷　情報セキュリティ管理における監査ポイント

　広義の情報セキュリティについて、「監督指針」では言及している。そのため、オフィスや事務スペースへの入退館における物理的なセキュリティの実装などもチェックすべき監査対象となる。

　昨今、金融機関はおろか、官公庁の監視カメラに外国製品が用いられていることを危惧する声もある。これは、国によっては、自国企業

や国民に、外国政府や企業の秘密情報の取得を命ずることができるとされる法規定を設ける事例が確認されているためだ。こうしたケースでは、当該国の意向を受けて、当該製品にバックドアが用意されていたりするなど、本来秘匿すべき映像データや音声データを含む内部情報等が外部に漏洩したり、窃取されたりするリスクが内在化している可能性がある。

　また、昨今の官公庁の事例では、紙で管理されていたはずの本来秘匿すべき国民情報が、業務委託先から派遣されてきた外国籍の非常勤職員により外部に持ち出される、といった事案も確認されている。

　このように、業務において用いる機器のみならず、関与する「ヒト」にも着目した仔細に亘る点検が必要とされるのだ。金融機関では、インターネット接続可能端末の使用が制限されており、いわゆる物理分離が進んでいることは安心材料である。ただし、内部で直接に情報に触れる可能性があるヒトを性悪説の視点で見渡し、ヒトの行動そのものへの牽制機能の仕組みを実装することを改めて意識する必要があり、「閉域だから安心」という意識は改めねばならない。

・ATMの運営・管理

　ATMの運営・管理や現送にしても、半ば外部企業に依存するのが昨今の金融機関である。ここへさらに、ATMのソフトウェアモジュールのアップデート作業まで委託先任せとなれば、完全にブラックボックス化してしまい、金融機関のコントロールが不在に近い状況に陥りかねない点にも留意が必要だ。

　最近は、ATMの監視や通信に携帯電話回線を用いる金融機関もみられ、バックアップ回線まで同一の通信事業者のインフラを採用している例もある。結果的に、携帯電話事業者における通信設備の状況によって利用可能な回線が同時にダウンし、顧客利便を損なう例も確認

されている。このように、現代の金融機関では必ずしもセキュリティ
や安全性が優先されておらず、コストコンシャスな対応が過度に重視
される傾向も否めない。

・DX進展による内部情報のデジタル化等

さらに、DXの進展で、これまで紙で管理、流通してきた金融機関
内部の情報が、一気にデジタル化され、内外に連携、流通されるよう
にもなっている。デジタル化に伴う新たな事務リスクを念頭に、従来
の業務遂行では想定し得なかったリスク等を被監査部門に認識しても
らう必要があるわけだ。

なお、本項目には「暗号化プログラム、暗号鍵、暗号化プログラム
の設計書等の管理」を問う部分もあるが、このように、昨今確認対象
となる技術的対策は高度化、複雑化しつつあり、内部監査部門でもよ
り高度なITスキルやノウハウの保持が期待されている。ただし、極
めて技術的な因子等は、自らがそのすべてを理解する必要もなく、必
要な論点やポイントを取り上げ、「被監査部門に問いかける」必要性
のみに注目すればよいだろう。本来、内部監査部門に期待されるのは、
被監査部門での検討対象の抜け漏れをなくしたり、牽制機能を発揮す
るための支援なのだから。

したがって、システム開発の技術そのものに精通すべく過度な学習
を深めるのではなく、課題とされる論点やキーワードを漏れなく捕捉
することに注力すべきだ。そのうえで、被監査部門に情報として提供
し、有意な気づきを与えたり行動変容を促すことが優先されて然るべ
きと筆者は考える。

・行職員教育の浸透

また、「全役職員を対象としたセキュリティ教育を実施しているか」

についてだが、後述(5)のサイバーセキュリティにおける役職員教育の一環として併せて実施することが可能と解釈される。筆者も、金融機関の経営層向けに研修として講義を行うことが多いものの、実態として行職員向けの研修機会は少ない。これは営業店行職員が多く、日中帯の研修時間を確保しにくいといった事情があるためだ。現実には、対面ではなく、研修教材の配布や録画済の講義のオンラインによる視聴が中心とはなるが、その際には、学習状況や個々の行職員の意識といった実態把握が欠かせない。したがって、講義後に受講者自身の振り返りを促す仕組みが有効となるが、アンケートや簡便なテストを課すことも一考である。

　以下の確認を通じ、内部監査部門は、より最適な内部管理態勢へと自行庫を導くことが期待される。被監査部門の能動的な取組みを促し、自行庫に内在するセキュリティリスクを特定、評価、低減させるよう誘導する意識を持つことが肝要だ。

〈内部監査チェックリスト〉

　□（ア）情報資産を適切に管理するために方針の策定、組織体制の整備、内部規程の策定、内部管理態勢の整備を図っているか。

　□（イ）他社、他金融機関における不正・不祥事件も参考に、情報セキュリティ管理態勢のPDCAサイクルによる継続的な改善を図っているか。

　□（ウ）情報の機密性、完全性、可用性を維持するために、情報セキュリティに係る管理者を定め、その役割・責任を明確にしたうえで、管理しているか。

　□（エ）管理者は、システム、データ、ネットワーク管理上のセキュリティに関することについて、自らが統括しているか。

　□（オ）コンピュータシステムの不正使用防止対策、不正アクセス

防止対策、コンピュータウィルス等の不正プログラムの侵入防止対策等を実施しているか。

- ☐ (カ)金融機関が責任を負うべき顧客の重要情報を網羅的に洗い出し、把握、管理しているか。
- ☐ (キ)顧客の重要情報の洗い出しにあたっては、業務、システム、外部委託先を対象範囲とし、例えば、以下のようなデータを洗い出しの対象範囲としているか。
  - 通常の業務では使用しないシステム領域に格納されたデータ
  - 障害解析のためにシステムから出力された障害解析用データ
  - ATM（店舗外含む）等に保存されている取引ログ等
- ☐ (ク)洗い出した顧客の重要情報について、重要度判定やリスク評価を実施しているか。
- ☐ (ケ)洗い出した顧客の重要情報について、それぞれの重要度やリスクに応じ、以下のような情報管理ルールを策定しているか。
  - 情報の暗号化、マスキングのルール
  - 情報を利用する際の利用ルール
  - 記録媒体等の取扱いルール　等
- ☐ (コ)顧客の重要情報について、以下のような不正アクセス、不正情報取得、情報漏えい等を牽制、防止する仕組みを導入しているか。
  - 行職員の権限に応じて必要な範囲に限定されたアクセス権限の付与
  - アクセス記録の保存、検証

- 開発担当者と運用担当者の分離、管理者と担当者の分離等の相互牽制体制等

☐ (サ) 暗証番号、パスワード、クレジットカード情報等、顧客に損失が発生する可能性のある情報である機密情報について、暗号化やマスキング等の管理ルールを定めているか。

☐ (シ) (サ) にかかる暗号化プログラム、暗号鍵、暗号化プログラムの設計書等の管理に関するルールを定めているか。

☐ (ス) 機密情報の保有・廃棄、アクセス制限、外部持ち出し等について、業務上の必要性を十分に検討し、より厳格な取扱いをしているか。

☐ (セ) 情報資産について、管理ルール等に基づいて適切に管理されていることを定期的にモニタリングし、管理態勢を継続的に見直しているか。

☐ (ソ) セキュリティ意識の向上を図るため、全役職員に対するセキュリティ教育（外部委託先におけるセキュリティ教育を含む）を行っているか。

(5) サイバーセキュリティ管理態勢における監査ポイント

情報セキュリティ管理の一部としての位置づけとなるが、昨今の金融庁は、サイバーセキュリティ対策を独立したテーマとして取り扱っている。つまり、サイバーセキュリティ管理態勢についても、単独の監査テーマとして位置づけることが肝要である。

かねて金融庁は、サイバー攻撃が、金融機関の事業運営の根幹に甚大な影響を与えるリスクとして位置づけており、古くからFISCの安全対策基準やコンティンジェンシープラン策定の手引書の中で紙幅を割いて個別具体的な論点を示してきた。とかく昨今は、敵の仕掛ける攻撃様態も複雑化、巧妙化しつつあり、対策側の対応が追いつかない

ことが憂慮されている。さらに、敵の攻撃や法人としての金融機関のみならず、金融機関に属する行職員もターゲットとされがちである。

　例えば、筆者らのチームが掴んでいる情報では、外部に公表される経営者年鑑等と独自に収集した個人情報の組み合わせで、経営者の自宅を特定し、自宅近辺に乗用車を停車させて、長時間に亘り当該家屋から漏れ出てくるWi-Fiへの接続、すなわち、経営者が個人使用する私的ネットワークや端末への侵入を試みる例が確認されている。ターゲットとなるのは経営者だけではなく、システム部門の責任者の場合もある。

　私的ネットワークへの侵入に際しては、経営者等が個人で発信するSNS等から、ヒントとなるキーワードや数値を網羅的に捕捉し、これらをランダムに組み合わせてIDやパスワードを類推する、といった手法も用いられている。得られたIDやパスワードは、金融機関内部で対象者が利用するIDやパスワードに転用されるケースもみられ、結果的に対象者が属する金融機関の情報システムへのアクセスを許してしまう、といった流れだ。

　また、かつては、大手SNSの一角がサーバーを外国に設置しており、当該SNSを通じた個人のやり取りが外国人によって間接的に取得される可能性も指摘されていた。このように、情報化の進展と昨今のDX推進の過程で、思いもよらないルートやチャネルから個人にまつわる秘匿すべき情報が外部に漏出し、結果的に当該個人が属する組織に脅威を与えていることに配意すべきである。

　なお、業態を問わず金融業界共通の対処方針が示されるほか、諸外国とのコンバージェンスによる高度化が要請されていることもあり、内部監査部門として確認すべき事項が多岐に亘るのが特徴である。なお、金融庁が示す、金融機関としてのあるべきサイバーセキュリティ対策の要諦に関しては、第5章第2節で詳述しているので別途参照願

いたい。

〈内部監査チェックリスト〉

☐ (ア) サイバーセキュリティについて、取締役会等は、サイバー
攻撃が高度化・巧妙化していることを踏まえ、サイバーセ
キュリティの重要性を認識し、必要な態勢を整備している
か。

☐ (イ) サイバーセキュリティについて、組織体制の整備、社内規
程の策定のほか、以下のようなサイバーセキュリティ管理
態勢の整備を図っているか。

- サイバー攻撃に対する監視体制
- サイバー攻撃を受けた際の報告及び広報体制
- 組織内CSIRT（Computer Security Incident Response
Team、シーサート）等の緊急時対応及び早期警戒の
ための体制
- 情報共有機関等を通じた情報収集・共有体制

☐ (ウ) サイバー攻撃に備え、入口対策、内部対策、出口対策とい
った多段階のサイバーセキュリティ対策を組み合わせた多
層防御を講じているか。

- 入口対策（ファイアウォールの設置、抗ウィルスソフ
トの導入、不正侵入検知システム・不正侵入防止シス
テムの導入等の実態把握）
- 内部対策（特権ID・パスワードの適切な管理、不要
なIDの削除、特定コマンドの実行監視等の実態把握）
- 出口対策（通信ログ・イベントログ等の取得と分析、
不適切な通信の検知・遮断等の実態把握）

☐ (エ) サイバー攻撃を受けた場合に被害の拡大を防止するために、
以下のような措置を講じているか。

- 攻撃元のIPアドレスの特定と遮断
- DDoS攻撃に対して自動的にアクセスを分散させる機能
- システムの全部または一部の一時的停止　等

☐ (オ) システムの脆弱性について、OSの最新化やセキュリティパッチの適用など必要な対策を適時に講じているか。

☐ (カ) サイバーセキュリティについて、ネットワークへの侵入検査や脆弱性診断等を活用するなど、セキュリティ水準の定期的な評価を実施し、セキュリティ対策の向上を図っているか。

☐ (キ) インターネット等の通信手段を利用した非対面の取引を行う場合には、次の手法等によるセキュリティの確保を講じているか（以下は全国銀行協会（以下、「全銀協」という）が例示しているもの）。

- 可変式パスワードや電子証明書などの、固定式のID・パスワードのみに頼らない認証方式
- 取引に利用しているパソコンのブラウザとは別の携帯電話等の機器を用いるなど、複数経路による取引認証
- ハードウェアトークン等でトランザクション署名を行うトランザクション認証
- 電子証明書をICカード等、取引に利用しているパソコンとは別の媒体・機器へ格納する方式の採用
- 取引時においてウィルス等の検知・駆除が行えるセキュリティ対策ソフトの利用者への提供
- 利用者のパソコンのウィルス感染状況を金融機関側で検知し、警告を発するソフトの導入
- 不正なログイン・異常な取引等を検知し、速やかに利

用者に連絡する体制の整備

☐ (ク) インターネットバンキング等の不正利用を防止するため、電話番号やメールアドレスなど預金者への通知や本人認証の際に利用される情報について、不正な登録・変更が行われないよう適切な手続きが定められているか。

☐ (ケ) サイバー攻撃を想定したコンティンジェンシープランを策定し、訓練や見直しを実施しているか。

☐ (コ) 必要に応じて、業界横断的な演習に参加しているか。

☐ (サ) サイバーセキュリティに係る人材について、育成、拡充するための計画を策定し、実施しているか。

☐ (シ) セキュリティ意識の向上を図るため、全役職員を対象としたサイバーセキュリティ教育を定期的に実施しているか。

⑹ システム企画・開発・運用管理における監査ポイント

ここで最近問われ始めているのが、ITガバナンスの視点である。とりわけ、金融機関としての中長期経営戦略と整合したITシステムの中長期計画を策定しているかが、このところ金融庁の重点確認ポイントとなっている。とかく、IT中長期計画を利用する勘定系共同システムの提供事業者から提供を受け、当該情報を単にプロットしただけの投資計画を立案し、内部で「当行庫に必要な独自の視点は存在しないのか」といった指摘を当局から受ける金融機関もみられることに注意したい。

こういった対応にとどまるのは、かねて外部化が進んできた情報システムを取り巻く環境変化が背景にある。つまり、システムの外部依存の高まりにつれ、自行庫の意思や判断がシステムの設計や運用、投資活動に及ばないことが懸念されているわけだ。したがって、自行庫の独自システムに加え、共同システムであっても利用者側の金融機関

の意思を色濃く反映する必要性を、金融庁は強く問いかけている。これが、当局が要請するITガバナンスに通底する概念である点を、念頭におかねばならない。

　今後、ITガバナンスに特化したターゲット検査が実施される見込みともなっていることから、内部監査部門としても重点監査対象として位置づける必要があろう。また、テスト工程での観点不足や充分なテストが実施されていないことを原因としたシステム障害が相次いで確認されていることもあり、自行庫での対応が充分なものとなっているかを改めて点検させるべく、現場部門に牽制機能を働かせることも重要である。なお、ITガバナンスについては、別途第2章第1節で詳述しているので、併せて確認いただきたい。

〈内部監査チェックリスト〉

- ☐（ア）経営戦略の一環としてシステム戦略方針を明確にしたうえで、中長期の開発計画を策定しているか。
- ☐（イ）中長期のシステムの開発計画は、取締役会の承認を受けているか。
- ☐（ウ）現行システムに内在するリスクを継続的に洗い出し、その維持・改善のための投資を計画的に行っているか。
- ☐（エ）開発案件の企画・開発・移行の承認ルールが明確になっているか。
- ☐（オ）開発プロジェクトごとに責任者を定め、開発計画に基づき進捗管理されているか。
- ☐（カ）システム開発にあたっては、テスト計画を作成し、ユーザー部門も参加するなど、適切かつ十分にテストを行っているか。
- ☐（キ）人材育成については、現行システムの仕組み及び開発技術の継承並びに専門性を持った人材の育成のための具体的な

計画を策定し、実施しているか。

⑺ 外部委託管理における監査ポイント

これまで、自行庫、グループ会社へと徐々に高度化が促されてきたサイバーセキュリティ対策について、現在は、次の段階として、重要な委託先や連携先における対策状況の確認を求めることが、金融庁によって推進されている。これが、一般的にサードパーティリスク対応の一環として実施されている、外部委託管理の高度化対応である。

かねてITベンダーでは、委託業務の一部を切り出し、外部企業に再委託するといった対応が公然と行われてきた。中には最大８次請けまで確認された事例もあり、末端で当該業務を受託してた者は個人事業者であったという例も確認されている。このように、過度に重畳化された受委託関係は、実態としての責任分界が不明瞭となりかねず、セキュリティインシデントを誘発しかねない。そのため、内部監査部門では、あらゆるシステム開発、運用の領域で、こうした重畳的な受委託の有無の点検を被監査部門に促すことで、想定されるリスクを矮小にとどめる活動が期待されている。

なお、こうした概念は、「最近になって当局が定義し始めた概念」として認識されがちではあるものの、かねて「監督指針」では要件として示されてきたものだ。内部監査部門としては、サイバーセキュリティ対策の一環として、併せて重点対象領域として認識すべきテーマでもある。

なお、自行庫で独自に基幹系システムを運用している場合と、共同システムを利用している場合で、それぞれ異なる要件が定義されていることに留意されたい。

〈内部監査チェックリスト〉

☐ （ア）外部委託先（システム子会社を含む）の選定にあたり、選

定基準に基づき評価、検討のうえ、選定しているか。

☐ (イ)外部委託契約において、外部委託先との役割分担・責任、監査権限、再委託手続、提供されるサービス水準等を定めているか。

☐ (ウ)外部委託先の役職員が遵守すべきルールやセキュリティ要件を外部委託先へ提示し、契約書等に明記しているか。

☐ (エ)システムに係る外部委託業務（二段階以上の委託を含む）について、リスク管理が適切に行われているか。

☐ (オ)外部委託先が複数の場合、管理業務が複雑化することから、より高度なリスク管理が求められることを十分認識した体制となっているか。

☐ (カ)システム関連事務を外部委託する場合についても、システムに係る外部委託に準じて、適切なリスク管理を行っているか。

☐ (キ)外部委託した業務（再委託、再々委託を含む）について、委託元として委託業務が適切に行われていることを定期的にモニタリングしているか。

☐ (ク)外部委託先任せにならないように、例えば委託元として要員を配置するなどの必要な措置を講じているか。

☐ (ケ)基幹システムの共同利用センターの内部管理、開発・運用管理の状況について、報告を受けているか。

☐ (コ)システムの共同化等が進展するなか、外部委託先における顧客データの運用状況を、委託元が監視、追跡できる態勢となっているか。

☐ (サ)基幹システムの共同センターや統合ATMスイッチングサービス等の重要な外部委託先や外部サービスの利用に対して、内部監査部門またはシステム監査人等による監査を実

施しているか。

⑻　コンティンジェンシープランを対象とした監査ポイント

　原則として、FISCの「金融機関等のコンティンジェンシープラン策定のための手引書」に基づき要件を整理し、規程類やマニュアルとして策定される必要がある点に注意が必要だ。金融機関の中には、内閣府が公表する「事業継続ガイドライン」（2023年5月）に沿った要件を定義している例も少なからず見受けられるが、同ガイドラインは金融機関に特化した要件が定義されておらず、一般事業法人全般を対象とした書き振りにとどまっていることに留意すべきである。

　かねてコンティンジェンシープランを含めたBCPの要件は、日本銀行の考査を通じて高度化が促されてきており、過去のある時期においては、金融庁が期待する相応のレベルの規程類やマニュアルが整備されていたといえる。ただし、当時のまま要件が残置されている例がみられるなど、昨今は陳腐化している点が指摘されてもいる。システム障害時等の緊急時対応に不備があれば、十分な顧客対応がなされない恐れがあり、ひいてはシステム障害に端を発した風評につながりもする。

　例えば、北海道の信用金庫では、道内金庫共通のBCP及びコンティンジェンシープランを策定して、システム障害時の僚店、他庫を含めた近隣金融機関との現送を含めた連携手順等を定義しており、日本銀行の支店長会議でも有意事例として報告されている。なお、コンティンジェンシープラン策定対象とするシステムは、金融機関が利用する全システムが対象となるわけでなく、業務遂行に欠かせない重要システムを特定し、優先的に対応手順を策定すべきと考えられ、かねて日本銀行では、金融機関にシステムの重要性評価を促してきた。

　内部監査部門では、FISCのガイドラインの最新版に規定される要

件が反映されているか、昨今の環境変化や業態固有の留意事象に応じた観点が追補されているか、といった点を中心に慎重に点検を行う必要がある。

〈内部監査チェックリスト〉

☐ （ア）コンティンジェンシープランが策定され、緊急時体制が構築されているか。

☐ （イ）コンティンジェンシープランの策定にあたっては、その内容について客観的な水準が判断できるもの（「金融機関等におけるコンティンジェンシープラン策定のための手引書」（FISC））を根拠としているか。

☐ （ウ）コンティンジェンシープランの策定にあたっては、災害による緊急事態を想定するだけではなく、金融機関の内部または外部に起因するシステム障害等も想定しているか。

☐ （エ）バッチ処理が大幅に遅延した場合など、十分なリスクシナリオを想定しているか。

☐ （オ）コンティンジェンシープランは、他の金融機関におけるシステム障害等の事例や中央防災会議の検討結果を踏まえるなど、想定シナリオの見直しを適宜行っているか。

☐ （カ）コンティンジェンシープランに基づく訓練は、全行庫レベルで行い、基幹システムの共同センター等の外部委託先や統合ATMスイッチングサービス等の重要なサービス利用先等と合同で、定期的に実施しているか。

☐ （キ）業務への影響が大きい重要なシステムについては、オフサイトバックアップシステム等を事前に準備し、災害、システム障害等が発生した場合に、速やかに業務を継続できる態勢を整備しているか。

⑼ 災害発生時の対応に関する監査ポイント

　ここでは、昨今頻発するシステム障害での失敗事例を踏まえ、金融機関として対応すべき要諦が示されている。システム障害は、「内部起因のリスク」「外部起因のリスク」いずれも原因となり得るが、ここでは「外部起因のリスク」の代表例として、大規模震災下でのシステム障害が想定されている。

　2018年9月6日に発生した北海道胆振東部地震では、午前3時に発災したこともあり、支店長や行職員が営業店に緊急参集した際、停電で店舗の電動シャッターが機能せず、手作業でシャッターを開けることができずに難儀した、といった事例が報告されている。これは事前に停電時のシャッター開閉訓練を手順として確認していなかったためだ。

　夜間や休祭日に大規模震災が発生しシステム障害を引き起こした場合、公共交通機関が動いていないもしくは機能不全を起こしているケースなど、要員参集がままならず、金融機関としての業務遂行ができないことが懸念される。このように、人員がひっ迫するシーンをはじめとした想定を踏まえ、事前に他部門からの応援要員を確保するといった対応が、充分かつ現実的な手順として計画に組み込まれているか、といった点の評価・確認が内部監査部門には期待されている。

〈内部監査チェックリスト〉

- ☐ (ア) システム障害等が発生した場合に、顧客に対し、無用の混乱を生じさせないよう適切な措置を講じているか。
- ☐ (イ) システム障害等の発生に備え、最悪のシナリオを想定したうえで、必要な対応を行う態勢となっているか。
- ☐ (ウ) システム障害等の発生に備え、外部委託先を含めた報告態勢、指揮・命令系統が明確になっているか。
- ☐ (エ) 経営に重大な影響を及ぼすシステム障害等が発生した場合

に、速やかに代表取締役・理事長をはじめとする取締役・理事に報告するとともに、報告にあたっては、最悪のシナリオの下で生じ得る最大リスク等を報告する態勢（例えば、顧客に重大な影響を及ぼす可能性がある場合、報告者の判断で過小報告することなく、最大の可能性を速やかに報告すること）となっているか。

- ☐（オ）必要に応じて、対策本部を立ち上げ、代表取締役・理事長等が自ら適切な指示・命令を行い、速やかに問題の解決を図る態勢となっているか。

- ☐（カ）システム障害等の発生に備え、ノウハウ・経験を有する人材をシステム部門内、部門外及び外部委託先等から速やかに招集するために事前登録するなど、応援体制が明確になっているか。

- ☐（キ）システム障害等が発生した場合、障害の内容・発生原因、復旧見込等について公表するとともに、顧客からの問い合わせに的確に対応するため、必要に応じ、コールセンターの開設等を迅速に行っているか。

- ☐（ク）システム障害等の発生に備え、関係業務部門への情報提供方法、内容が明確になっているか。

- ☐（ケ）システム障害等の発生原因の究明、復旧までの影響調査、改善措置、再発防止策等を的確に講じているか。

- ☐（コ）システム障害等の原因等の定期的な傾向分析を行い、それに応じた対応策をとっているか。

インシデント発生時における金融機関の対応と内部監査部門の役割

金融機関を取り巻くリスクは多岐に亘るが、ここでは銀行法及び「監督指針」から大規模システム障害発生時の対応要件を抽出し、内部監査部門が大規模システム障害を念頭に平時に点検すべきポイントを明らかにする。

　前述のとおり、金融庁では、2016年度から、金融機関等のインシデント対応能力の向上を図ることを目的とした「金融業界横断的なサイバーセキュリティ演習（Delta Wall）」を開催しており、2023年10月には、8回目となる「Delta Wall Ⅷ」が開催された。そこでは、直近のサイバー攻撃の動向や実際に金融機関に加えられた攻撃事例などを踏まえて、実践的な演習シナリオが策定されているほか、インシデントの発生を想定して金融機関等が考慮すべき点を中心に評価作業が実施されている。

　「監督指針」では、サイバー攻撃に端を発したシステム障害をはじめ、システムに影響を与えるインシデント発生時に金融機関がとるべき対応について、主要インシデント別に要件が定義されている。

　本項では、「監督指針」で示される要件を踏まえ、内部監査部門としてチェックすべきインシデント対応に際しての監査ポイントを整理する。

1 障害発生時の銀行法に基づく基礎的対応の確認

　金融庁は、銀行法を根拠法令とし、金融機関においてコンピュータシステムの障害やサイバーセキュリティ事案の発生を認識次第、直ちに、その事実を当局宛てに報告することを求めている。その際、「障害等発生報告書」による当局報告が必要となる。こうした手続きを前提に、障害発生時における現場レベルでの対応を見越した内部監査部門としての確認ポイントは、次のようなものが挙げられる。

　なお、財務局は、銀行等から報告があった場合、直ちに金融庁本庁担当課室宛てに連絡することとされている。大規模システム障害発生など緊急時における報告先としては、混乱のなかでの対応となりかねないが、その場合は、金融庁本庁であっても所管財務局の担当課向けであっても容認されるとみてよいだろう。また、とりわけ初動を重視するうえでは、様式類を綺麗に整える前に、電話やメール等による一報を優先させることも有効とされる。なお、「監督指針」では、例えば、一部のATMが停止した場合であっても、他の同一店舗内ATMや窓口もしくは近隣僚店のATMや窓口において対応が可能な場合を除くとしている点に注意すべきである。

〈内部監査チェックリスト〉

- □ （ア）障害発生時に速やかに起票を行うべく、当局が定める「障害等発生報告書」を様式として定義しているか。
- □ （イ）障害発生時、当局への「障害等発生報告書」提出に向けた行庫内手続を、規程や手順を示したマニュアルとして定義しているか。
- □ （ウ）復旧時、原因解明時における第二報、第三報などの対応は考慮されているか。

☐ （エ）原因が究明されていない場合であっても、１ヵ月以内に現状についての当局報告を行う必要があることを意識しているか。

☐ （オ）報告すべきシステム障害等を類型化して管理しているか。例えば、その原因の如何を問わず、銀行等が現に使用しているシステム、機器（ハードウェア、ソフトウェア共）に発生した障害であって、次の恐れがある場合の対応が想定されているか。

- 預金の払戻し、為替等の決済機能に遅延、停止等が生じているもの、またはその恐れがあるもの。
- 資金繰り、財務状況把握等の金融機関業務に影響があるもの、またはその恐れがあるもの。
- サイバー攻撃の予告がなされた場合には、当局報告が必要であることを理解し、その準備を行っているか。
- サイバー攻撃が検知される等により、顧客や業務に影響を及ぼす、または及ぼす可能性が高いと認められるときは、当局報告が必要であることを理解し、その準備を行っているか。

② 大規模なシステム障害等が発生した場合の現場対応を見越した確認

　金融庁は、「監督指針」において、市場取引、ATM取引・口座振替・給与振込等の決済システムに大きな影響が生じるなど、大規模なシステム障害とみなされる場合には、銀行法26条に基づき業務改善命令を発出するとしている。金融機関の現場対応としては、こうした最悪の

シーンを想定した「一般的なシステム障害と大規模システム障害」を切り分ける峻別作業が欠かせない。ただし、昨今の大規模システム障害発生事案においては、こうした初動が遅延し、結果として、金融機関の風評を害する例も見受けられることから、金融機関内での障害規模の評価・見極めのほか、経営トップへの情報エスカレーションが必ずしも有意に機能していない恐れがある。

　また、金融庁、日本銀行は、かねて緊急時においては、預金の払い出し業務と約定済み融資の実行は最優先で、手作業であっても実行することを求めている。また、システム障害発生時には、顧客からのインバウンドでの照会が、各チャネルで相次ぐことが容易に想定される。これに応じた臨機応変な対応態勢を、迅速に整える必要もある。

　システム障害発生時には、このように手作業を含めた人間系のカバー対応を現実的な視点で計画したうえで、十分な情報を顧客に提供することにより、混乱なく顧客を誘導し、必要な資金を手交するための実務手順を実装せねばならない。

　内部監査部門としては、こうした理解の下、現場レベルでの事前準備がなされ、担当行職員に当該意識が醸成されているか、緊急時における経営トップへの情報エスカレーションルートが具体的に定義されているか、といった点を中心に、被監査部門での準備状況や態勢を、仔細に確認していくことが必要である。

〈内部監査チェックリスト〉

□（ア）大規模なシステム障害が発生した場合には、必要に応じて銀行法24条に基づき追加の報告が当局から求められることを念頭に、「重大な問題があると認められる場合」を要件として峻別のうえ個別に事案を定義し、管理しているか。

□（イ）特に、大規模なシステム障害等の場合や障害の原因の解明に時間を要する場合等を想定し、以下の対応が検討されて

いるか。

- 障害の事実関係等についての一般広報、ホームページ等での周知。
- 営業店店頭等における顧客対応。
- コールセンターへの問い合わせを見越した人員配置。
- 外部からの問い合わせ対応に向けた想定問答の準備と配布。
- コンティンジェンシープラン及びBCPの発動の必要性の判断。
- 継続した状況モニタリングと時系列での発生事実・状況・判断・報告・報告者・対応等にかかる行動の記録と保管。

第3節

システムの統合や更新などが予定される場合のチェックポイント

昨今相次ぐシステム障害は、システム統合や新たなシステム／プログラムのリリース時に発生しがちである。本節では、金融庁が懸念するシステム統合時のリスクを把握することで、内部監査部門における実効性の高い事前点検の在り方を考える。

　金融庁は、「金融機関のITガバナンスに関する対話のための論点・プラクティスの整理 第2版」（2019年6月）に別添される格好で「システム統合リスク管理態勢に関する考え方・着眼点（詳細編）」を公表している。なお金融庁は「システム統合」の定義を「合併、営業譲渡、持株会社化、子会社化及び業務提携等の経営再編により、システムを統合、分割又は新設すること」（金融庁「システム統合リスク管理態勢の確認検査用チェックリスト」2002年12月）としている。

　また、「システム統合リスク」を、「システム統合における事務・システム等の統合準備が不十分なことにより、事務の不慣れ等から役職員が正確な事務を誤り、あるいはコンピュータシステムのダウン又は誤作動等が発生し、その結果、顧客サービスに混乱をきたす、場合によっては金融機関等としての存続基盤を揺るがす、さらには決済システムに重大な影響を及ぼすなど、顧客等に損失が発生するリスク、また統合対象金融機関等が損失を被るリスク」としている。

　昨今、金融機関、とりわけ銀行をはじめとした預金取扱金融機関のシステムは、統合や経営再編による新たな勘定系システムへの切替え

や、システム構成の見直しが進んでいる。複数の金融機関のシステム
が統合される場合、従来は単独で行内や特定ベンダーとの間で完結し
ていたシステム運用体制が一変することとなり、意思決定や情報共有
が複雑化・高度化する。また、統合作業に併せて、新たな業務要件が
追加されたり、新規のITソリューションが実装されるケースも少な
くない。結果的に、金融機関の維持存続におけるITへの依存度が従
来にも増して高まることとなり、システムの安全性や安定性の確保が
問われるようになっている。こうした環境下、合併等の経営再編に伴
うシステム統合をはじめ、システムの更改作業において大規模なシス
テム障害が発生し、経営陣が経営責任を問われる事態にも発展してい
る。そのため、システム統合リスク管理態勢の構築を、金融庁は「監
督指針」の中で「最重要課題のひとつ」として位置づけている。

　システム統合リスクは、システム開発のみに限定したリスクではな
く、事務リスクにも影響を与えるものと理解される。そのため、ユー
ザー部門における事務処理対応、営業店における顧客対応等を含め、
経営陣の責任において、「顧客利便」を最重要視した複合的なリスク
管理が求められている。そこで、システム統合におけるリスク量は、
想定されるインシデントの発生確率と、発生時の影響度を踏まえて認
識されるべきである。これは、前述のリスク・アプローチの概念その
ものから導き出されるものだ。こうした導出されたリスク量を低減す
ることが、金融機関には要請されており、「監督指針」では次のよう
に言及している。

　▶リスク軽減策に見合うコンティンジェンシープランを整備し、各
　　種リスク事象が複合的に顕在化（障害が同時発生）しても、顧客
　　に大きな影響を及ぼすことを回避できるような態勢を整備する

　内部監査部門として、こうしたシステムの統合等における現場の意

思決定や手続き、リスク軽減策の実行に深い関与をなすことは現実的には困難であるにせよ、開発や運用現場への牽制機能発現を狙いとすべきだろう。

なお、「監督指針」では、内部監査部門の役割は次のとおり定義されている。

▶内部監査部門は、単なる進捗状況のモニタリング・検証のみならず、各問題が統合計画に与える影響やシステム統合リスク管理態勢の実効性といった観点から監査するものと位置づけられたうえで、協調して業務監査及びシステム監査を行うことができる体制となっているか。また、システムの開発過程等プロセス監査に精通した要員を確保しているか

こうした観点を踏まえ、内部監査部門では、「監督指針」で述べられている統合に際しての具体的な要件に即して確認する必要がある。そこで本項では、「監督指針」の中から、内部監査部門として確認すべき最低限の要件を取り上げたい。

1 統合スケジュールや統合の方法論の視点

「監督指針」で示される本項の基本的な着眼点は、「金融機関のITガバナンスに関する対話のための論点・プラクティスの整理 第2版」（2019年6月）別添「システム統合リスク管理態勢に関する考え方・着眼点（詳細編）」にて提示されている主要論点を抜粋した形で構成されている。

金融機関の過去のシステム統合における障害事例等から得られた示唆を念頭に、具体的な確認ポイントが例示されていることに注目した

い。なお、過去の事例では、現場部門が認識している開発スケジュールと、経営トップが認識している開発スケジュールが一致しないといった例も報告されている。このように、過去のインシデントを例示しながら、経営層・現場層それぞれに、現状の認識、計画段階でのスケジュール想定を問いかけることも有意であろう。

　内部監査部門としては、過去の同様のシステム統合等でみられたインシデント等を踏まえた対策が施されているか、事前の金融庁との協議・点検を通じて指導された要領を整理し、当該整理に基づく対応が志向されているか、といったポイントを中心に点検することが必要だ。なお、経営層の所感等は、監査役・監事等を通じて間接的に状況を捕捉することも有効な手立てとなる。

〈内部監査チェックリスト〉

□（ア）経営陣は、制約のあるスケジュールの下で、経営戦略・ビジネスモデルの構築、人事体制・リストラ計画の策定、統合比率の決定等の重要な経営判断を迅速に行っているか。

□（イ）経営陣及び現場責任者は、システム統合を実現するプロセスの基本的なパターンは、基本検討、基本設計、詳細設計、製造（コーディング）、単体テスト、結合テスト、総合テスト、総合運転テスト、移行からなり、実現までに長期間を要する複雑なプロジェクトであることを認識しているか。

□（ウ）経営陣及び現場責任者は、システム統合は以下のような2段階で行われることが多く、合併の基本合意から完全なシステム統合の実現まで長期間（3年〜）を要することもあることを認識しているか。

　　　第1段階：合併（行名、店名、店番の変更）時は、旧行のシステムは並列して存続させ、その間をつなぐ中継・連携システムを稼動。

第2段階：完全な統合システムを稼動させ、商品・サービスの一本化、店舗統廃合を本格化。

□ （エ）経営陣及び現場帰任者は、前記に際し、全店が同時に移行するのではなく、店別に移行する「店群移行方式」が採用されることがあることを理解しているか。

□ （オ）経営陣は、複数金融機関の合併に際しての基本的なプロセスが、基本合意、合併契約の締結（統合比率を含む）、株主総会の承認、当局による合併の認可申請・認可、合併であり、株主の了承と複数の関係当局（金融監督当局、公正取引委員会）の認可等を得る必要があることを認識しているか。

□ （カ）経営トップは、システム統合リスクのリスク特性やプロジェクトマネジメントの重要性を正確に認識しているか。

□ （キ）経営トップは、システム統合に係る役職員の責任分担を明確化するとともに、自らの経営姿勢を明確化しているか。

□ （ク）役員会は、システム統合の方式決定にあたり、相手方金融機関との間での軋轢を排除し、十分な協議を行い、合併等までのスケジュール、経営戦略等に基づき、システム統合実施までの準備期間を十分に確保したうえで、合理的な意思決定を行っているか。

□ （ケ）役員会は、システム統合は単にシステムの問題としてではなく、事務処理対応及び顧客対応という事務リスクと密接不可分であること、また、1つの分野で発生するリスクが他の分野にも波及し、経営再編全体の大きな障害となる可能性があることを十分認識したうえで、協調して、システム統合に係る計画・作業を統括管理する役員を任命したり部門等を設置しているか。

❷ 統合の相手先となる金融機関との連携の視点

　これまで、単独でシステムを開発・運用し続けてきた金融機関にとって、システム統合に際する他行庫との協調的な活動や連携は欠かせない。そのため、統合システムの開発において、相手先金融機関との間で意識離齬や誤謬を生じていないかといった確認が監査の中心となる。

　なお、他行庫が現在利用する勘定系システムの開発ベンダーが、自行庫と異なるケースが想定されるが、その際は、確認行為も重複、重畳的なものとなる。また、実務として統合作業を担うITベンダー間での認識離齬も生じやすい点に留意せねばならない。

　内部監査部門では、以下の確認を自行庫に閉じて行ううえでの制約や限界も見極めることが肝要である。そのため、相手先金融機関の内部監査部門とも連携のうえ、相互で共通するチェックリストを準備し、同じ視点、粒度で個別具体的な監査実務を指向することが重要となろう。

〈内部監査チェックリスト〉

☐（ア）統合相手となる金融機関との間で、担当役員・統括役員及び部門間、開発部門・ユーザー部門間、同一部門内、営業店内における意思疎通が十分に図られる体制が整備されているか。

☐（イ）統合相手となる金融機関の役員会並びに統括役員及び部門は、当行庫と協調して統合プロジェクトの進捗状況を的確に把握できる体制を整備しているか。

☐（ウ）統合相手となる金融機関の役員会並びに統轄役員及び部門は、システム統合に関する情報が対象金融機関の一部の役

職員の間にとどまることのないよう自行庫内、相手先金融機関との間での報告体制が整備されているか。

☐ (エ) 統合相手の金融機関の役員会は、統合前のそれぞれのシステムの実態及びこれまでのシステム障害の事例等を踏まえ、システム統合において対顧客障害を起こさないという観点から、事務・システム両面に亘る徹底したリスクの洗出しと軽減策を講じたうえで、システム統合計画を策定しているか。

☐ (オ) 統合相手の金融機関では、事務・システム両面に亘り十分かつ保守的な移行判定項目・基準を策定しているか。

☐ (カ) 当初策定した統合の期限を優先するあまり、リスク管理を軽視した計画等となっていないか。

☐ (キ) 第三者機関の評価等も活用して、計画の妥当性につき客観的・合理的に検証しているか。

☐ (ク) 移行判定項目・基準等においては、すべての役職員が、いつまでに何をすべきかを明確に定めたものとなっているか。

❸ テスト工程と手法における視点

　自行庫が単独で運用するシステムでも、テスト工程における確認不足やパラメータ設定の誤り、そもそものテスト量不足等を原因とする障害が生じている。ましてや、相手先のあるシステム統合においては、これが一層複雑化の様相を呈することが憂慮される。そのため、本項目の確認は、相手先金融機関を含めた意識合わせや事前のテスト対象の特定、テスト工程の理解、移行判定など、幅広いチェックを要請している。さらに、営業店事務手続が一変する場合も念頭に、営業店で

の移行作業の内容やその進捗にも配意すべきとしている。

　事務手続の一変は、営業店行職員の平時業務に直接の影響を与えることから、単なる事前の移行リハーサルにとどまることなく、緊急時に想定される事象を勘案した代替手段が検討されていることも必要である。こうした事前準備は、緊急時に顧客に与える影響の軽減にも寄与することから、過去のインシデント事例にも十分に接しつつ、現場部門は想定リスクをいかに排除しようとしているのかといった視点で、監査対象先の活動を見極めることが先決となる。

　なお、2023年10月10日から11日にかけて発生した、全国銀行データ通信システム（以下、「全銀システム」という）の大規模障害では、10もの金融機関で他行宛て振込みができない等の不具合が続き、1973年の稼働開始以来、初となる大規模システム障害となった。

　このような大規模システムかつ長時間の運用が必須とされるシステムでは、かつてのように移行に際してシステムを全面的に停止し、本番環境を用いて事前に各参加行がテストに参加し、実際にトラフィックを与えたうえで潜在化する脆弱性を炙り出す、といったテストの実施には一定の制約と限界が存在するとされた。したがって、「大規模なシステムだから安全」といったかつての安全神話や思い込みに過度に依拠してはならないことが教訓として示されたのも事実である。

　内部監査部門では、事前にインシデント事例を収集のうえ、テスト工程やテストシナリオにおける配意ポイントを例示するなどし、自行庫のみならず、相手先金融機関への自組織からの認識合わせを促すといった、慎重を期した検証活動が必要となる。

〈内部監査チェックリスト〉

□　（ア）金融機関のシステム統合における過去の障害事例の反省として、ほとんどのケースにおいて「十分なテスト・リハーサルを行わなかったこと」が挙げられていることを踏まえ、

レビューやテスト不足が原因で、顧客に影響が及ぶような障害や経営判断に利用されるリスク管理用資料等の重大な誤算が発生しないような十分なテスト、リハーサルの体制を整備しているか。

- □（イ）工程ごとのレビュー実施状況を検証し、品質状況を管理するためのレビュー実施計画や、システム統合に伴う開発内容に適合したテスト計画が策定され、実施するための体制が整備されているか。

- □（ウ）ファイル移行等に関する最終的な品質は、全店・全量データによる機能確認を行わないと判定できないことを踏まえたテスト計画となっているか。

- □（エ）テスト期間中に判明する想定外の不整合データについてのデータクレンジング等の追加的な事務負担を織り込んで、スケジュール管理が行われているか。

- □（オ）システムの開発内容に関係ない部分であっても、例えば対外接続系に使用されていたベンダーのパッケージソフトの潜在的な不具合が統合時に顕在化し、結果として大規模な障害に発展する等、まったく想定外のリスク事象が発生することがあることを勘案し、影響がないと見込まれる部分であっても影響がないことを確認するためのテスト等を可能な限り計画しているか。

- □（カ）統合後の業務運営の検証のため、本番環境を想定した訓練やリハーサルは、可能な限り全営業部店（ATMを含む）や対外チャネル（全銀システム、統合ATMスイッチングサービス、手形交換、日銀RTGS*等）に同時並行的にピーク時の負荷をかける等、できる限り忠実に本番に近い環境を再現して行うこととしているか。

□ （キ）統合により、事務処理の方式が抜本的に変化する営業部店
において、いわゆる追いつき開発・差分開発の見送りに伴
う事務負担の増加への対応を含め、新たな事務手続の習得
教育や障害発生を見越した訓練は十分行われているか。

□ （ク）営業部店における、統合後の新たな事務手続の習得教育や
障害発生時に備えた訓練の進捗状況を把握・評価する体制
が整備されているか。

＊**日銀RTGS**：Real-Time Gross Settlement。「即時グロス決済」の略で、
時点ネット決済と並ぶ中央銀行における金融機関間の口座振替の手法の1つ。
時点ネット決済では、金融機関が中央銀行に持ち込んだ振替指図が一定時
点まで蓄えられ、その時点で各金融機関の受払差額が決済される一方、
RTGSでは、振替えの指図が中央銀行に持ち込まれ次第、一つひとつ直ちに
実行される。

4 顧客に与える影響の視点

　複雑化・高度化する現代の金融システムは、顧客の事業活動や個人
の生活に色濃く影響を与えている。複数の金融機関が当事者となる統
合に際してのシステム開発の失敗は、顧客への影響も甚大なものにな
ることが懸念される。

　前述のとおり、金融機関の重要システムの障害で、顧客における資
金決済や資金運用そのものへの影響が生じたとしても、手作業での代
替機能や手段の提供により、預金の払出しと約定済み融資の実行は最
低限実施せねばならない。その際、一時的に手作業での事務が生じ、
紙や別の管理様態により実施した手続きや取引記録が保持されること
になる。システム復旧後は、障害発生中の、こうして個別管理された

取引記録の情報システムへの登録、すなわち追いつき処理が必要となることも十分に意識せねばならない。

そのため、金融庁では、単に事前に顧客影響を評価するだけでなく、万が一障害等を生じた場合の具体的な顧客対応手続を事前に定義することを要請している。また、こうしたポイントの多くは、過去の他金融機関におけるシステム統合時の障害事案から得られた示唆を中心に抽出されており、具体的な要件が示されている。

内部監査部門では、最悪のシーンを想定し、手作業での営業継続を図った場合の追いつき処理の概念や想定される事務フローのみならず、事前のリハーサルを通じて、営業店でこうした追いつき処理をどのような期間でどの程度実現することが可能となるかといった仔細な点も指摘することで、被監査部門における視野出しのほか、当該観点の失念といったものを回避させるための気づきを与えることが肝要である。

〈内部監査チェックリスト〉

☐ （ア）顧客折衝の実施計画や折衝にあたって必要な役職員研修の具体的な実行計画等、顧客への周知・説明態勢の十分な整備、研修やマニュアルの実行可能性について、個別具体的な検証がなされているか。

☐ （イ）システム統合により、取扱う金融サービス（例えば、手数料の徴求形態、資金入金日等に至るまで）に変更がある場合には、顧客利便性に配慮した検討を行ったうえで、顧客への周知が適切に行われているか。

☐ （ウ）口座振替、IB等の顧客との取引について、顧客側の事情を勘案した接続テストの実施等スケジュールを策定し、顧客への説明を十分に行っているか。

☐ （エ）これまでの障害事例の反省として、ほとんどのケースにおいて「十分な接続テストを行わなかったこと」が挙げられ

ていることから、顧客との接続テストは、可能な限りすべて実施することを基本として計画を組んでいるか。

- [ ] （オ）接続テストを行わないケースまたは行う必要がないと考えられるケースについても、可能な限り実データ等により問題が起きないことを確認することとしているか。

- [ ] （カ）対顧客説明、接続テスト等の進捗状況を把握・評価する体制が整備されているか。

- [ ] （キ）商品の整理・統合等に係る設計・開発段階から、事務（ユーザー）部門とシステム部門の間で認識の相違や、業務要件の洗出しの漏れ・仕様調整漏れが生じ、これが統合時の障害の原因の1つとなっていることから、設計・開発の段階毎に品質管理が重要である。こうしたことを踏まえ、各工程の検証及び承認ルールを明確にする等、適切な管理が行われているか。

- [ ] （ク）納期を優先するあまり、品質を犠牲にし、各工程の完了基準を満たさずに次工程に進むことがないか。

5 外部委託における視点

　統合に向けては、相手先金融機関と自行庫の現行システムベンダーが同一であれば話は早い。ただし、統合の相手先金融機関と自行庫が利用中の現行システムが、異なるITベンダーによって開発されている場合については、両ITベンダーが統合計画、移行作業に関与することとなる。こうしたケースでは、金融機関間さらにはITベンダー間での協調や連携が欠かせないものの、双方の意識齟齬が顕在化する可能性が否めない。

実際に、統合に際して異なるITベンダー間での意識齟齬を原因とするシステム障害の発生事例も確認されており、慎重な点検が必須となっている。

〈内部監査チェックリスト〉

☐ （ア）統合に係るシステム開発等の業務が外部委託される場合、当該委託先と統括部門との間の意思疎通が十分に図られる体制を整備しているか。

☐ （イ）外部委託先の作業の問題点の早期発見・早期是正がなされないと、追加テスト等を行うことによる遅延が発生することを踏まえ、外部委託業務の内容及びその進捗状況を的確に把握しているか。

☐ （ウ）統合の相手先金融機関との間で複数の外部委託先が関与する場合、管理態勢の複雑化に伴うリスクを十分認識したうえで、相手先金融機関と協調し、当行庫が主体的に関与する体制となっているか。

6 進捗管理における視点

過去の金融機関のシステム統合でみられた事案として、現場たるシステム開発担当部門で認識されていたシステム開発のスケジュール遅延が正確に経営層に伝達・共有されておらず、当局向けの報告に正確性を欠いていたことが確認されている。こうした事案を通じ、金融庁は、現場自体の対応不足や意識醸成が充分でなかったと指摘する一方、現場任せとなっていた経営層における意識不足や、能動的な関与がなかったと断じている。こうした事案から得られた示唆を踏まえ、とりわけ経営層における、現場や相手先金融機関との協調や、自らの能動

的な行動をあるべき姿とした論点整理を行っている。

　内部監査部門としては、当初立案のスケジュールの認識を、経営層・現場部門の双方に照会し、認識齟齬がないことを確認するだけでなく、定期的に進捗確認を行うことで、当該情報をモニタリングすることが必要となろう。また、経営層の認識そのもののモニタリングは、監査役・監事との連携によりこれを実現することが現実的な対応といえる。

〈内部監査チェックリスト〉

☐（ア）相手先金融機関の役員会並びに統括役員及び部門は、システム統合計画の進捗管理に際し、協調して残存課題、未決定事項等の問題点の把握、解消予定の見定めが十分なされる体制となっているか。

☐（イ）プロジェクトの進捗管理にあたっては、常に計画の妥当性まで遡って検証しながら進めることとしているか。

☐（ウ）システム統合が遅延する等、不測の事態が生じた場合に協調して適切に対応できる体制を整備しているか。具体的には、システム統合が計画に比して遅延した場合にスケジュールを見直す基準が策定されたうえで役員会の承認を得ており、それに基づいて適切な対応が図られる体制が整備されているか。

☐（エ）相手先金融機関との間で協調して遅延の根本原因を究明し、対処する体制が整備されているか。

☐（オ）統合の各段階において経営資源が適切に配分されているか等、相手先金融機関と協調して統合の段階ごとの進捗について検証を行い、仮に問題点が把握された場合には、それに対し、速やかに適切な方策を講じることとしているか。

☐（カ）相手先金融機関の特定の部署・担当者に作業が集中することのないよう、業務管理が適切に行われているか。

□（キ）計画の見直しにあたっては、変更後の計画が妥当なものであるか、変更により全体のプロジェクトにどのような影響があるかを十分検証、検討したものとなっているか。

□（ク）相手先金融機関の統括役員及び部門は、安全性・安定性を確保するために適切に策定され、役員会の承認を得た業務の移行判定基準（システムの移行判定基準を含む）に従い、システムを含む統合後の業務運営体制への移行の可否を判断し、役員会での承認を経て実行することとしているか。

---

⑦ コンティンジェンシープランにおける視点

　システム障害等の緊急事態発生時に拠り所となる手順を定義するのが、コンティンジェンシープランである。一般的なシステム障害を想定リスクとしたコンティンジェンシープランは、すでに各行庫ともほぼ漏れなく定義済みであると考えられるものの、レアケースとなるシステム統合を取り巻くリスクを想定したコンティンジェンシープランを備える金融機関は、少なくとも筆者がこれまで確認してきた限りにおいてはほぼない。

　定義済の金融機関であっても、実際はITベンダー側が準備したリカバリー手順をあたかも行庫内手続の一部として策定したかの如く位置づけるケースもみられ、その実効性には疑問符が付く場合がある。ITベンダー側が事前に準備する計画は、あくまで復旧計画そのものを中心に立案されたものであり、必ずしも金融機関側の立場で記述されたものではない。そのため、顧客視点での対応の観点が考慮されていない恐れもある。

　ここでは、システム統合に際して、事前に金融庁がシステム検査を

通じて点検する項目を中心に、確認すべきポイントを取り上げている。過去の統合事例で確認されたインシデントを踏まえた点検項目が示されているのが特徴でもあり、内部監査部門においても、より実践的な検証活動に資することだろう。

　なお、コンティンジェンシープランは、移行前の段階では既存プランにシステム統合における危機対応要件を追補することで整備し、かつ、統合後には、次期システムの要件や構成を反映した新たなコンティンジェンシープランに速やかに移行することが前提となることに留意が必要である。そのため、内部監査部門では、こうした移行前後に適用する二系統のコンティンジェンシープランの整備状況を、欠かさず現場部門に問いかけることが肝要である。

〈内部監査チェックリスト〉

☐ （ア）システム統合に係るコンティンジェンシープランが策定されているか。

☐ （イ）コンティンジェンシープランにおいては、障害発生を念頭においた（既存システムへの切り戻しやバックアップシステムへの切替措置を含む）、**フォールバック***の具体的な手順が定義されているか。

☐ （ウ）コンティンジェンシープランでは、システム統合日前後における不測の事態への対応プラン（システム統合の中止を含む）が定義され、役員会の承認を得ているか。

☐ （エ）移行判定時までに、必要なテスト、リハーサル、研修及び訓練等（コンティンジェンシープランの訓練及びその結果を踏まえたプランの見直しまで含む）が終了し、経営陣が判断するにあたっての不可欠な材料がすべて揃うスケジュール・計画となっているか。

☐ （オ）移行判定の時期は、対外接続や顧客への対応も含めて、フ

ォールバックが円滑に行われるよう、統合予定日から十分な余裕を持って遡って設定されているか。

☐ （カ）店群移行方式においては、各回の移行ごとに、前回移行までに発生した障害事例（例えば、移行店と未移行店を跨ぐ処理に関してシステムまたは運用に起因する障害、障害対応に起因する二次障害等）への対策の実施状況、移行対象店舗の特性（口座振替・財形等の個社対応をしている大口先の存在等）も勘案した移行判定を行うこととしているか。

☐ （キ）移行判定時において統合不可の判断がなされた場合、システム、内部事務、顧客対応等が円滑に行われる態勢が整備されているか。

☐ （ク）システム統合後に適用する新たなコンティンジェンシープランを、システム統合後のシステムの構成や組織体制に基づいて定義し、既存コンティンジェンシープランとは別に役員会の承認を受けているか。

☐ （ケ）コンティンジェンシープランでは、これまでの事例を踏まえ、統合相手となる金融機関と連携し、システム障害等の不測の事態が発生した場合を想定したシステムが完全復旧するまでの代替手段を検討・整備しているか。

☐ （コ）単に机上のプランにとどまらず、実際に十分な回数の訓練を行い、その結果を踏まえて、必要に応じプランの見直しを行って、実効性を確保しているか。

＊フォールバック：縮退運転、縮退運用。通常使用する方式や系統が正常に機能しなくなったときに、機能や性能を制限したり別の方式や系統に切り替えるなどして、限定的ながら使用可能な状態を維持すること。

8 過去の統合プロジェクトで確認された インシデント事例を踏まえた視点

　「監督指針」では、金融機関で実際に発生した過去のシステム障害から得られた示唆が中心の書き振りとなっている。とりわけ重視されるのは、追いつき処理を可能とする事前準備態勢が整っているか、すなわち、**オペレーショナル・レジリエンス***の概念を念頭においた対応手順が整備されているかである。その際、過去の事例にみられるように、システムリリース日がいわゆる繁忙期に設定されていないかといった点にも留意すべきである。明らかに業務が逼迫する日程を避け、トラフィックとして閑散期にあたることが期待される日程の選定は言うまでもないが、思いもよらず大規模震災などの自然災害が発生することも視野に入れ、十分な事後的対策を施しておく必要もある。

　オペレーショナル・レジリエンスは、2021年３月にバーゼル銀行監督委員会によって策定された「オペレーショナル・レジリエンスのための諸原則」を受け、浸透しつつある概念である。金融庁でも2022年12月に、パブコメとして「オペレーショナル・レジリエンス確保に向けた基本的な考え方」を公表し、金融機関実務への適用を促しつつあるところだ。

　オペレーショナル・レジリエンスは、パンデミック、サイバー攻撃、システム障害、自然災害など、金融市場に重大な業務影響や広範な混乱をもたらす可能性のあるオペレーショナルリスク関連の事象に対する金融機関の影響の吸収能力の強化そのものとされており、概念としてはBCPに近似する。ただし、金融庁では上記文書において、「ITシステムへの依存の高まり、大規模システム障害の発生、感染症の拡大、サイバーセキュリティ上の脅威の高まり、クラウドサービスの利用の

図表4−1　金融庁が示すオペレーショナル・レジリエンスの概念

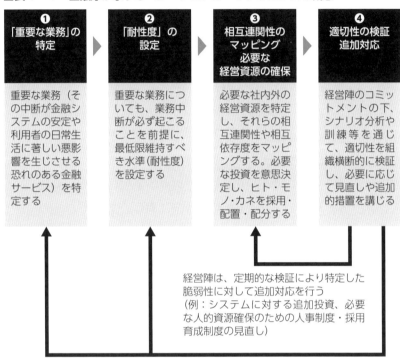

（出所）金融庁「オペレーショナル・レジリエンス確保に向けた基本的な考え方」（2023年4月）
　　　より作成

広がり、FinTech企業等との連携による相互依存度の高まりなど、リ
スク環境は複雑化する」と述べるなかで、既存のリスク管理態勢や緊
急時対応計画としてのBCPのみでは、想定外の事象が生じた場合に、
決済サービスなどの金融システムにとって重要な業務を提供し続ける
ことができない恐れがあるとしている。当該文書では、金融機関にお
けるオペレーショナル・レジリエンスの構築に向けた4つのプロセス
が参考掲記されている（**図表4−1**）。

オペーレーショナル・レジリエンスでは、「リスク環境が急速に変化する中で、極端だが起こり得る想定外の事象が発生したときにBCPだけでは十分な対応ができない恐れがある。このため、BCPを含めた既存の枠組みの機能度を組織横断的かつ総合的に検証し、必要に応じて態勢を強化する包括な枠組み」を求めている。具体的には、次の点が求められる。

①重要な業務の分析・特定

②重要な業務の最低限維持すべき水準の検討

③重要な業務の提供に必要な経営リソースをビジネスプロセス別に分解し特定

④経営陣による適切性の検証

つまり、想定外のリスク事象が現出した場合であっても、経営リソースに具体的に与える影響が高解像度で捕捉可能な状況を生み出すことを、金融庁は期待していることがわかる。また、こうしたプロセスでの検証結果を用いれば、BCPで定義する被害想定や、これに対応するための対策や手順の一層の精緻化に直結するものと期待される。

本項目は、こうしたオペレーショナル・レジリエンスも念頭に検証作業を加えることが有効と考えられることから、今後想定される金融庁によるオペレーショナル・レジリエンスの水平レビュー等も踏まえ、被監査部門に検討を促していくことも併せて期待されている。

＊オペレーショナル・レジリエンス：業務の強靭性・復旧力。

〈内部監査チェックリスト〉

□（ア）口座振替の処理遅延やATM障害が取引のピーク日に発生した場合、二重引落や通帳への記帳ミス等の二次的災害を防止するためのマニュアル対応及び営業店等における訓練が十分に行われる体制が整備されているか。

第４章　金融庁が指し示すシステム監査の具体的なポイント

□（イ）システム障害発生から障害復旧に至るまでの間に、手作業
　　　等による預金の払出しや手作業での対応が必要となること
　　　を想定し、復旧後に必要となる追いつき処理について、当
　　　該処理に必要となる現実的な処理時間や必要な対応要員数、
　　　想定件数等を勘案したうえで手順として定めているか。

□（ウ）統合後の事務処理に不慣れな営業店の店頭の混乱等による、
　　　顧客サービスの低下を防止するための体制が整備されてい
　　　るか。

□（エ）システムが完全復旧するまでの間、手作業に頼らざるを得
　　　ない場合に備え、軽微な障害であっても短期間に同時多発
　　　する可能性も考慮して、事務量を適切に把握し、必要な人
　　　員の確保が迅速にできる体制が整備されているか。

□（オ）システム障害等の不測の事態が発生した場合、障害の内容・
　　　原因、復旧見込等について公表するとともに、顧客からの
　　　問い合わせに的確に対応するため、コールセンターの開設
　　　等を迅速に行うこととしているか。

第4節

平時／危機発生時の危機管理態勢における内部監査のチェックポイント

FISCは、「金融機関等におけるコンティンジェンシープラン策定のための手引き書」を通じ、金融機関にはあらゆるリスクを包含したBCPと、これに連動したシステム部門のコンティンジェンシープラン（IT-BCP）の策定を要請している。本節では、BCPとBCMの関係を整理するとともに、内部監査部門が重点的に点検すべきポイントを取り上げる。

　近年、銀行が抱えるリスクは複雑化・多様化の様相を呈しており、フィンテック企業との連携や新たな技術の導入に余念がない。これに伴い、従来のリスク管理だけでは対処できないような危機が発生する可能性も否定できない。金融庁は、「監督指針」において、「地域に根差した経営をしている銀行においては、危機発生時における初期対応や地域に対する情報発信等の対応が極めて重要」としており、地域金融機関としては、平時より危機管理体制を構築しておくことが当然に必要となる。

　本項での要件は、BCP（業務継続計画、Business Continuity Plan）を策定し（**図4－2**）、BCM（業務継続態勢、Business Continuity Management）を構築しておくことではあるものの、BCPやBCMなどの規格モノは外形的な体裁だけ整え、実効性が伴わないケースも相次いでいる。実効性欠如の例の1つに「BCPを策定し、10年放置している」といったものが挙げられる（**図4－3**）。

図表4-2 BCPの策定目的

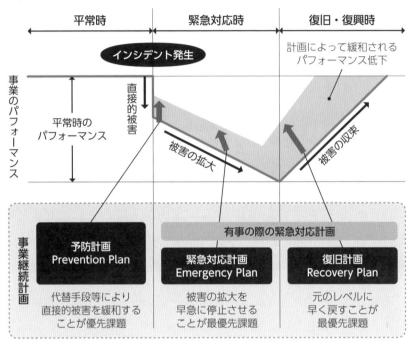

(出所) NTTデータ経営研究所作成

図表4-3 BCPとBCM

BCPとBCMの関係	よくある失敗事例
BCP（Business Continuity Plan） 　事業継続のための具体的な計画、あるいはそれを記した文書そのもの。	10年前にBCPを外部委託して策定したのだが、その後、何ら見直しをせずに今に至っている。
BCM（Business Continuity Management） 　事業継続を実効的なものとするための包括的なフレームワークやマネジメントプロセス全体を指す。	人事異動や組織変更のたびに詳細に見直しを行い、訓練などを通じて実効性を高めるための作業自体が「BCM」。

(出所) NTTデータ経営研究所作成

図表4-4　BCPとCPの連携

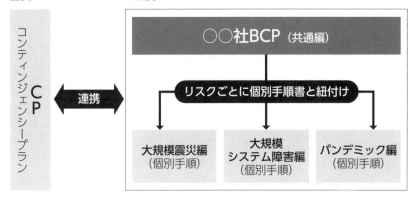

また、BCPとコンティンジェンシープラン（CP、IT-BCP）の関係は、**図4-4**のとおり位置づけられる。

金融機関全体の有事対応態勢や平時の対応、さらには、想定すべきリスクや当該リスク発生時における基本的な対応手順が記載されているのがBCPである。文書であるBCPを有意に維持・存続・機能させるためのマネジメントの概念が定義されたフレームワークそのものをBCMとして理解すればよい。

BCMでは、例えばBCPの定義された文書の改訂手続やそのタイミング、さらにはBCPを金融機関内に周知・啓発・浸透させるための具体的な教育プログラムや研修の在り方が規定される。なお、コンティンジェンシープランは、BCPのうち、主として情報システム部門が緊急時に拠り所とすべき個別具体的な対応手順が記載された文書となる。

内部監査部門では、単なる外形的基準のみの要件確認にとどまらず、平時における危機管理態勢の重要性が問われていることに留意のうえ、計画やBCPに組み込まれた手順自体の実効性の検証を中心に監査を行うべきである。

かねて旧金融検査マニュアルでは、BCP、コンティンジェンシープ

ランの策定を問う項目が存在していたが（**図表４−５**）、旧金融検査マニュアルに伴う検査廃止により、現在ではターゲット検査やサイバーセキュリティ対応態勢において、有事の際にスムーズにBCP発動へと移行できるかといった視点で個別に確認が求められるほか、金融庁「Delta Wall」においても、部分的に個別評価の対象に組み込まれている。

　また、リスク要件に応じたBCPにおける平時の対応態勢の視点としては、現場で平時から何が危機であるかを認識しておくことが肝要とされている。そのうえで、実際に危機に相まみえた時に有効な回避策をとることができるだけの準備がなされているかを中心に、監査を進めていくことが求められる。

　金融機関をとりまくリスクのすべてを回避することは現実的とはいえないため、回避が不可能と認識されるリスクの軽減策が講じられているかどうかといった点も確認すべきである。また、緊急時への対応をシナリオどおりに、かつ、迅速に実行するうえでは、日頃からの地道な行職員への意識啓発や研修、実践的な訓練が欠かせないことにも配意すべきである。

　なお、「監督指針」では、「危機」という表現が用いられているが、「監督指針」の他の項目などでは「リスク」と表現されており、また、FISCの「金融機関等におけるコンティンジェンシープラン策定のための手引書」でも同様に「リスク」と表現されている。したがって、本項でいう「危機」は「リスク」と同義と捉えて差し支えないだろう。また、本項では「危機マニュアル」という表現が登場する。かつて金融庁の公表文書が"ある程度の揺らぎ"を持って表現されていたこともあり、現状でも金融機関で定義される内部規程類には、BCP、コンティンジェンシープランに加え、「危機管理マニュアル」と称されるものが併存している例がみられる。ただし、旧金融検査マニュアルで

図表4－5　旧金融検査マニュアルにおけるBCP、CPの位置づけ

金融検査マニュアル　目次

▶金融検査マニュアルは以下のチェックリストから構成されている。
- 経営管理態勢の確認検査用チェックリスト
- 法令等遵守態勢の　〃
- 顧客保護等管理態勢の　〃
- 統合的リスク管理態勢の　〃
- 自己資本管理態勢の　〃
- 信用リスク管理態勢の　〃
- 資産査定管理態勢の　〃
- 市場リスク管理態勢の　〃
- 流動性リスク管理態勢の　〃
- **オペレーショナル・リスク管理態勢の　〃**

章

▶オペリスクに関するチェック項目として記載されている具体的論点は以下のとおり。
1. オペリスク相当額の算出の適正性
2. オペリスク計量手法を用いる場合の検証項目
3. 外部委託業務のオペリスク管理
4. 事務リスク管理態勢
5. **システムリスク管理態勢**
6. **その他オペリスク管理態勢　（オペリスクのうち、事務／システムリスクを除いたリスクを指す）**

記載内容

▶CP／BCPについて以下の記載がなされている。

【CPに関する記載】
ⅰ．災害によりコンピュータシステムが正常に機能しなくなった場合のCPを整備しているか
ⅱ．CP策定、見直しは取締役会の承認を得ているか
ⅲ．CPの整備はFISC「金融機関等におけるCP策定のための手引書」を参照しているか
ⅳ．災害のみならず金融機関の内部／外部起因の緊急事態も想定しているか
ⅴ．CP策定において、決済システム、顧客へ与える影響を分析しているか
ⅵ．CPを使用した訓練の定期的、全社的（必要に応じて外部委託先含む）に行っているか

【BCPに関する記載】
業務継続計画（BCP）においてはテロ、大規模災害等の事態においても早期に被害の復旧を図り、金融システムの機能維持にとって必要最低限の業務継続が可能になっているか。以下項目について明確に規定する等、適切な内容か
- 災害に備えた顧客データ等の安全対策
- コンピュータシステムセンター等の安全対策
- バックアップ措置の地理的集中回避
- 重要業務を暫定的に再開するまでの目標時間設定

（出所）NTTデータ経営研究所作成

は点検対象を「BCP」と「コンティンジェンシープラン（CP）」として定義していることに加え、記載すべき要件や金融庁の意図を斟酌するならば、危機管理マニュアルは「コンティンジェンシープラン」を指すものと判断して良いものと理解される。そこでここでは、「危機管理マニュアル」を「コンティンジェンシープラン」と読み替えて紹介する。

1 平時における視点

ここでは、通常業務として金融機関がなすべき「緊急事態発生に備えた準備動作」を中心に、内部監査部門が点検すべき項目を例示してみよう。

コンティンジェンシープラン策定の手引き書及び旧金融検査マニュアルを参照すると、確認すべき重要ポイントは次のようなものとなる。

〈内部監査チェックリスト〉

☐ （ア）コンティンジェンシープランでは、自らの業務の実態やリスク管理の状況等に応じ、不断の見直しが行われているか。

☐ （イ）コンティンジェンシープランは、目標復旧時間など、客観的に捕捉可能な水準が根拠として示されているか。

（参考）「監督指針」で示される代表的な「危機」（リスク）の例

- 自然災害（地震、風水害、異常気象、伝染病等）
- テロ・戦争（国外において遭遇する場合を含む）
- 事故（大規模停電、コンピュータ事故等）
- 風評（口コミ、インターネット、電子メール、憶測記事等）

- 対企業犯罪（脅迫、反社会的勢力の介入、データ盗難、役職員の誘拐等）
- 営業上のトラブル（苦情・相談対応、データ入力ミス等）
- 人事上のトラブル（役職員の事故・犯罪、内紛、セクシュアルハラスメント等）
- 労務上のトラブル（内部告発、過労死、職業病、人材流出等）

□ (ウ)コンティンジェンシープランには、危機（リスク）発生の初期段階における的確な状況把握や客観的な状況判断を行うことの重要性や情報発信の重要性など、初期対応の重要性が盛り込まれているか。

□ (エ)危機（リスク）発生時における責任体制が明確化され、危機発生時の組織内及び関係者（関係当局を含む）への連絡体制等が整備されているか。

□ (オ)危機（リスク）発生時の体制整備は、危機（リスク）のレベル・類型に応じて、組織全体を統括する対策本部の下、部門別・営業店別に想定しているか。

□ (カ)BCPにおいては、テロや大規模な災害等の事態においても早期に被害の復旧を図り、金融システムの機能の維持にとって必要最低限の業務の継続が可能となっているか。

□ (キ)BCPにおいては、全銀協等の業界団体及び他の金融機関等と連携し対応する体制が整備されているか。

□ (ク)災害等に備えた顧客データ等の安全対策（紙情報の電子化、電子化されたデータファイルやプログラムのバックアップ等）は講じられているか。

□ (ケ)コンピュータシステムセンター等の安全対策（バックアッ

プセンターの配置、要員・通信回線確保等）は講じられているか。

☐（コ）これらのバックアップ体制は、地理的集中を避けているか。

☐（サ）個人に対する現金払出や送金依頼の受付、インターバンク市場や銀行間決済システムを通じた大口・大量の決済の処理等の金融機能の維持の観点から重要な業務を、暫定的な手段（手作業、バックアップセンターにおける処理等）により再開（リカバリー）するまでの目標時間は具体的に計画されているか。

☐（シ）インターバンク市場や銀行間決済システムを通じた大口・大量の決済の処理等、特に重要な金融決済機能に係る業務については、当日中に再開する計画とされているか。

☐（ス）BCPの策定及び重要な見直しを行うにあたっては、役員会による承認を受けているか。

☐（セ）業務継続体制は、内部監査、外部監査など独立した主体による検証を受けているか。

☐（ソ）平時の危機管理態勢について、日頃からきめ細かな内外への情報発信及び必要な情報の収集に努めているか。

☐（タ）危機発生時においては、危機のレベル・類型に応じて、BCPの中で情報発信体制・収集体制が考慮されて記載されているか。

❷ 危機発生から事態収拾に至るまでの対応の視点

　ここでは、実際に危機が発生し、収束した後に改めて「自行庫が計画していた手順やプロセスどおりに緊急時対応が履行できたか」を振

り返ることを目的に行う検証ポイントを示している。

　コンティンジェンシープラン策定の手引き書及び旧金融検査マニュアルを参照すると、確認すべき重要ポイントは次のようなものとなる。とりわけ、昨今はSNSによる一般市民による情報発信や情報の流通性の高まりを背景に、ちょっとしたインシデント対応の不備が思わぬ風評被害をもたらす恐れが生じている。そのため、チェックの視点としても、風評を意識した対応に重点が置かれていることが理解できるはずだ。こうした対応は、緊急事態において特に必要となるだけでなく、日頃の対策、すなわち平時における準備動作や体制整備、対応手順策定を通じて実現されるものでもある。したがって、ここでは「危機対応から事態収束に至るまで」のプロセスを念頭にチェックリストとして例示してはいるものの、「平時における視点」のチェックリストとして活用することも有効だろう。

〈内部監査チェックリスト〉

- □ （ア）危機発生から危機収束に至るまでの間、状況（危機管理体制の整備状況、被害の復旧状況、業務の継続状況、関係者への連絡状況、情報発信の状況等）に応じた対応が充分なものになっていたか。
- □ （イ）危機発生から危機収束に至るまでの状況に見合った十分な対応が伴っていないと判断されていた場合、速やかに金融庁担当課室に報告を行うなど、関係当局との連携を密接に行っていたか。
- □ （ウ）危機的状況が沈静化した後、危機発生時の対応状況を検証する必要があると認められる場合には、銀行法24条に基づき、事案の概要と金融機関側の対応状況、発生原因分析及び再発防止に向けた取組みについて報告を課せられていることを認識しているか。

- ☐ (エ) 風評リスクへの対応に係る体制が整備されているか。
- ☐ (オ) 風評発生時における本部及び営業店の対応方法に関する規定を設けているか。
- ☐ (カ) 他金融機関や取引先等において風評が発生した場合の対応方法について、あらかじめ検討がなされているか。
- ☐ (キ) 風評が伝達されると想定される各種媒体（インターネット、新聞、SNS等）に応じて、定期的に風評のチェックを行っているか。
- ☐ (ク) 風評が顧客からの預金の払出しに結びついた場合の対応方法について、営業店及び店舗内外ATMの稼働状況把握、顧客対応や誘導、店頭でのポスティング、現金輸送、メディアへの対外説明、ホームページでの情報開示等、初動対応として必要と思われる行動に関する規定を設けているか。
- ☐ (ケ) 風評による影響が生じたと認識された場合、財務局、日本銀行、他の地元金融機関、提携先、警備会社、自治体、警察等へ、速やかに連絡を行う体制になっているか。

第5節

金融機関が横断的に利用する重要システムを対象とした個別のチェックポイント

金融機関における大規模システム障害は、内部システムに起因するとは限らない。2023年10月に発生した全銀システムの障害にみられるように、金融機関が横断的に利用するシステムが大規模な障害を生じた場合、金融機関業務に甚大な影響を与えることが明らかだ。本節では、こうした外部システムの障害避止に向け、内部監査部門がシステム部門に対して機能させるべき牽制機能を中心に点検項目を整理する。

　預金取扱金融機関として、金融機関間横断的に利用するシステム停止時の影響は甚大なものとなりかねない。最近では、2023年10月に、全銀システムがシステム更改時に大規模なシステム障害を生じさせたことは記憶に新しい。この障害では、三菱UFJ銀行、りそな銀行、埼玉りそな銀行、関西みらい銀行、山口銀行、北九州銀行、三菱UFJ信託銀行、日本カストディ銀行、もみじ銀行、商工組合中央金庫において、他行宛の振込取引ができない事象が発生している。当該事案は、システム提供元である一般社団法人全国銀行資金決済ネットワークに対し、金融庁から「資金決済に関する法律第80条第1項にもとづく報告徴求命令」が発出されている。当該命令に基づき、同法人は、本件に関する事実認識・課題認識、障害の発生原因分析、預金取扱金融機関等との連携、システムリスク管理体制に対する経営管理・課題認識、改善・再発防止策等につき、金融庁に中間報告を含め、およそ1ヵ月

後となる2023年11月末を期限に報告を求められる事態にもなった。

　このように、自行庫に瑕疵がない場合であったとしても、統合ATMスイッチングサービス、全銀システム等の金融機関相互のシステム・ネットワークのサービスを利用する場合には、常にこうした外部起因のリスクが現出する可能性に注目し、平時から障害発生への備えが必要であることは言うまでもない。

　金融庁は、「監督指針」で、金融機関が基盤として共通的に利用する外部サービスにおいて、システムの更改を行う場合は、顧客や業務に対する影響が生じないよう、当該外部サービスの管理者及び自行庫の双方が適切に対応しているかを十分に評価・確認することを求めている。さらに、必要な場合は、当該外部サービス管理者に対して適切な対策を求めるなどの対応がなされているかを確認することも、要件に含めている。なかでも、金融機関が当該システム・ネットワークの運営や更改に関して主導的な役割を果たしている場合、顧客サービスや我が国の決済システム等に対する影響が生じないよう、当該外部サービス管理者とともに、適切かつ十分なリスク管理態勢、プロジェクトマネジメント態勢等を整備していることを要請していることに注意する必要がある。

　「監督指針」において金融庁は、特に規模が大きく、金融機関間を跨ぐ機能を有するシステムを外部の重要システムとし「統合ATMスイッチングサービス」と「インターネットバンキング」さらに「外部の決済サービス」を対象に、金融検査における重点確認ポイントを整理している。本項では、「監督指針」で対象としているこれら重要システムを対象とした内部監査の要点を解説する。

1 ATMシステムにおける視点

　金融機関のATMシステムは、かつては業態ごとに開発・運用されていたものが、現在は業態横断的な「統合ATMスイッチングサービス」により、ほとんどの預金取扱金融機関が参加する相互接続ネットワークとして位置づけられている。つまり、セキュリティ対策が脆弱な状態で自行庫のATMシステムの機器やソフトウェアを統合ATMスイッチングサービスに接続する金融機関があれば、当然に他行庫に影響を与えかねないことを意識する必要がある。

　なお、金融庁による検査の結果、あるいは、後述する「犯罪発生報告書」の金融庁への提出の結果、セキュリティ対策及び犯罪対策に係る自行庫の管理態勢に問題があると認められる場合には、銀行法24条に基づく報告が求められる可能性がある。そのうえで、「犯罪防止策や被害発生後の対応について、必要な検討がなされず、あるいは被害が多発するなどの事態が生じた場合」など、顧客保護の観点から問題があると認められる場合には、業務改善命令が発出される可能性あることを認識しておく必要がある。ATMは、店頭取引やIBに並ぶ重要な顧客接点であることから、「監督指針」では顧客保護の視点で仔細な点検を行う方針が示されている。

①最近の犯罪技術の巧妙化等の情勢の変化を踏まえた視点

〈内部監査チェックリスト〉

□　（ア）キャッシュカード偽造等の犯罪行為に対する対策等について、最優先の経営課題の１つとして位置づけ、役員会等において必要な検討を行い、セキュリティレベルの向上に努めているか。

□ (イ)システムに係る健全かつ適切な業務の運営を確保するため、各部門が的確な状況認識を共有し、組織全体で取り組む態勢が整備されているか。

□ (ウ)犯罪の発生状況などを踏まえ、顧客や業務の特性に応じた検討を行ったうえで、必要な態勢の整備に努めているか。

□ (エ)リスク分析、セキュリティ対策の策定・実施、効果の検証、対策の評価・見直しからなるPDCAサイクルが機能しているか（例：自行庫に起因するリスクの把握→ATM利用に関するリスクの把握→リスク特性を踏まえた対策の立案と優先順位づけ→定期的な見直し）。

②セキュリティ確保の視点

〈内部監査チェックリスト〉

□ (ア)キャッシュカードやATMシステムについて、そのセキュリティレベルを一定の基準に基づき評価するとともに、当該評価を踏まえ、一定のセキュリティレベルを維持するために体制・技術、両面での検討を行い、適切な対策を講じているか。

□ (イ)情報セキュリティに関する検討会の検討内容等を踏まえ、体制の構築時及び利用時の各段階におけるリスクを把握したうえで、顧客や業務の特性に応じた対策を講じているか。

□ (ウ)ATM機器等に、犯罪組織等によりスキミング機器が不正設置される可能性を念頭に対策が立案され、実装されているか。

□ (エ)暗証番号及びカード自体の盗取の危険性、類推されやすい暗証番号の使用の危険性、被害拡大の可能性を念頭に対策が立案され、実装されているか。

☐ (オ) 個別の対策を場当たり的に講じるのではなく、セキュリティ全体の向上を目指しているか。

☐ (カ) 顧客が、高リスクの高額取引をATMシステムにおいて行っている場合、それに見合ったセキュリティ対策を講じているか。

☐ (キ) 脆弱性が指摘される磁気カードのリスクを意識したうえで、そのセキュリティを補強するための方策を検討しているか。

③顧客保護の視点

〈内部監査チェックリスト〉

☐ (ア) 偽造カード等及び盗難カード等を用いて行われる不正な機械式預貯金払戻し等からの預貯金者の保護等に関する法律（以下、「預貯金者保護法」という）等を踏まえ、適切な認証技術の採用、情報漏洩の防止、異常取引の早期検知等、不正払戻し防止のための措置が講じられているか。

☐ (イ) 顧客の負担が過重なものとならないよう配慮するとともに、互換性の確保などにより利用者利便に支障を及ぼさないよう努めているか。

☐ (ウ) 不必要に多くのカードを保有することによる管理上の問題等、キャッシュカード利用に伴う様々なリスクについて、顧客に対する十分な説明がなされているか、またかかる態勢が組織的に整備されているか。

☐ (エ) 顧客からの届出を速やかに受け付ける体制が整備されているか。

☐ (オ) 顧客への周知・公表が必要な場合、速やかに周知できる体制が整備されているか。

☐ (カ) 不正等の被害に遭う可能性がある顧客を特定可能な場合は、

可能な限り迅速に顧客に連絡するなどして、被害を最小限に抑制するための措置を講じることとしているか。

☐ (キ) 不正払戻しに係る損失の補償に関する規程等は、預貯金者保護法に基づき、可能な限り明確かつ具体的な内容となっているか。

☐ (ク) 不正払戻しに関する記録を適切に保存する体制となっているか。

☐ (ケ) また、その内容を顧客に対して十分説明・周知する態勢が整備されているか。

☐ (コ) 犯罪予防策等に係る自行庫の対応も踏まえつつ、被害発生後の顧客に対する対応や捜査当局に対する協力に関する対応方針、基準等について、必要な検討を行っているか。

☐ (サ) 被害が発生した場合の補償のあり方について、約款、顧客対応方針等において、統一的な対応を定めているか。

☐ (シ) 専門の顧客対応窓口を設けるなどにより、適切かつ迅速な顧客対応を行う態勢が整備されているか。

☐ (ス) 顧客に対して情報提供等の協力を求めるにあたっては、顧客の年齢、心身の状況等に十分配慮することが意識され、行動基準として規定されているか。

④外部委託における対策の視点

〈内部監査チェックリスト〉

☐ ATM機器や運用、保守等に関し、外部委託がなされている場合、外部委託に係るリスクを検討し、必要なセキュリティ対策が講じられているか。

図表4－6　偽造・盗難キャッシュカードによる被害発生件数と平均被害額

		令和元年度	2年度	3年度	4年度
偽造キャッシュカード	被害発生件数（件）	222	125	25	48
	平均被害額（万円）	66	63	174	81
盗難キャッシュカード	被害発生件数（件）	15,287	11,267	9,609	10,532
	平均被害額（万円）	76	78	79	79
盗難通帳	被害発生件数（件）	34	33	30	13
	平均被害額（万円）	78	161	113	91

（出所）金融庁「偽造キャッシュカード等による被害発生等の状況について」（令和5年9月30日公表）を参考にNTTデータ経営研究所作成

⑤当局対応の視点

〈内部監査チェックリスト〉

☐ （ア）偽造キャッシュカード及び盗難キャッシュカードによる不正払戻しを認識次第、速やかに「犯罪発生報告書」にて当局宛て報告を行う態勢が整っているか。

☐ （イ）偽造キャッシュカードや盗難キャッシュカードの発生件数と平均被害額の推移（**図4－6**）などを念頭に、部門内に問題意識を共有したうえで有効な対策を検討しているか（例えば、顧客への周知における基礎的材料として利用する等）。

❷ インターネットバンキング（IB）における視点

　IBシステムは、インターネットを利用した金融取引サービスであり、パソコンやスマホなどで利用できる金融サービスとして広く認知されている。また、金融機関の窓口やATMに行かずとも、自宅や外出先で振込みや残高照会が可能となる利便性の高さに加え、コロナ禍で非対面・非接触の有意性にも注目されたこととも相まって、昨今急速にその利用が拡大している。

　IBは、業界団体やITベンダー等により複数金融機関が利用可能な共通利用型基盤として複数のシステムが提供されており、利用者識別にIDとパスワードを用いるのが特徴である。他方、マネー・ローンダリング対策及びセキュリティの観点から、利用時の本人確認に、複数のパスワードや、「秘密の質問」として個人が特定可能な秘密情報（ペットの名前や小学校時代の教師の名前、母親の旧姓をあらかじめ登録する等）を設定するといった対応を促しているケースもあり、「なりすまし」による不正行為が懸念されている。

　「監督指針」において、金融庁は、「利用者利便を確保しつつ、利用者保護の徹底を図る観点から、インターネットバンキングに係るセキュリティ対策を十分に講じるとともに、顧客に対する情報提供、啓発及び知識の普及を図ることが重要」としていることに留意が必要である。

　内部監査においては、事業者における開発手法や運用の確実性のみならず、本人確認における情報管理の考え方や実装手法のほか、自行庫に委ねられる独自対応の両面でリスクを捕捉することが肝要となる。

①犯罪行為への対策の視点

〈内部監査チェックリスト〉

- ☐ (ア) 犯罪手口が高度化・巧妙化し、被害が拡大していることを踏まえ、最優先の経営課題の１つとして位置づけ、役員会等において必要な検討を行い、セキュリティ・レベルの向上に努めるとともに、利用時における留意事項等を顧客に説明する態勢が整備されているか。

- ☐ (イ) IBの健全かつ適切な業務の運営を確保するため、自行庫内の各部門が的確な状況認識を共有し、組織全体として取り組む態勢が整備されているか。

- ☐ (ウ) 金融関係団体やFISCの調査等のほか、所轄警察や情報共有機関等との連携により、犯罪の発生状況や犯罪手口に関する情報の組織内提供・収集を行うとともに、有効な対応策等を組織間で共有し、顧客や業務の特性に応じた検討を行ったうえで、今後発生が懸念される犯罪手口への対応も考慮し、必要な態勢の整備に努めているか。

- ☐ (エ) リスク分析、セキュリティ対策の策定・実施、効果の検証、対策の評価・見直しからなる、いわゆるPDCAサイクルが機能しているか。

②セキュリティ確保の視点

〈内部監査チェックリスト〉

- ☐ (ア) 金融庁が、2006年３月に４回に亘って開催した、関係諸団体参加による **「情報セキュリティに関する検討会」** *の検討内容等を踏まえ、体制の構築時及び利用時の各段階におけるリスクを把握したうえで、顧客や業務の特性に応じた

対策を講じているか。

☐ (イ) 個別の対策を場当たり的に講じるのではなく、効果的な対策を複数組み合わせることによりセキュリティ全体の向上を目指すとともに、リスクの存在を十分に認識・評価したうえで対策の要否・種類を決定し、迅速な対応がとられているか。

☐ (ウ) インターネットバンキングに係る情報セキュリティ全般に関するプログラムを作成し、各種犯罪手口に対する有効性等を検証したうえで、必要に応じて見直す態勢を整備しているか。

☐ (エ) プログラム等に沿って個人・法人等の顧客属性を勘案しつつ、全銀協の申し合わせ等も踏まえ、取引のリスクに見合ったセキュリティ対策を講じているか。

☐ (オ) 講じているセキュリティ対策では、犯罪手口の高度化・巧妙化等（「中間者攻撃」や「マン・イン・ザ・ブラウザ攻撃」など）を考慮しているか。

☐ (カ) ウェブページのリンクに関し、利用者が取引相手を誤認するような構成になっていないか。

☐ (キ) フィッシング詐欺対策については、利用者がアクセスしているサイトが真正なサイトであることの証明を確認できるような措置をとる等、業務に応じた適切な不正防止策を講じているか。

☐ (ク) インターネットバンキングが非対面取引であることを踏まえた、取引時確認等の顧客管理態勢の整備が図られているか。

☐ (ケ) インターネットバンキングに関し、外部委託がなされている場合、外部委託に係るリスクを検討し、必要なセキュリ

ティ対策が講じられているか。

> **＊情報セキュリティに関する検討会**：同検討会は2006年3月から7月にかけて計4回開催された。当時のインターネットバンキングを対象とした犯罪発生を踏まえ、当時の最新の犯罪手口等の情報に基づき各種対策の有効性が検証され、金融業界及び行政当局において認識の共有が図られた。技術的要素はすでに陳腐化しているものの、犯罪抑止に向けた活動の在り方やPDCAサイクルによる内部検証のスキームなどが定義されている点は、現在も有用な視点として活用することが可能である。

③顧客対応の視点

〈内部監査チェックリスト〉

- ☐ （ア）インターネット上での暗証番号等の個人情報の詐取の危険性、類推されやすい暗証番号の使用の危険性、被害拡大の可能性（対策として、振込限度額の設定等）等、様々なリスクの説明や、顧客に求められるセキュリティ対策事例の周知を含めた注意喚起等が顧客に対して十分に行われる態勢が整備されているか。

- ☐ （イ）顧客自らによる早期の被害認識を可能とするため、顧客が取引内容を適時に確認できる手段を講じているか。

- ☐ （ウ）顧客からの届出を速やかに受け付ける体制が整備されているか。

- ☐ （エ）顧客への周知（公表を含む）が必要な場合、速やかにかつ顧客が容易に理解できる形で周知できる体制が整備されているか。

- ☐ （オ）被害にあう可能性がある顧客が特定可能な場合は、可能な限り迅速に顧客に連絡するなどして、被害を最小限に抑制するための措置を講じることとしているか。

- ☐ （カ）不正取引を防止するための対策が利用者に普及しているか

を定期的にモニタリングし、普及させるための追加的な施策を講じているか。

□ (キ) 不正取引に係る損失の補償については、預貯金者保護法及び全銀協の申し合わせの趣旨を踏まえ、利用者保護を徹底する観点から、個人顧客及び法人顧客への対応方針等を定めるほか、真摯な顧客対応を行う態勢が整備されているか。

□ (ク) 不正取引に関する記録を適切に保存するとともに、顧客や捜査当局から当該資料の提供などの協力を求められたときは、これに誠実に協力することとされているか。

3 外部の決済サービス事業者等との連携における視点

　フィンテックの進展に伴い、API接続による新たな金融サービスの提供が進んでいる。例えば、スマホのアプリ等を用いて、インターネット口座振替サービス等の方法により預金口座と連携させる決済サービスを提供する事業者が多数登場しており、こうした事業者と金融機関との連携は一層密なものとして位置づけられつつある。こうした連携サービスは、キャッシュレス社会の実現に向けて、利便性の高い金融サービスを国民に提供していくこととなる一方で、連携先事業者におけるシステム障害等の発生は、自行庫における顧客向けサービスに影響を与えることとなる。また、こうした連携サービスが悪用され、預金者になりすまして不正な取引を行う事案が発生するなど、連携サービス自体をターゲットとする犯罪も多発している。金融機関としては、こうした自行庫を取り巻く外部事業者との連携サービス全体のリスクを把握し、安全を確保していくことが課題となっている。

　これを踏まえ、「監督指針」において金融庁は、「顧客保護を図ると

ともに預金口座の信認を確保するため、連携サービスに係るセキュリティ対策等を講じる必要がある」としている。そのうえで必要な論点は、自行庫固有のリスクを排除するだけではなく、連携先事業者における現状を把握し、潜在化・顕在化しているリスクを捕捉したうえで、連携先事業者にも必要な安全策を講じさせることにある。

　なお、「監督指針」において内部監査部門の役割として「定期的又は必要に応じて、連携サービスに係る業務の実施状況（セキュリティレベルに関する事項を含む。）について監査を行っているか。また、その内容を取締役会等に報告しているか」が要件として明記されている。このように、内部監査部門においては、自行庫のみならず連携先事業者における対策の現況を現場部門に捕捉させるよう促し、しかるべき対策の実行を連携先企業に要請してもらうだけでなく、定期的にその有効性をチェックする体制が構築されているかどうかを確認することになる。

①基本的な認識の視点

〈内部監査チェックリスト〉

☐（ア）外部事業者との連携サービスは、直接的には連携サービス提供事業者が利用者に提供するサービスであるが、連携サービスの利用者は自行庫の顧客であることを踏まえ、自行庫として連携サービス提供事業者とともに顧客保護に係る態勢を適切に構築する必要があることを認識しているか。

☐（イ）サービスに係る不正取引の態様によっては、IBを利用していない顧客にも被害が生じる恐れがあることを認識しているか。

☐（ウ）預貯金口座との連携や連携サービスへの口座振替、不正取引のモニタリング、不正出金等が発生した場合の顧客対応

や補償といった、連携サービスの各段階における対策を講じる必要があることを認識しているか。

- ☐ (エ)(ウ)で示した連携サービス特有の留意点を踏まえ、連携サービス提供事業者とも協力し、顧客保護と利用者利便の向上の両立を図っているか。

②内部管理態勢の視点

〈内部監査チェックリスト〉

- ☐ (ア)預金口座に係る不正取引等、犯罪行為の手口が高度化・巧妙化していることを踏まえ、連携サービスに係る対策についても最優先の経営課題の1つとして位置づけ、役員会等において必要な検討を行い、セキュリティレベルの向上を図り、安全性と利便性とを両立させたサービスの提供に努めているか。

- ☐ (イ)連携サービスに係る責任部署を明確化し、連携サービスに係る業務の実施状況（連携サービス提供事業者における業務の実施状況（連携サービスの内容を変更する場合を含む）を含む）を定期的または必要に応じてモニタリングする等、連携サービス提供事業者において連携サービスに係る業務を適切に運営しているか確認する態勢が構築されているか。

- ☐ (ウ)連携サービスに係る不正取引の発生状況や犯罪行為の手口、顧客からの相談等に係る情報を収集・分析し、セキュリティの高度化や連携サービスに係るリスクの早期検知・改善を行うなど、連携サービスに係る業務の健全かつ適切な運営が確保される態勢が構築されているか。

- ☐ (エ)金融関係団体と必要な情報・分析結果を連携する態勢が構築されているか。

□（オ）連携サービスに係るリスク分析、対策の策定・実施、効果
　　　の検証、対策の評価・見直しからなる、いわゆるPDCAサ
　　　イクルが機能しているか。

③セキュリティ確保の視点

〈内部監査チェックリスト〉

□（ア）連携サービスに係る不正取引を防止し、顧客保護を図る観
　　　点から、連携サービス提供事業者と協力し、連携サービス
　　　全体のリスクを継続的に把握・評価し、当該評価を踏まえ、
　　　一定のセキュリティレベルを維持するために体制・技術、
　　　両面での検討を行い、適切な対策を講じているか。

□（イ）連携サービス提供事業者が行うリスク評価や検証に係る作
　　　業に協力しているか。

□（ウ）顧客へのなりすましによる不正取引を防ぐため、連携サー
　　　ビス提供事業者において実施している当該サービス利用者
　　　に対する取引時確認や預金者との同一性の確認の状況等を
　　　継続的に把握・評価し、当該評価を踏まえた適切なセキュ
　　　リティ管理態勢を構築しているか。

□（エ）必要に応じて、連携サービス提供事業者の実施する顧客と
　　　の同一性の確認などに協力しているか。

□（オ）預金口座との連携を行う際に、固定式のID・パスワード
　　　による本人認証に加えて、ハードウェアトークン、ソフト
　　　ウェアトークンによる可変式パスワードを用いる方法や公
　　　的個人認証を用いる方法などで本人認証を実施するなど、
　　　実効的な要素を組み合わせた多要素認証等の導入により顧
　　　客へのなりすましを阻止する対策を導入しているか。

□（カ）実効的な認証方式などのセキュリティ対策は、情報通信技

術の進展により様々な方式が新たに開発されていることから、定期的または必要に応じて見直しを行う必要があることを意識しているか。

☐ (キ) 連携サービスに係る不正取引のモニタリングでは、犯罪手口の高度化・巧妙化を含めた環境変化や不正取引の発生状況等を踏まえた適切なシナリオや閾値を設定するなど、早期に不正取引を検知可能とするモニタリング態勢を構築しているか。

☐ (ク) 不正取引を検知した場合、速やかに利用者に連絡する態勢が構築されているか。

☐ (ケ) 資金を事前にチャージして利用する連携サービスなど、銀行が連携サービス利用者による取引をモニタリングすることが困難な場合には、当該連携サービス提供事業者による不正取引をモニタリングする態勢を確認するとともに、犯罪発生状況や犯罪手口に関する情報を適切に連携するなど、顧客被害の拡大を防止する態勢が整備されているか。

☐ (コ) 連携サービスに係る不正取引を検知した場合、速やかに利用者に連絡する、不正取引が行われている恐れのある口座に係る取引を一時停止するなど、被害の拡大防止を図る態勢が構築されているか。

☐ (サ) 顧客が早期に被害を認識可能とするため、連携サービスに係る口座振替契約の締結時などに、顧客への通知などにより、顧客が適時に取引の状況を確認できる手段を講じているか。

☐ (シ) 連携サービス全体に脆弱性が認められる場合には、連携サービスを一時停止する等の対応を取り、脆弱性を解消してからサービス再開を行う態勢としているか。

- □（ス）犯罪手口の高度化・巧妙化を含めた環境変化や、犯罪発生状況を踏まえ、リスクを継続的に把握・評価し、必要に応じて認証方法の高度化を図るなど不正防止策の継続的な向上を図っているか。
- □（セ）全銀協「資金移動業者等との口座連携に関するガイドライン」（2020年11月30日）に則り、自行庫内部での点検を行うほか、当該連携サービス提供事業者にも同様の対応が実践されていることを確認しているか。

④顧客保護の視点

〈内部監査チェックリスト〉

- □（ア）連携サービスは、連携サービス提供事業者が直接的に利用者との接点を持つサービスであるが、連携サービスの利用者が自行庫の顧客であること、預金口座と連携したうえで提供されるサービスであることを踏まえ、利用時における留意事項等を顧客に説明する態勢を整備するとともに、連携サービスに係る利用者からの相談を受け付ける態勢を整備しているか。
- □（イ）連携サービスにおいて不正取引が発生した場合を想定し、連携サービス提供事業者との間で連絡体制の構築や被害の公表方針の策定といった被害拡大防止に係る適切な態勢を構築しているか。
- □（ウ）事前に連携サービス提供事業者との間で、業務運営にあたって生じる責任分担などが取り決められているか。
- □（エ）不正取引により顧客被害が発生した場合には、速やかに損失の補償を行う必要があることを踏まえ、事前に連携サービス提供事業者との間で補償方針や補償の分担についての

取決めを行っているか。

☐（オ）連携サービスに係る不正取引の被害者は、必ずしも当該連携サービスの利用者に限られないことから、顧客から不正取引に係る相談や届出を受けた場合には、自行庫に帰する責務が無いと判断される場合であっても、迅速かつ真摯な対応を行うとともに、必要に応じて連携サービス提供事業者と協力して対応する必要がある点を意識しているか。

☐（カ）全銀協「預金等の不正な払戻しへの対応について」（2008年2月19日）及び「資金移動業者等との口座連携に関するガイドライン」（2020年11月30日）を認識のうえ、これに基づいた顧客対応を実践しているか

☐（キ）当該連携サービス提供事業者は、全銀協「預金等の不正な払戻しへの対応について」（2008年2月19日）及び「資金移動業者等との口座連携に関するガイドライン」（2020年11月30日）を認識のうえ、これに基づいた顧客対応を実践していることを確認しているか。

第6節

リスクベース監査から
経営監査へ

想定されるリスクを念頭に実施されてきたリスクベース監査であるが、昨今は、内部監査部門には、より発展形態としての経営監査へと脱却することが期待されている。本節では、金融庁及び日本銀行のワーキンググループにおける論点整理から、これまでの内部監査に通底する問題意識を明らかにし、改善対応の方向性を示す。

かつて金融庁と日本銀行が共同で設置し、13回に亘って開催された「内部監査・外部監査ワーキンググループ」では、金融機関における内部監査・外部監査態勢の問題点を分析するため、金融機関等へのヒアリングを実施している。その結果、金融機関共通的な問題点として概ね次のような指摘がなされ、「金融機関等における内部監査態勢の現状が必ずしも十分とは言いがたい」としている。

〈3つの指摘ポイント〉

▶必ずしも監査対象である業務部門から独立していない

▶監査が、営業店を中心とした事務リスク中心の確認にとどまり、比較的リスクの大きい本部の各部門が網羅的に監査対象となっていない

▶監査に用いる手法及び監査対象が不十分である

バブル崩壊後、長期に亘って金融機関を悩ませた金融危機を受けて、金融庁は2000年代に庁内で別途検討部会を立ち上げ、内部監査の機能の確認を目的とした調査を実施した経緯がある。その際には、営業店の成績をつける主な任務から脱却し、内部統制プロセスの有効性の評

価と改善を主な任務とする、本来の内部監査への転換の必要性が金融
庁内で問題意識として共有されていた。なお、当時は、金融機関にリ
スクベース監査の導入を促し、営業店監査から本部監査に重点を移行
する必要性が指摘されていた時代背景でもある。

　そこで、金融庁は2001年に、当時の国際標準とされたIIA（内部監
査人協会）の内部監査基準や海外の金融機関の先行事例を念頭に、金
融検査マニュアルを改定したのである。刷新された当時の金融検査マ
ニュアルでは、内部監査の機能強化を求めており、具体的な論点を示
したチェックリストとして用いられたわけである。

　当時の我が国では、国内外で不祥事案が頻発しており、米国で
SOX法*が制定されたことを受け、我が国でもＪ－SOX法が整備され
たことに加え、商法も会社法に改められた。金融業務では、金融商品
取引法が整備され、金融機関における内部統制の手法が確立すること
となり、これを受け、内部監査部門の強化が強く要請されていた。

　刷新された金融検査マニュアルにおいては、前述のとおり内部監査
の重要性が強調されたこともあり、当時の金融庁では、金融機関への
立ち入り検査前に、あらかじめ当該金融機関の内部監査部門の責任者
から、経営課題の聴取を開始する内部ルールも整った。

　並行して日本銀行では、2008年から金融機関の内部監査担当者を対
象に、「内部監査の高度化」をテーマにした金融高度化セミナーを開
催し始め、2011年には日本銀行の碓井茂樹氏を代表設立会員として、
60名の有識者、実務者が賛同し、日本金融監査協会が設立された。同
協会は、金融機関のガバナンス改革を推進するために、ガバナンス、
リスクマネジメント、監査に関わる高度人材の育成を支援する専門機
関として活動している。

　2021年、同協会は「ガバナンス改革　３つの提言　〜経営環境の激
変を乗り切るために」（**図４－７**）を公表し、正しい「３線」モデル

図表4-7　日本金融監査協会による提言

提言①（取締役会）
　社外取締役を取締役会の過半数とする。社外取締役が監督・監査の中心的な役割を担う態勢を整備する。

提言②（リスク委員会、リスクマネジメント機能）
　取締役会のなかにリスク委員会を設置する。経営者と社外取締役が協議のうえリスクアペタイト・フレームワークを構築、組織内に展開し、経営の理念・計画・目標の実現を図る。

提言③（監査委員会、監査機能）
　社外取締役から構成される監査委員会の下で監査役監査と内部監査の機能を一体化する。専門人材・予算を確保し監査機能を高める。

（出所）日本金融監査協会ホームページより作成

図表4-8　日本金融監査協会が提唱する3線管理

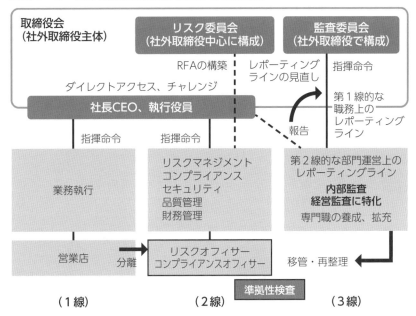

（出所）日本金融監査協会ホームページより作成

の構築を推奨している（図4－8）。

　同協会では、社外取締役と社外監査役の機能高度化を目指した論点整理や情報発信を積極的に行っており、内部監査における監査の視点にも準用すべきである。

　なお、金融庁の認識としては、そもそも内部監査部門は損失やリスクが現出する等のインシデントが発生した後に監査を行う等、事後的な営業店への牽制機能発揮からスタートした組織と受け止めていたようだ。こうした事後チェック型監査から前進し、損失やリスクが顕在化する前の段階での未然予防に重点を置いたフォワードルッキングな監査への転換を促すために、次のステップとしてリスクベース監査の必要性を訴求した経緯がある。これは、金融機関の内部規程やリスク・リミット等の遵守状況を検証する準拠性の監査から、内部統制の有効性の評価や実質的に良質な金融サービスが提供されているかといった点に重点を置いた監査として位置づけられている。

　そのうえで、2010年後半になると、金融庁では、リスクベース監査が徐々に金融機関のスタンダードとして根づいたことを確認のうえ、経営環境の変化や収益・リスク・自己資本のバランスに着目した監査等、経営に資する監査への転換を目指すこととした。そこで、金融機関としてあるべき内部監査の姿を次のような6段階で定義し、一層の高度化を要請しはじめることとなった。

（第1段階）定められたルールや運用への準拠性の確認

（第2段階）内部統制上の問題提起

（第3段階）組織の内部統制の実効性に関するアシュアランスの提供

（第4段階）根本的な原因分析に基づき課題を抽出し、組織を支援

（第5段階）組織のパフォーマンスや品質向上に資する示唆の積極的な提供

（第6段階）自行庫のビジネス展開における付加価値の高い戦略的
　　　　　なアドバイスの提供

　内部監査の成熟度に応じ、徐々に現場レベルのチェック機能から、経営陣へのアドバイザーとしての位置づけに内部監査部門を昇華させようという試みである。ここでの考え方は、後に「金融検査・監督の考え方と進め方（検査・監督基本方針）」としてとりまとめられることになり、その後の「監督指針」にも色濃く反映されることになった基礎的概念でもある。

　当時の金融庁幹部が金融機関向けに行った講演等では、「リスクベースかつフォワードルッキングな観点から、組織活動の有効性等についての客観的・独立的な保証、アドバイス、見識を提供することにより、組織体の価値を高め保全するという内部監査の使命を適切に果たすことが必要」としたうえで、内部監査部門における次代の取組みを促すことで、内部監査の高度化を目指すべきとしていた。

　こうした金融庁による一連の積極的な情報発信が、いわゆるリスクベース監査から経営監査への移行を促す契機ともなった。経営監査への脱皮を促すことで、金融庁が、金融機関の内部監査部門を「金融機関における重要な連携先」と位置づけようとしている意思が強く感じられるところであろう。

＊**SOX法**：企業の会計不正行為や不透明な決算報告などを防止するために、アメリカで制定された法律のこと。

第 5 章

テーマ別
システム監査の論点

技術革新への対応

今、あらゆる業種業界で加速するDX。国の動きも活発である。金融庁等における改善施策などを参照しつつ、自行庫でのRPAやAI、クラウドサービス利用に際してのリスクや課題認識をどう検証すべきか、金融包摂にどう取り組むべきか、金融機関の内部監査の視点で考える。

■ DXの潮流とAI、RPAの活用

　我が国では、人口減少・高齢化の進展や低金利環境の長期化等により、金融を巡る環境が大きく変化してきている。こうしたなか、金融機関では、一層の内部事務効率の向上などを目し、RPA*やAIの活用を推進している。このように、ITにまつわる種々の技術を活用した事務効率改善に向けた取組みが、一般にDigitalization（デジタライゼーション）と呼ばれており、広義のIT化と総称してもよいだろう。

　他方、流行のDXは、「Digital transformation（デジタル トランスフォーメーション）」の意である。DXは、用語としてのITのほか、ITの発展形態となるICTも含め、混同されがちな概念であるが、**図表5－1**のとおり、定義が異なるだけでなく、キーワード的な所管官庁も、ITは経済産業省、ICTは総務省、DXは内閣官房（デジタル庁）といった形で異なる。

　IT化は事務作業をパソコンに置き換えることで成立するが、DXでは、あくまで課題解決や取り巻く世界観の革新が目的とされ、ITはそのためのツールとして位置づけられることになる。

図表５－１　IT・ICT・DXの定義

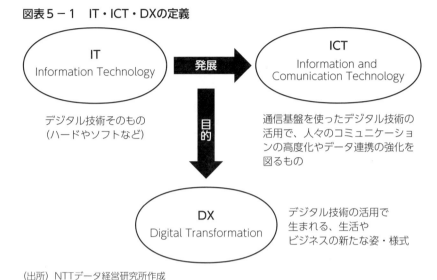

（出所）NTTデータ経営研究所作成

＊RPA：Robotic Process Automation。パソコンを使った業務を自動化する仕組みや概念を指す。そのための機能を提供するソフトウェアを、RPAツールなどと呼ぶ。

(1)　DXの勃興

　DXの流れは、米国で勃興したと言ってもよい。米国では2013年当時、銀行口座を有していない世帯と、銀行口座を有していても高金利・高手数料のノンバンクを利用せざるを得ない世帯を合わせて、約３割もの世帯が、銀行サービスを日常的に活用できない状況となっていたことが知られている。米国は不法移民も多く、口座開設には厳格な姿勢で臨んできたことが、口座を持てずに悩みを抱える個人を生み出す背景となっていたのだ。さらに、米国は国土が広大で、自身が口座を有する金融機関の店舗に足を運ぼうとしても、砂漠を超えて３時間自家用車を走らせないと辿り着けないといった、顧客と金融機関との間の

物理的な距離感も横たわっている。そこで、こうした課題への金融サービス提供の動機が形成され、様々なベンチャー企業が、既存の金融機関の提供するサービスを代替する機能を発揮し、新たなサービスを提供し始めてきた。こうして生まれた企業群や新たに掲げられた技術などが、「フィンテック企業」「フィンテック」と称されてきた。すなわち、米国で勃興したフィンテックは、顧客の課題解決を目的に生まれてきたことがわかる。

　なお、米国の非金融事業者で目立つのは、AmazonやGoogleなど自社が運営するECサイトやSNS等を利用する顧客に対し、モバイルとの親和性に注目するとともに、商流の活用により金融サービスを提供する動きであり、当初彼らは、比較的デジタルに親和性の高い若年層をターゲットとしていたのが特徴であった。

⑵　我が国のDXの進展

　他方、我が国の環境に目を移すと、子どもも含めてほぼすべての人々が口座を持つことが可能な状況にあった。いわゆる反社会的勢力に属する者であっても、かつては生活口座の利用には一定の配慮（黙認）がなされてきた経緯もある。さらに、我が国には預金取扱金融機関だけでもメガバンク、ゆうちょ銀行、地銀、第二地銀、信用金庫、信用組合、労働金庫、JAや漁業組合など、それぞれの根拠法に基づく業態が多数存在するのが特徴だ。結果として、狭い国土に多数の預金取扱金融機関の店舗が並ぶこととなり、店頭取引を中心に金融サービスが発展することにもなった。

　加えて、あらゆる場所にATMが設置されるなど、極めて金融サービスを利用しやすい環境にあることも顧客の利便性を高めてきた。すなわち、金融サービス提供における環境が我が国と米国とで大きく様相が異なることがわかる。にもかかわらず、我が国では、米国の後追

いの如く積極的に新たな技術が独自に導入されるだけでなく、内外の
フィンテックベンチャーとの連携が急激に進展してきたのは何故だろ
うか。

　これは、ひとえに米国では顧客目線で新たな技術を活用したDXが
目指された一方、我が国では主としてコスト改革を目的に技術導入が
推進されてきたことが一因であろう。この筆頭に挙げられるのが、メ
ガバンクにおけるDXの積極的な取組みだ。全国展開のメガバンクでは、
各地に多数の店舗を抱え、ATMを店舗内外に多数設置してきた。さ
らに、全国規模で顧客獲得を進めてきたことで顧客属性も多様化し、
一部の低収益取引のみを限定的に利用する顧客も多く抱えることとも
なった。

　低金利下での収益基盤は、必ずしも顧客数に比例することにはなら
ない。そこで、いわゆるリテンションが重視された結果、同一顧客と
の反復取引や複数商品の利用促進が至上命題となり、口座維持や顧客
管理そのものに多額のコストを投じる現状を改める必要に駆られたの
である。ここに至り、デジタルの利活用で顧客をオンライン取引に誘
導しつつ、業務運営コストの大胆な圧縮を指向することになったもの
と思料される。

　これに追随したのが、地銀である。メガバンクに負けじと積極的に
顧客接点のデジタル化を推し進めており、現在では、戦略的にメガバ
ンクと大差が生じていないようにみえる。営業地盤をほぼ同じくする
信用金庫もこれに追随している。顧客接点のデジタル化誘導、すなわ
ち、IBの利用促進や営業店でのセルフ端末導入を前提としたハイカ
ウンター化が指向されてきており、もはやこれまで標榜してきたface-
to-faceを捨て去ったかのようにみえてしまう状況だ。ただし、経営効
率改善に向け、分母たる顧客数を絞り込んだほうが効果的と思えるメ
ガバンクのデジタル化戦略に、営業地盤が地域部であり顧客を選ぶ立

場にない地銀や信用金庫が追随した場合、顧客離反が生じかねず、かえって経営基盤が悪化することも想定されることに我々は留意せねばならない。したがって、現実的にみれば、地域金融機関は過度な顧客接点のデジタル化に限界があることを念頭に、顧客とのコミュニケーションに影響を与えない領域、つまり、内部の事務効率改善に資するデジタル技術の導入に注力することが有効といえそうだ。

そこで注目されるのが、内部の事務効率を飛躍的に向上させるRPAやAIの利活用だ。

(3) RPA推進で陥りがちなワナ

金融庁では、現在、検査・監督の見直しを進めており、これに伴う金融モニタリングの高度化・効率化が推進されている。金融モニタリングの高度化・効率化は、データの収集・蓄積・分析機能の高度化・効率化と不可分であり、現在では日本銀行との間で検査・考査データの共有化施策も推進されるなど、両者が歩調を合わせてデータ共有基盤の整備、これによる金融機関への負荷軽減の実現に邁進している現状がある。

IT技術の進展を含めたデジタル化の動きを踏まえ、金融庁は「金融モニタリングにおけるデジタライゼーションの取組状況」（2019年6月）において、事務効率改善を目して金融機関向けにRPAやAI活用の推進を促しつつ、並行して推進してきた庁内でのRPAの利活用の現状での取組みとその獲得成果について、中間報告を行っている。そこでは、RPA導入における金融庁の「トライ＆エラー」の過程と認識課題が示されており、金融機関の内部適用においても有効な示唆が得られるので紹介しよう。

金融庁の金融モニタリングでは、検査・監督の見直しの一環として、

オン・オフ一体のモニタリングを推進しており、オフサイト・モニタリングにおけるデータ分析作業の重要性が従来以上に高まり、併せてデータ自体の分析作業量も増加している。データ分析作業では、パソコンで行う定型的な入力作業も多く含まれており、まずはここに注目して改善を施している。

　具体的には、**図表5-2**のとおり、「データのダウンロード」と「データの集約・転記」として、日頃の職員の単純作業を分類のうえ、RPAの有効性に関する実証トライアルを行っている。このトライアルでは、「データのダウンロード」のうち、庁内システムからのデータのダウンロードでは全業務のうち83％でRPAによる自動化対応が可能となり、外部サイト（日銀、EDINET等）からのデータのダウンロード作業についても、全業務の81％をRPAに置き換えることが可能と判断された。さらに、「データの集約・転記」でも、財務（支）局や金融機関から提出された資料の集約作業の96％が、さらに各金融機関への資料やメールの作成作業のうち90％が自動化対応可能と判断された。

図表5-2　金融庁におけるRPAの実装状況

分類	RPA化した業務の例	業務のうち自動化した割合
データのダウンロード	庁内システムからのデータのダウンロード	83％
	外部サイト（日銀、EDINET等）からのデータのダウンロード	81％
データの集約・転記	財務（支）局や金融機関から提出された資料の集約	96％
	各金融機関への資料やメールの作成	90％

（出所）金融庁「金融モニタリングにおけるデジタライゼーションの取組状況」（令和元年6月）より作成

金融庁では、このような実証的な取組みを通じ、職員の生産性向上や本来注力すべきデータ分析業務への時間配分の確保・増加につながったことを初期的に獲得した成果として示したのである。これを受けて金融庁では、庁内で大々的に業務へのRPA適用による合理化効果を創出することを目的に、各課でのRPA化対応を推進した。一時、筆者も金融庁の随所で成果をアピールするポスターが掲示されているのを目にし、庁内横断的な施策となっていた様子が窺えた。ところが、こうした初期の金融庁での取組みは、必ずしも万全に進んだとはいえなかったようだ。

　これには、頻繁に人事異動がある中央省庁特有の事情を理解する必要がある。筆者の金融庁職員へのヒアリングによれば、人事異動で他課に着任し、RPA化された業務による利便性の高さに当初は刮目したものの、ちょっとした業務フローの見直しを行おうにも、「そもそも前任者が自動化した業務の中身がわからない」という壁に直面したと聞く。「なぜこのタイミングで実行しているのか」「これまで印刷してファイリングしていたものを画面イメージのみで保管することは容認されるのか」といった課題が改めて確認され、検証作業の過程で「前提となる業務フローの定義や手作業自体のマニュアル作成の必要性」のほか、「印刷して保存する必要の有無を判定するために作業自体の根拠法令の確認」といった行為の必要性が認識されたという。

　こうした前段となる準備動作などが庁内横断的に整備されていない限り、自動化された作業そのものがブラックボックス化し、将来的にBPR等の更なる業務を行おうとした場合に手がつけられない状況に陥ることが明らかになったわけだ。そのうえで、改めて金融庁では、各課におけるRPA適用ルールを全庁的に整備し、さらに管理部門を総合政策局に設置することで、一元的に管理する方針を示したことが知られている。

〈内部監査のポイント〉

　金融庁における改善施策などを参照しつつ、自行庫でのRPAやAI利用に際してのリスクや課題認識を検証することに主眼を置く必要がある。金融機関におけるRPAは、旅費の精算事務、請求書データの入力、問い合わせ内容の転記、顧客リストの自動生成、顧客データ収集、事務用品の在庫有無の確認、商品情報の更新、新入行職員・新規役職者の店舗アカウント登録、伝票入力、支払の実行、反社会的勢力チェック……といったように、あらゆる場面で多用されつつある。

　なお、ここではRPAにおける検証対象を参考掲記しているが、同様の視点はAIの検証に援用することも可能である。

- ☐ RPA利用に関しての留意点や課題を理解しているか。
- ☐ 現場でのRPA実装に際してのルールが明確に規定類やマニュアルとして整備されているか。
- ☐ RPA導入前の手作業での事務フローを記録に残し、後日、自動化された業務が適切に執行されているかの外部検証が可能な環境が整備されているか。
- ☐ RPAで定義された自動化処理が、適切に執行されているかを定期的に検証しているか。
- ☐ RPAで採用しているソフトウェア等の更新作業やバージョン管理は適切に行われ、サイバー攻撃への対処が考慮されたものとなっているか。
- ☐ RPAで自動化した本部、営業店の対象作業について、業務そのものや取扱うデータ、印刷要件などは根拠法令に基づいて適切に実行されているか。
  - 本来は印刷して保管期限が法令で定められている帳票について、印刷工程を省略し、PDF等で電子的に出力し保存しているような自動化対応がなされていないかを確認する

必要がある

- 電子帳簿保存法における自行庫での対応方針も併せて確認のうえ、RPA利用による根拠法への抵触有無を判定する必要がある

(4) AIの利活用

　手作業のみで経営が遂行される事業の例は総じて少なくなったものの、OEMを頂点とする末端の工場レイヤーでは、依然として紙の帳簿やFAXでの受発注にとどまる企業がみられる。こうした企業が、パソコンを導入して事務の合理化や高度化を目指すことは有効だ。そのうえで、より高度なテクノロジーが管理容態として整備されることで、業務変革が促され、経営そのものが刷新されることになる。かつて、「紙」が大量に流通する文化であった金融機関の内部事務においても、IT化、ICT化が急激に進展しており、併せてサポートツールとしての優位性に注目されて導入機運が高まっているのが、人工知能（Artificial Intelligence：AI）である。

　AIは、認識系と分析系に大別され、「認識」「理解」「解釈」「推論」の４つの要素機能に分解することができる（**図表５−３**）。金融機関では、こうした要素機能を組み合わせることで、おおよそ「顧客チャネル改革」「内部事務改革」のいずれかにAIを導入する傾向にある。顧客チャネル改革においては、ホームページを顧客チャネルの入り口とし、顧客からの問い合わせ対応を、ロボットが非対面でリアルタイムに実現する方式でのAIチャットボットが、多く採用されている。

　預金取扱金融機関では、横浜銀行が相続手続への問い合わせ対応をオンライン上で完結し、顧客の利便性を高める目的で、いち早くAIチャットボットを導入したことが知られており、現在では業態を問わず広く利用が進んでいる。このように、ホームページ上のチャットボ

図表5−3 AIの基本機能

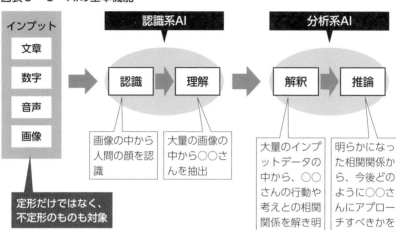

（出所）NTTデータ経営研究所作成

ット採用は、金融機関の主要サービス・商品ごとに、ホームページ上でAIによる質問受付・回答を自動化対応することで、サービスや商品の認知度向上と訴えたいメッセージの効果的な発信が可能となる。

さらに、実際の手続きや相談で営業店に来訪する顧客が、必要書類の不備等によりいったん帰宅して出直すといった顧客負担を軽減することが期待される。

また、日本IBMでは、AIエンジン「watson^{ワトソン}」を他社に先駆けて本邦企業向けに提供し始め、現在では、金融機関向も利用可能な「watsonx Assistant^{ワトソン アシスタント}」が提供されている。watsonx Assistantを使用すると、プログラミングの知識がなくともドラッグ・アンド・ドロップで顧客との会話フローを構築・維持できるとしている。さらに、銀行業務固有のテンプレートがあらかじめ提供されるのが特徴である。なお、チャットボットは、金融機関内部での行職員からの問い合わせ対応にも導入事例があり、多くの行職員を抱える規模の大きい金融機

関ほど、問い合わせ対応に要する職員稼働が削減されるなどの効果が発現している。

　金融庁も、このチャットボットによる金融サービス利用相談を2022年9月から開始しており、現在では試行的ではあるものの、金融行政・金融サービスに関する一般的、定型的な問い合わせを人工知能（AI）が応答している。

　例えば、我が国金融機関では、内部事務改革の一環として、融資審査の場面でAIが活用され始めている（**図表5−4**）。新規顧客との取引に際しては、顧客属性や実質的支配者情報の取得などの初期評価が欠かせない。その際、該当企業の営業実態や経営者を含めた風評情報をRPA等により自動的に効率よく取得したうえで、AIを用いて良し悪しを分析すれば、融資稟議の高度化に直結する。融資稟議や審査で利用されるAIは、顧客属性や収集すべき情報を自動でチェックしたり、審査書類を、過去の事故情報と自動照合し、リスクを事前評価することが可能である。また、過去に営業から融資稟議が上がってきたものの、前回は謝絶した案件と自動照合すれば、「すり抜け」や「偽装」

図表5−4　AIによる融資稟議・審査の高度化のイメージ

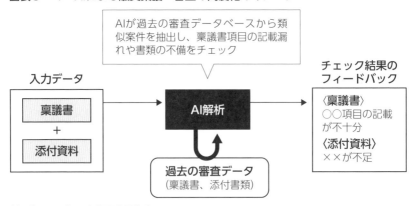

（出所）NTTデータ経営研究所作成

といった案件も素早く察知することもできる。こうした作業は従来、熟練の職員やスキルの高い職員の経験値に依存してきたはずだが、機械が代替することで、人事異動が容易となるだけでなく、より付加価値の高い業務に職員を配置する余地さえ生まれる。

このように、国際的にも金融機関においてAI利用が拡大するなかで、バーゼル委員会では、新たな技術の登場と金融機関での利用で生まれる機会やリスク、課題が討議対象として取り上げられてきている。

例えば、AI利用により人件費圧縮効果が現出する半面、ブラックボックス化されがちな算定ロジック等を理解・評価できる人材の育成・確保がなければ、スキルの継承が伴わないばかりか、当該業務そのものの信頼性が問われる可能性もある。さらに、意図的に事実と異なる情報が、判定エンジンに外部から大量にインプットされるといったケース等が想定されるならば、金融機関が利用するAIの回答精度に影響を与える可能性も否めない。

金融庁も、金融機関で進むAIの利用シーン拡大を念頭に、2022年以降、ガイドラインに準じた位置づけで、金融機関にAI活用のモデルを示すことを目的に、調査・分析を進めており、その結果が、調査受託会社である有限責任あずさ監査法人により、「AIやICT技術を活用した経営改善支援の効率化に向けた調査・研究」（2023年3月）として金融庁ホームページ上で公表・報告されている。

同報告書では、前述の「内部事務改革」のモデルとして、金融機関が融資先の経営改善を効果的に指導するうえでの着眼点導出や判断支援を目的にAIを実装する際に想定される、検討手法や留意点が提起された。具体的には、AIモデルの開発コンセプトを、「業績低下の可能性が高い企業の特定」「経営改善支援により業績が向上する企業の特定」と設定し、整理したものだ。同報告書では、2つの開発コンセプトを満たすAIモデルの開発を試行しており、AIモデルが出力する

図表5－5　金融機関におけるAIモデルのコンセプト検討に向けたフレームワーク

3.AI技術の活用可能性にかかる研究　（3-1：AI技術を活用したプロトタイプの要件定義）

AIモデル（プロトタイプ）の開発コンセプトの検討 [1/2]

- 本調査・研究の目的は、「経営改善支援が必要な先を早期に特定し、当該先に対して経営改善支援を講じることで、事業者の経営改善を実現することである。
- 本目的を達成し得るAIモデルの開発コンセプトを「業績低下の可能性が高い企業の特定」、「経営改善支援により業績が向上する企業の特定」に設定し、下表の通り整理した。
- 本調査・研究では下表の2つの開発コンセプトを満たすAIモデルの開発を試みた。

#	開発コンセプト	モデル構築の母集団		構築したモデルを当てはめる企業
		学習データの対象	モデルによって検知する事象	
1	**[Basic]** 業績低下の可能性が高い企業の特定 現在の業績は悪くはないが、一定期間経過後に業績が悪化するような先を特定するモデル	一定期間内において業績が悪くはない企業	一定期間経過後に、業績が低下する企業	学習データの対象となる企業（ただし時点が学習データより新しい等により学習データには含まれない企業）
2	**[Advanced]** 経営改善支援により業績が向上する企業の特定 現在、経営改善支援の対象となりえる企業が、その後実際に経営改善支援を受けたことで業績が向上するような先を特定するモデル	一定期間内において経営改善支援の候補となりえる企業（ただし経営改善支援は受けておらず、まだモデルハバ状態になっていない企業）	一定期間経過後、実際に経営改善支援を受けて、業績が向上した企業	同上

17

Document Classification: KPMG Confidential

KPMG

(出所)「AIやICT技術を活用した経営改善支援の効率化に向けた調査・研究報告書」（有限責任あ

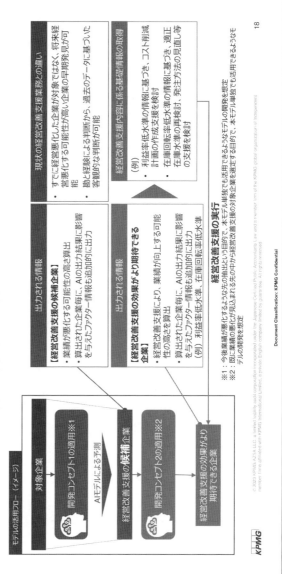

ずさ監査法人）（2023年３月31日）金融庁ホームページに公開された資料より

結果の妥当性や説明可能性、AIモデル使用から生じるリスクの考え方や想定されるガバナンスについて、金融機関が利用可能な体系でフレームワークが示されている（**図表5－5**）。

したがって、金融機関がAIを利活用する場合には、同報告書が示すフレームワークに準拠した対応や内部管理態勢を構築することが推奨される。内部監査部門としても、極めて技術的なツールであるAIそのものの監査のハードルは高いものの、こうしたガイドラインを活用することで、いわゆる利用現場や導入を支援するシステム部門への牽制機能を発揮できるはずだ。例えば、次のようなチェックリストを用意することで、定期的な点検を実施することが必要となるだろう。

〈内部監査のポイント〉

☐ AIの基本機能を理解し、「できること」「できないこと」を峻別のうえ、業務への実装を行っているか。

☐ 当該AIを開発・製造・販売している事業者の属性調査を実施し、安全に利用可能な製品であることを評価しているか。

☐ AI導入検討に際し、導入・利用に伴うリスクを特定、評価のうえ、想定されるリスクの低減策を講じているか。

☐ 導入したAIの定期的なアップデートを行っているか。

☐ AI導入・利用時に拠り所となるマニュアルや導入検討及び使用における留意点やプロセス、ルールを示した内部規程を整備しているか。

☐ AI導入効果の検証についてKPIを用いて評価、管理、点検するPDCAサイクルを回しているか。

　• 例えば、AI導入による顧客からのクレームや内部の行職員による指摘等を定期的に集約・評価し、改善活動につなげているかを確認すること。

☑ クラウドサービスの活用

(1)　クラウドサービスの活用

　AWS（Amazon Web Service）をはじめとしたクラウドサービス
は顕著な進化を遂げており、近年、金融機関における利用シーンが拡
大している。自行庫で独自のアプリケーション、プラットフォーム、
インフラストラクチャ等のリソースを調達するよりも安価にかつ短期
間でシステム利用が可能となることが利点となるためだ。

　クラウドサービスの定義については、我が国では、2018年 6 月、当
時の内閣官房IT総合戦略室（現デジタル庁）が「政府情報システム
におけるクラウドサービスの利用に係る基本方針」の中で次のように
定義しており、我が国ではこれがスタンダードとされる。

　　▶クラウドサービスの定義（内閣官房）：事業者等によって定義さ
　　　れたインタフェースを用いた、拡張性、柔軟性を持つ共用可能な
　　　物理的又は仮想的なリソースにネットワーク経由でアクセスする
　　　モデルを通じて提供され、利用者によって自由にリソースの設定・
　　　管理が可能なサービスであって、情報セキュリティに関する十分
　　　な条件設定の余地があるものをいう。

　なお、クラウドサービス利用における別の利点は、リソースのシェ
アリングサービスであることだ。複数の金融機関や事業会社がシステ
ム基盤を共同利用することが前提となっているためである。**オンプレ
ミス***でのシステム開発は、設計段階における仕様検討が重視されて
おり、性能の見極めが肝となる。例えば、CPUの性能やメモリ容量
のほか、データ格納量から算定されるストレージ容量、トランザクシ
ョン量から推定されるネットワーク負荷（回線容量）等が算定される。

その際、通常は、次のような前提条件を検討する。

　　　▶通常時と繁忙時の単位当たり平均トランザクション
　　　▶想定される最大トランザクション
　　　▶想定される同時利用ユーザ数（アクセス許容）

　こうして、業務が繁忙となるシステムリソース集中時にも問題なくパフォーマンスが発揮できるよう設計される仕組みだ。そのうえで、災害時やシステム障害等の緊急事態発生を念頭に、別筐体でのバックアップ環境の整備や、遠隔地でのバックアップ拠点等のリソース設計が行われる。あくまで最大許容量を確保し、最悪のケースを想定した対応が施されることが肝要であることから、結果的にシステムリソースの利用に繁閑差が生じることになる。金融機関からみれば、システム利用の閑散期は単なるコストにしか過ぎず、こうしたリソースの最適化が長らく課題ともされてきた経緯がある。このような問題意識を踏まえれば、クラウドサービスの利用は、従量性課金体系でのチャージが魅力的に映るわけだ。

> ＊オンプレミス：システムを運用するうえで必要なソフトウェア・ハードウェアを自社で保有・管理する運用形態。自社でハードウェアなどを保有しない運用形態であるクラウドと対になる在り方として、よく比較される。

⑵　クラウドサービス提供事業者におけるリスク

　ただし、従来は自行庫で独自に構造していたサイバーセキュリティ対策をはじめ、入退館を含めた一般的なセキュリティのほか、いわゆるBCP対策自体も、クラウドサービス提供事業者に依存することのリスクが、金融庁から指摘され始めている。

　ところが、クラウドサービス提供事業者の中には、FISCの安全対策基準に準じた設備を構築し、運用していない例も一部でみられる。

例えば、同一の局舎にハードウェア、ソフトウェアを設置し、複数の金融機関向けにネットワークを通じてアクセスする形態が一般的であるが、異なる金融機関ユーザのID／パスワードによる認証を行う認証サーバーが同一筐体となっており、当該筐体が故障等した場合には、いずれの金融機関も同時に機能停止に陥ることが懸念されている。また、クラウドサービス提供事業者が提供するハードウェアが遠隔地でバックアップ措置が施されていないばかりか、同一局舎内でのハードウェアバックアップさえ準備されていないケースも確認されている。

　クラウドサービス提供事業者では、様々なセキュリティ対策を推し進めてきてはいるものの、金融機関としては、自行庫単独での利用、すなわちオンプレミスとは異なる、特異なリスクを把握のうえ、適切にコントロールすることが求められている。かつて、クラウドサービスの利用は外部委託の一形態と整理されてきたものの、金融庁は公表資料等を通じ、「契約形態に基づく責任分界やサポート体制など、従来、金融機関がパートナー企業との間で行ってきたITの外部委託契約とは異なるリスクや考慮点がある」としている。デジタライゼーションのますますの進展で、今後も、金融機関におけるクラウドサービスへの利用シフトが加速することが想定されることから、クラウドサービスにおけるセキュリティの高度化や利用者である金融機関における牽制機能の発揮などが一層必要とされる状況にある。

⑶　適切なリスク管理と安全対策

　このような背景を踏まえ、金融庁では、クラウドサービスを導入する中小金融機関を念頭に、クラウドサービスの活用や適切なリスク管理の在り方の参考とするため、クラウドサービスの活用における現状の金融機関の取り組みやサイバーセキュリティを含むクラウド活用上の考慮事項を整理し、公表している（金融庁・PwCあらた有限責任

監査法人「クラウドコンピューティングとサイバーセキュリティ等に関する調査報告書」（2019年3月））。

　本報告書は調査受託会社であるPwCあらた有限責任監査法人がとりまとめ、金融庁ホームページ上で公表・報告しているが、2019年の報告であることもあり、必ずしも足元の状況が捕捉しきれているものではない。ただし、その後に続くサイバーセキュリティ・セルフアセスメントツール（CSSA）においても同報告書で示される複数の要点が転載されていることを勘案すれば、一度は目を通す価値がある。

　なお、クラウドサービスの利用に際して明確な拠り所となるガイドラインとしては、2021年にFISCが「金融機関等におけるクラウド導入・運用に関する解説書」（当時は試行版）を公表し、クラウドサービス利用に際して金融機関が施すべき安全対策基準の補完材料が提供され、**図表5－6**に示したとおり、安全対策基準を補完する位置づけとされた。解説書では、金融機関等が自ら用意する機能、情報等により実施

図表5－6　FISC安全対策基準とクラウド導入・運用に関する解説書の位置づけ

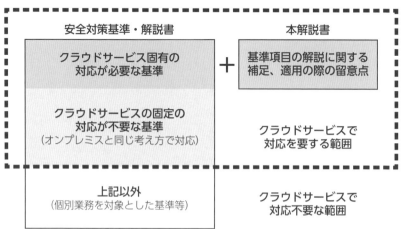

（出所）FISC「金融機関等におけるクラウド導入・運用に関する解説書（施行版）」（2021年5月）より作成

する安全対策、すなわちオンプレミスにおける安全対策基準と異なる
クラウドサービス提供事業者から提供される機能、情報等を利用する
場合に特化した安全対策基準が明示されている。

　最近では、金融庁による入検の際、重要な業務でクラウドサービス
を利用している金融機関に対し、クラウドサービス提供事業者におけ
るBCP対策やセキュリティ対策のアセスメントを要請するケースが確
認されている。さらに、「重要性の高い業務であれば、複数のクラウ
ドサービスを併用するマルチクラウドを検討すべき」と指導される金
融機関も出てきた。なお、ここでいう重要性の高い業務とは、いわゆ
るオペレーション・レジリエンスの対象となるミッションクリティカ
ルな業務／システムを指すものと考えられ、これはいわゆるコンティ
ンジェンシープラン（CP、IT－BCP）発動対象となる重要システム
が該当する。したがって、緊急性の必ずしも高くないその他の一般業
務における同様の取扱いは不要と考えてよいだろう。

　なお、安全対策基準と同様、本項ではすべての管理項目を網羅的に
指し示すことは困難である。そこで、以下では、内部監査部門が最低
限チェックすべき要点を取り上げよう。

〈内部監査のポイント〉

□ クラウドサービス提供事業者の属性調査、選定・評価基準を定
　めた規程を整備しているか。

　• データセンターの立地（センター及びサーバーが国内に設
　　置されていることの証跡確保）

　• 他事業者とのサービス提供水準、利用料の妥当性

□ クラウドサービス提供事業者を通じてやりとりされる自行庫の
　顧客情報を含むデータを把握し、特定しているか。

□ クラウドサービス提供事業者における緊急時の対応計画や平時
　の対応態勢を認識のうえ、リスク回避策を講じているか。

- 同一センター（局舎）内でのハードウェア的なバックアップ措置の確認
- 遠隔地での物理的バックアップ措置の確認
- 遠隔地での物理的バックアップが措置されている場合、縮退モードでの運用にならないかの確認
- 災害時におけるBCPの整備状況と想定リスクの確認（大規模震災リスク、降水害リスク、火山噴火による降灰リスク、停電リスク、大規模システム障害リスク等）

☐ クラウドサービス提供事業者では、FISCの安全対策基準やクラウド利用・運用の解説書等を踏まえた対策が施されているか。

☐ 緊急事態発生時、クラウドサービス提供事業者と連携して緊急時対策業務を実施することを念頭においた手順をBCPやCP（IT－BCP）として定義しているか。

3 金融包摂・障がい者への対応を踏まえた対応

(1)デジタル・ディバイドとは

　総務省では、かねて情報通信白書においてデジタル・ディバイドを、「インターネットやパソコン等の情報通信技術を利用できる者と利用できない者との間に生じる格差」として定義しており、次のように類型化している。

▶地域間デジタル・ディバイド：インターネットやブロードバンド等の利用可能性に関する国内地域格差を示す。

▶個人間・集団間デジタル・ディバイド：身体的・社会的条件（性別、年齢、学歴の有無等）の相違に伴うICTの利用格差を示す。

▶国際間デジタル・ディバイド：インターネットやブロードバンド

等の利用可能性に関する国際間格差を示す。

　インターネットが生活のインフラとなりつつある状況を考慮すると、インターネットの普及が進んでいない層（デジタル・ディバイドが生じているセグメント）は、インターネットにアクセスできないことで生活に必要なサービスにアクセスできず、負の連鎖を生むことも懸念される。総務省の情報通信白書をみると、インターネットの利用率は、60歳以上での利用が、13〜59歳の層と比較すると相対的に低い傾向となっている。特に、60歳以上では、年齢層が上がるにつれて利用率が下がる傾向が観察されている。また、都市区分別のインターネット利用率は、都市規模が小さくなるにつれて低いものになっている。

　こうした状況をみると、とりわけ地域金融機関は、営業地盤が地域部を中心に形成されていることを踏まえ、地域におけるマーケットの状況や顧客属性等を総合的に勘案したうえで、顧客接点における課題を認識することが欠かせない。新たな技術の進展につれ、金融機関は積極的に前述のような各種技術の内部導入のほか、顧客チャネルへの展開を推進しつつある。他方で、我が国における共通的な地域課題として政府が認識するのは、高齢化の進展や、障がい者がこうした金融サービスに適用された新たな技術基盤を、若者や健常者ほど使いこなせない可能性である。したがって、このような環境が残置された場合、デジタル・ディバイドが一層拡大してしまう恐れがある。

⑵金融庁による障がい者等に配慮した取組状況についての
アンケート調査

　そこで、金融庁では、各金融機関に対し、2023年3月末時点での障がい者等に配慮した取組状況についてアンケート調査を行い、金融サービス利用者相談室等へ寄せられた声から得られた示唆とともにとり

まとめ、2023年10月31日に「障がい者等に配慮した取組みに関するアンケート調査の結果について」と題して公表している。

　上記結果によれば、全ATMのうち、ハンドセット方式等の視覚障がい者が自ら操作できる機能がある「視覚障がい者対応ATM」の割合は、全金融機関で約93％にのぼることが判明した。具体的には、主要行等98.9％（うち都市銀行等98.9％）、信託銀行100％、地方銀行等95.2％、第二地方銀行89.7％、信用金庫98.9％、信用組合97.6％、労働金庫99.9％、農漁協等91.8％となった。第二地銀のみが89.7％にとどまったものの、多くの業態で90％を超える設置率となり、信託銀行は全ATMが対応型となっているのが特徴である。

　さらに、金融機関において、預貯金取引に係る代筆に関する内部規定の策定状況をみると、次のようになった。なお、（　）内の数値は、規定を策定済みの金融機関のうち、自行職員による代筆規定が整備されている割合を示している。

▶主要行等100％（100％）（うち都市銀行等100％（100％））、信託銀行100％（100％）、地方銀行等100％（100％）、第二地方銀行 100％（100％）、信用金庫100％（100％）、信用組合100％（99.3％）、労働金庫100％（100％）、農漁協等 99.7％（99.5％）

　なお、金融機関における有意事例としては、ATMや機能開発の際、障がい者の方に対して、使用しやすいデザイン・機能をヒアリングし、音声ガイダンスの操作手順・読み上げスピードの改良等を実施している例が挙げられる。また、ATM操作に際してのトラブル時、備え付けの通話機器（オートフォン等）により顧客が聴覚障がい者であると知り得た場合、警備員等が現地に赴いて筆談等により対応を実施することとしている金融機関の対応事例が存在する。

　興味深いのは、「振込みを行う際、ATMの利用が困難なために窓口で手続を行う場合には振込手数料を減免」する金融機関が存在することである（同調査結果・別紙 2 「障がい者等に配慮した取組事例、金融サービス利用者相談室等へ寄せられた声」）。とかく、デジタルツールやオンライン手続きに顧客を誘導する傾向にある金融機関だが、その際、対面取引で「罰則」とも思えるような対応手数料を徴求する例や、手数料がオンライン取引に比べて高額なものに設定される例が相次ぐなか、地域や利用者の置かれている状況を踏まえた対策が施されている好事例として注目される。

　対面取引の中心となる店頭取引では、タブレット端末のテレビ電話機能を利用した遠隔手話サービスを全店に導入しているといった金融機関の例があるほか、「無線式振動呼出器を導入」「助聴器、筆記ガイド、集音機等を設置」「店頭タブレットに手話・筆談・音声認識機能を追加」している例が挙げられた。

　また、IBの利用における有意事例として、音声読み上げソフトに対応している金融機関は今や当たり前となりつつあるものの、表示上の文字サイズや色調の変更が可能な仕様に変更したという金融機関が存在する。ホームページやIBの画面設計を行ううえで、**UI／UXデザイナー**[1]を採用することで、顧客が馴染みやすい、理解しやすい表示手法に配慮する動きがあることにも注目すべきだろう。

　本人確認手続についても、視覚障がい者からの申し出により、本人確認時にワンタイムパスワードによる認証ではなく「乱数表」の使用を許容している例のほか、初回ログインパスワードの案内に際して点字版を発行する例もみられた。昨今、多くの金融機関がオンライン上でのアカウント登録や本人確認に**eKYC**[2]の仕組みを導入しているが、利用者におけるeKYCが困難と思われる場合には、店頭での本人確認も許容するといった対応も報告されている。なお、2024年 3 月時点で

は、金融庁が各業界団体と協議している最中ではあるが、eKYCの証跡として広く利用されてきた運転免許証の利用が禁止となり、マイナンバーカードへの一本化が検討されている。これは、主としてマネー・ローンダリング対策の一環としての対応とされており、偽造運転免許証による違法な口座開設などを背景としたものだ。内部監査部門としては、こうした新たな規制の検討状況についてもウォッチしておくことが欠かせない。

> ＊1 **UI／UXデザイナー**：UI（ユーザーインターフェイス）は、ウェブサービスやアプリケーションなどにおいて利用者の目に触れるすべてのものを指す。UX（ユーザーエクスペリエンス）は、利用者が商品やサービスを通じて得られる体験のこと。UI／UXデザイナーは、アクセシビリティに配慮した、利用者にとって使い心地の良いシステム・ビジュアルを通じて顧客体験をデザインする役割を担う。
> ＊2 **eKYC**：electronic Know Your Customer、電子本人確認。犯罪による収益の移転防止に関する法律において、具体的な方法が示されている。

〈内部監査のポイント〉

　内部監査部門では、高度化・複雑化する金融サービス提供手法に関し、金融包摂を念頭に内部対応状況を定点観察し、今後、新たな金融サービスを提供しようとする場合に、高齢者や障がい者等の金融サービス利用に一定の配慮を可能とするよう促していくことが期待されている。その際、前述のようなアンケート調査を踏まえれば、次のような確認を中心に確認を行うことが推奨される。

　　☐ 高齢者や障がい者など金融サービスの利用に困難を抱える方への金融サービス提供上の課題を組織としてどのように認識しているか。

　　☐ 他行庫の対応事例などを収集、分析のうえ、自行庫のあるべき姿を組織的に検討しているか。

　　☐ 金融サービス利用に際して困難を抱える利用者・顧客への自行

庫としての対応方針を定義し、内外に示しているか。

☐ 行職員が共通的に対応すべき拠り所としての行動規範や規程類
を整備しているか。

☐ 金融サービス利用に際して困難を抱える方に、金融サービスの
利用シーンごとにいかなる配慮を行っているか。

❹ 自治体DXを支援する金融機関としての取組み

(1)　最近の潮流

　金融庁は、地域金融機関に、地域振興を担ううえでのコンサルティング機能の発揮を要請している。これを受けて地域金融機関は、営業地盤とする地元自治体が抱える課題解決に資する、種々の支援活動を展開しつつある。多くの地域金融機関で、「地域支援部」といった名称で専門組織が設置され、ふるさと納税拡大や総合計画・総合戦略といった計画モノの策定支援等を担うほか、最近では自治体が提供するオープンデータ環境に自行庫の独自データを提供する例もみられる。

　昨今、自治体では、住民対応の高度化及び内部事務効率改善を企図してDX推進計画の策定を進める例が多い。こうした環境下、直近では、これまで自治体に策定が半ば義務づけられ、数年ごとの更新を要されていた人口ビジョンと、これと連動する「まち・ひと・しごと創生総合戦略」（地方版総合戦略）の定義内容が大きく見直されたことに注目すべきだろう。新たに、デジタル田園都市国家構想を踏まえ、デジタル化による地域課題解決策を検討したうえで、有効なデジタル化対策を計画体系に盛り込むことが要請され、名称も見直されたのだ。

　従来は、多くの自治体、とりわけ地域部の小規模自治体では、相対的に予算規模も小さいことから投資余力が乏しく、結果的に職員が人

海戦術で対応可能な範囲内での対策立案と計画への反映に留まる傾向が観察されていた。これが今次見直しを受け、デジタル化投資が必須要件となったと認識すべきであり、計画自体の策定手続や検討プロセス、さらには有識者として招聘すべき専門家の属性も一変することが想定される。これまでは、地元大学の地域創生やまちづくりを専門とするアカデミアを招聘していたものが、行政手続や地域課題のみならずデジタルに精通した専門家を探索せねばならなくなったためだ。

折りしも、各自治体は、2025年に向けた行政情報システムの共通化・標準化対応を余儀なくされており、各自治体は移行作業に向けた事業予算を一般会計予算に個別に計上せざるを得ない環境にあり、デジタル化対応に、想定以上にカネを要するだけでなく、内部でのデジタル化対応要員の確保すらままならないといった自治体は少なくない（**図表5－7**）。

つまり、デジタル田園都市国家構想を踏まえた新たな地域版総合戦

図表5－7　自治体におけるDX推進体制の構築状況

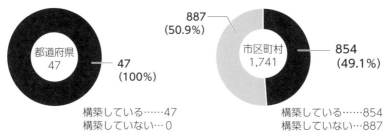

（出所）総務省自治行政局地域力創造グループ地域情報化企画室「自治体DX・情報化推進概要」（令和5年4月）より作成

略を策定しようにも、地域課題解決に振り向けるカネの捻出と対応人材の確保が思うように捗らず、これが最大の障壁として認識されているのが足元の動向である。ところが、2023年10月から11月にかけ、政府は「自治体における共通化・標準化システムへの移行に要する費用を国費で賄う」と宣言した。自治体において翌年度予算編成直前のタイミングでの公表となったことから、事前に、翌年度予算に向けてシステムの共通化・標準化予算の計上準備を進めていた自治体には、渡りに船となったことだろう。これは結果的に、想定していた予算措置が不要になるわけであり、当初見込んでいた予算を他の費目に振り向ける余地が生まれたともいえる状況にある。したがって、全国自治体では、相応の額がDX等への新たな投資対象へと流れ込むことが想定されるわけだ。しかしながら、新たな地方版総合戦略は地域課題の分析を通じ、課題解決を目的としたデジタル化計画の立案を要することから、自治体職員は地域課題の抽出・特定・分析作業が欠かせず、そのうえで、対応可能な領域でのデジタル化投資を計画せねばならない労苦が待ち受けている。

⑵金融機関への期待

　こうした環境を踏まえるならば、地域金融機関として自治体を支援できる領域は明確だ。すなわち、自治体職員の対応負荷軽減を目し、地域課題の抽出・特定作業を支援するとともに、目標設定となるKPI及びKGIについても設定上の参考情報を提供することが、地域金融機関には期待されることだろう。地域課題の解決を支援するうえでは、一般社団法人スマートシティ・インスティテュートから有効な客観評価ツールが提供されている（**図表 5 - 8**）。

　「地域幸福度（Well-Being）指標」は、各自治体における住民の暮らしやすさや幸福感を客観指標と主観指標に基づき解析し、偏差値表

図表5－8　地域幸福度（Well-Being）指標の概要

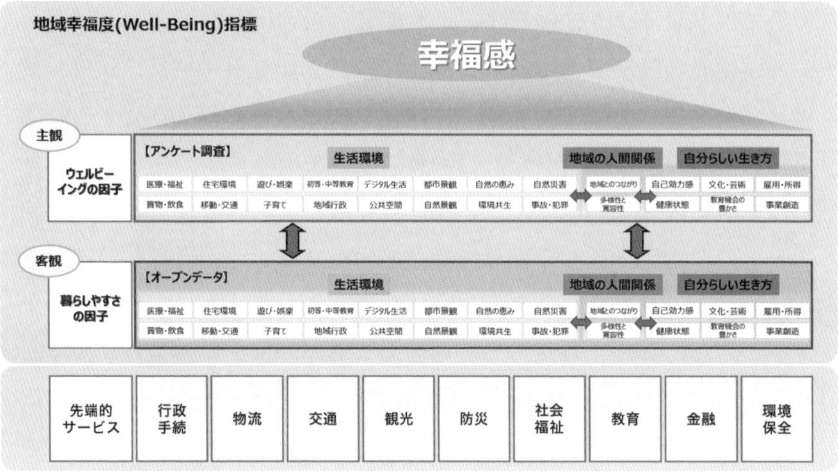

（出所）一般社団法人スマートシティ・インスティテュート　ウェブサイト

示による理解の容易な体系で表現したものである。

　デジタル田園都市国家構想では、目指す「心ゆたかな暮らし」（Well-Being）と「持続可能な環境・社会・経済」（Sustainability）の実現に向けた取組みの指標として、行政だけでなく産官学、市民を含めた様々なプレイヤーの協力を引き出すツールとして位置づけられ、活用されている。そこでは、自治体ごとに生活のしやすさや生活実態、インフラの充実度、交通の利便性、商業施設の利用実態、といったインフラのアクセシビリティも交えた評価項目が整備されており、他自治体との客観比較や問題点の特定といった作業のインプット情報として、分析者側にとって極めて有意なツールでもある。インターネット上で、誰もが利用可能な形態で提供されていることから、地域金融機関では自行庫の営業地盤となる複数の自治体の生活実態を客観的な尺度をもって比較したり、当該自治体に通底する固有課題を抽出する作業も容易だ。

　例えば、地域支援部では、地域幸福度（Well-Being）指標に基づい
て該当自治体の事前の課題特定を行い、有効な解決策を検討のうえ、
デジタル化投資による対応の必要性を自治体に訴求することも一考に
値するだろうし、水平展開が可能な取組みでもある。なお、地域幸福
度（Well-Being）指標に加え、自治体独自のアンケート調査などを併
用することで、より地域の実情を深堀りすることが有効であることか
ら、地域幸福度（Well-Being）指標から深堀り対象を導出し、自治体
向けに提言することも地域支援機能としては有効だ。

　さらに、詳細な地域課題を特定する作業を通じ、地域金融機関が有
する自行庫内の各種データを自治体の情報連携基盤に流し込み、自治
体のオープンデータとの合わせ技で、より仔細な実態を浮き彫りにす
ることも期待される。単に自行庫が有するデータをパッケージ化して
提供するだけでは、「金融機関のオープンデータ化」にしか過ぎないが、
自治体が欲するデータであることを確証をもって説明することにより、
データ連携基盤の付加価値創出にも寄与することだろう。

　また、個々の自治体では、保有リソース（ヒト・モノ・カネ）に制
約を抱えることから、デジタル化戦略を描こうとしても、人材不足で
対応が困難となる恐れもある。こうした課題への対応として、内部で
の特定事務を、隣接する他の自治体と共同で対応するための連携基盤
を確立したり、共同で特定課題対応に向けたITシステムを利用しよ
うとする動きも、事例として確認されている（**図表5－9**）。

　例えば、対象自治体向けにDX化対応を支援しようとした際、当該
自治体の「ヒト」「モノ」「カネ」などリソースの関係で、単独での導
入や対応が困難と判断した場合、自行庫の他自治体との接点や人的ネ
ットワークを活用のうえ、複数自治体ををつなぐ「共同化」対応のプ
ロモーションを仕掛けることも有効な一手となりそうだ。

第5章　テーマ別システム監査の論点

図表５−９　自治体事務共同化の動き

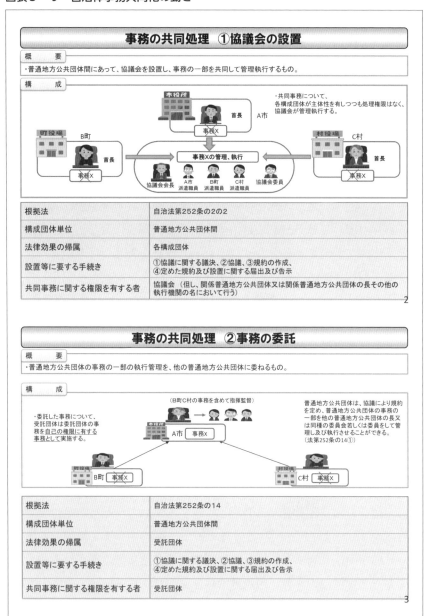

事務の共同処理　①協議会の設置

概　要
・普通地方公共団体間にあって、協議会を設置し、事務の一部を共同して管理執行するもの。

構　成

・共同事務について、
各構成団体が主体性を有しつつも処理権限はなく、
協議会が管理執行する。

根拠法	自治法第252条の2の2
構成団体単位	普通地方公共団体間
法律効果の帰属	各構成団体
設置等に要する手続き	①協議に関する議決、②協議、③規約の作成、④定めた規約及び設置に関する届出及び告示
共同事務に関する権限を有する者	協議会（但し、関係普通地方公共団体又は関係普通地方公共団体の長その他の執行機関の名において行う）

事務の共同処理　②事務の委託

概　要
・普通地方公共団体の事務の一部の執行管理を、他の普通地方公共団体に委ねるもの。

構　成

・委託した事務について、
受託団体は委託団体の事
務を自己の権限に有する
事務として実施する。

（B町C村の事務を含めて指揮監督）

普通地方公共団体は、協議により規約
を定め、普通地方公共団体の事務の
一部を他の普通地方公共団体の長又
は同種の委員会若しくは委員をして管
理し及び執行させることができる。
（法第252条の14①）

根拠法	自治法第252条の14
構成団体単位	普通地方公共団体間
法律効果の帰属	受託団体
設置等に要する手続き	①協議に関する議決、②協議、③規約の作成、④定めた規約及び設置に関する届出及び告示
共同事務に関する権限を有する者	受託団体

（出所）総務省「事務の共同処理などによる自治体間の連携方策について」（令和３年２月19日）

〈内部監査のポイント〉

- ☐ 自治体向け経営支援機能の発揮として、自行庫が保有する各種データの自治体への提供が有効な場面も存在することを認識しているか。

- ☐ 自治体向けDX推進支援など、デジタルをキーワードとした自治体向けの支援実績の現状及び今後の方針をいかに描いているか。

- ☐ 自行庫の有するデータの外部提供に際し、提供先の需要や要請に合致するデータを提供することができているか（単なるオープンデータ化対応になっていないかを確認する）。

- ☐ 自行庫が、自治体に各種データ提供を行おうとしている場合もしくは提供している場合、当該データは個人や法人が特定されないよう匿名加工がなされ、かつ、クレンジングされた状態で提供しているか。

- ☐ 自行庫が、自治体に各種データ提供を行おうとしている場合もしくは提供している場合、相手先自治体におけるセキュリティ環境を事前に双方で評価したうえで、外部からのサイバー攻撃への対処方針などを確認しているか。

- ☐ 支援対象の自治体が、リソース不足でデジタル化対応などの実装・実現に困難を抱えていると判断される場合、隣接するもしくは同様の課題を抱える他の自治体との連携により、共同化対応を提案することも有効であることを認識し、活動を展開しているか（投資負担の軽減に向けた費用の按分）。

第2節

サイバーセキュリティの論点

東京2020オリンピック・パラリンピックがピークとされた金融機関のサイバーセキュリティ対策であるが、ロシアのウクライナ侵攻を契機に、新たなリスクも台頭してきた。G20からサイバーセキュリティ対策の高度化に向けたプレッシャーを受ける金融庁も、従前にも増して金融機関への指導監督を厳格化しつつある。他方、内部リソースが限定される地域金融機関では、少人数での対応を余儀なくされており、何が最善の答えなのかを暗中模索しているのが実態だ。このような状況下、金融庁ではRBA（リスクベースド・アプローチ）による金融機関の対応態勢の高度化を促している。

本節では、金融機関を取り巻くサイバーセキュリティについて、内部監査担当者が認識すべき論点を取り上げ、監査において確認すべきポイントを整理する。

◾ 主要な論点と内部監査における確認ポイント

⑴ そもそもシステムリスクアセスメントが実施されていない可能性

FISCでは「金融機関のためのコンティンジェンシープラン策定のための手引書」を公表しており、金融機関は当該手引書を用いたリスクアセスメント作業が要請されている。FISCでは金融機関を取り巻くリスクを原因系に着目し、「内部起因のリスク」「外部起因のリスク」と峻別して定義。それぞれの発生確率やリスク発現時に金融機関が受ける影響の大きさを評価するよう促している。発生確率が高く、影響が甚大なリスクについては優先的に対応方針を整えることになるのだが、中には「10年前に実施したアセスメント結果をそのまま採用している」といった金融機関もみられるのが実態だ。すなわち、リスクアセスメントが陳腐化した結果、リスクへの対応がおざなりになってし

まっている。

　金融機関が利用するITシステムは多岐に亘り、多くはIT部門が直轄で管理下に置いている。これらはIT資産台帳にも掲載され、管理対象として厳格視されている。ところが昨今、業務部門や営業部門が外部のフィンテックベンチャーなどとダイレクトに契約を締結し、当該企業が提供するソリューションを利用する、といった形態が一般化している。これらのソリューションは顧客と金融機関との間に位置づけられ、顧客情報が流通するにもかかわらず、IT部門が関与しないケースもあるようだ。結果として従前のITシステムのように「厳格な管理対象」として見なされず、セキュリティチェックも外形的なものにとどまっている可能性が否めない。

　内部監査部門では、自行庫におけるリスクアセスメントの有無と実効性を確認する必要があるが、その際、定期的なサイクルで再評価が実施されていることをチェックすべきである。

〈内部監査のポイント〉

- ☐ FISCのコンティンジェンシープラン策定のための手引書による内部起因のリスク、外部起因のリスクの洗い出しと洗い替えを定期的に実施しているか。
- ☐ IT資産台帳と同様に、現業部門が利用するSaaS*やクラウドサービスといったウェブ系サービスを管理対象とし、適切なアセスメントを実施しているか。
- ☐ IT部門は、現業部門が利用するSaaSやクラウドサービスといったウェブ系サービスと自行庫の間で締結する契約書を確認し、トラブル発生時等における相手先事業者の対応手順や自行庫との責任分界を捕捉しているか。
- ☐ 前述の契約条件において、システム障害発生時におけるバックアッププランが自行庫として検討され、実効性の高いプランと

して準備されているか。

□ 前述の緊急時対応プランは、現場部門に共有され、緊急時の行動として認識されているか。

⑵ 金融庁が期待するPDCAサイクルに向けて欠かせないRBAの実装

こうした実態を念頭に金融庁では、行政スタンスとしてPDCAサイクルの実践を金融機関に要請している。とかく「新しいレギュレーションを導入しても、一度マニュアル化したら見直さずにそのまま」といった金融機関が多くみられ、最新動向を踏まえた定期的な規程類や体制のアップデートが図られないケースが多発したためだ。

図表5－10は金融庁が要請するポイントを解釈したものだが、金融庁ではPDCAサイクルの入り口となる現状評価活動の一部としてRBA（リスクベースド・アプローチ）の実装を金融機関に期待している。同図表の「Plan」に該当するのが、まさにRBAである。大きく「リスクの特定」「リスクの評価」「リスクの低減策」の3要素から構成され、現状評価と改善活動に向けた基礎的作業として位置づけられる。

このうち「リスクの低減策」の検討に際しては、「技術的対策の視点」「態勢構築の視点」の両面でのアプローチが欠かせない。まず技術的対策としては、以下3つの点検を精緻に進める必要がある。

①脅威情報から不足する対策はないか

②ITリソースの評価結果で重要度が高いITシステムに不足する対策はないか

③外部委託先は健全にリスクをコントロールできているか

図表５－10　サイバーセキュリティにおけるPDCAサイクルのイメージ

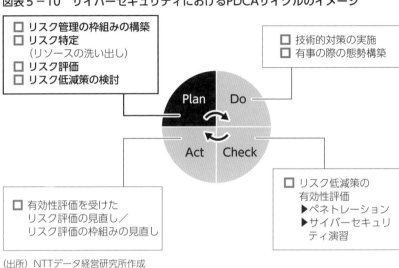

☐ リスク管理の枠組みの構築
☐ リスク特定
　　（リソースの洗い出し）
☐ リスク評価
☐ リスク低減策の検討

☐ 技術的対策の実施
☐ 有事の際の態勢構築

Plan　Do

Act　Check

☐ 有効性評価を受けた
　　リスク評価の見直し／
　　リスク評価の枠組みの見直し

☐ リスク低減策の
　　有効性評価
　　▶ペネトレーション
　　▶サイバーセキュリ
　　　ティ演習

（出所）NTTデータ経営研究所作成

　①は、「リスクの特定」「リスクの評価」の結果得られた示唆を踏まえ、ITベンダーやセキュリティ事業者、通信事業者とも連携しつつ、具体的に導入すべき技術（ハード、ソフト、回線制御）を検証する。

　続いて②では、対応領域に優先順位を設定することが必要だ。金融機関といえども、すべてのITシステムがほぼ同時にダウンした場合、速やかに同時に復旧を図ることは現実的ではない。そこで、自公庫内のすべてのITシステムを網羅的に取り上げ、自公庫の事業継続要件や業務要件を念頭に、SLAを設定し、優先復旧対象として認識するITシステムを特定することとなる。

　また、①及び②の有意な実践には、外部企業、とりわけITベンダーや委託先との密な連携が必須となるため、③としていわゆるサードパーティリスク対応の高度化に向けた、委託先全般を対象とした安全性評価・点検を行うことになる。ここで重要なのが、サードパーティリスク対応の、具体的な推進手法とチェックリストの整備だ。

内部監査担当者は、IT部門やサイバーセキュリティ対策を担う専門組織が、PDCAサイクルを意識した取組みを組織立って実践していることを中心に点検する必要がある。なお、サイバーセキュリティ対策を担う部門は、高度な技術的エッセンスの導入や要素検討が欠かせず、多分に難解かつ専門領域のワードが飛び交う現場でもある。ただし、必ずしも同様のスキルや専門領域での知見を有するわけではない内部監査担当者であっても、「IT部門に自ら気づきを与える」ための示唆を与えたり、牽制機能を発揮することで、結果的に自行庫における対応の高度化を促すことが可能であることに注目すべきである。

〈内部監査のポイント〉

- ☐ 自行庫のサイバーセキュリティ対策において、PDCAサイクルに基づく運用が意識され、有意に実践されているか。
- ☐ 自行庫における重要性の高いシステムを優先順位をつけて特定しているか。
- ☐ 重要性の高いシステムを対象に、RBAによるリスクの特定、評価、低減に向けた活動が実践されているか。
- ☐ 技術的対策として、脅威情報からみて必要な対策、ITリソースの評価結果で重要度が高いITシステムに必要な対策が検討されているか。
- ☐ 外部委託先における脆弱性に起因するサイバー攻撃事例を念頭に、委託先選定基準を定義するとともに、相手先に期待する必要な要件を条項として組み込んだ契約書の雛形を用意しているか。
- ☐ 外部委託先がある場合、当該委託先は自行庫が期待する水準のサイバーセキュリティ対策を実装し、健全にリスクをコントロールできているか。
- ☐ ITベンダーやセキュリティ事業者、通信事業者と協議のうえ、

サイバー攻撃を受けた場合に連携した対応を行うことを検討し、具体的な対策や手順に組み込んでいるか。

☐ 他業態あるいは他行庫が実践しているサイバー対策の有意事例等を把握し、内部評価を実施しているか。

☐ ハード、ソフト、回線制御それぞれでいかなる対策を実装しているか。

☐ 導入が必要もしくは有効と判断していつつも、コスト等を理由に導入を見送っている対策がある場合、当該対策の有効性をどのように認識しているか。

(3) 新たなサービス利用形態で生じる金融機関の脆弱性

　これまで、ITシステムのガバナンス推進で金融機関が拠り所としてきたのが、FISCの公表するガイドラインである。とりわけ、金融庁と歩調を合わせる格好でFISCが推進してきた金融機関の安全対策基準は厳格に定義されており、少なからずこれを踏まえた管理体系を有し、施策を実行しているのであれば「おおよそは安心」といえる。なぜに「おおよそ」なのかといえば、これでも完全に「安心」と言い切れない場面が、昨今増えてきたためだ。

　前述したとおり、例えば、従前の全社利用ITシステムをみると、IT部門が管理のうえ、システム台帳でサーバーの設置場所やシステム停止時の代替手段、データのサプライチェーンについても網羅的に捕捉・管理されてきたことだろう。この点において、我が国金融機関の情報システムは、他国に比して堅牢性や安全性が機能してきたものと考えられる。ところが、フィンテック企業との連携という新たなシーンが生まれたことに加え、業務部門が単独で他社のITシステムを利用するケースが増加してきた。SaaSやクラウドサービスといわれるものの多くがこれに該当する。これらの外部サービスの利用に際し

ては、IT部門が関与しないケースもあり、システム管理台帳上でも管理対象外となっていたりもする。IT部門が管理していないこのような外部サービスは、セキュリティなどの対処が現業部門に委ねられてしまう可能性も否めず、当該サービスに入力された金融機関の情報が、外国に設置されたサーバー上でひっそりと管理されている可能性もあるだろう。メインサーバーが国内に設置されていても、バックアップサーバーの設置場所まで確認しきれていないかもしれない。

　これらは結果的に、金融機関の外部接続チャネルに脆弱性を生み出すことになりかねない。また、クラウドサービスを提供する事業者の中には、「アクセスポイントが1つしかなく、障害等が生じた場合、アクセス自体ができない」といった制約が残置されるケースも確認されている。金融庁では、各クラウド事業者へのヒアリングを通じ、こうした実情にも触れたようで、このところ金融機関に対して「マルチクラウドによるバックアップ対策の充実」を要請しているのが実態だ。

　内部監査部門では、サイバーセキュリティ対策の一環として、このようにフィンテック企業を取り巻く現状のリスクなども念頭に、個々具体的な監査視点を定義していく必要がある。

〈内部監査のポイント〉

- ☐ 連携先企業や委託先企業が、FISCの各ガイドラインを理解し、業務に適用していることを確認しているか。
- ☐ 連携先企業や委託先業が、自行庫の取扱いデータを日本国内に設置したサーバーで保管していることを確認しているか。
- ☐ 連携先企業や委託企業が再委託などして自行庫のデータを取り扱っている可能性がある場合、当該再委託先等の事業者が日本国内に設置したサーバーで自行庫のデータを保管していることを確認しているか。

□ 重要性の高い業務をクラウドサービスとして利用している場合、当該サービスはバックアップ機能を有意に整備しているか（局舎内でのハード二重化、遠隔地でのバックアップなど）。

□ 重要性の高い業務をクラウドサービスとして利用している場合、バックアップとして他の業者のクラウドサービスを活用するなど、BCPの観点での措置が検討され、実装されているか。

⑷　「態勢構築の視点」では経営者のコミットメントが確認される

　サイバー攻撃への備えとして、態勢整備が重要となるものの、必ずしもサイバーセキュリティに特化した組織が必要とはされない。例えば、ある金融機関は、IT部門の中でグループを設置し、指名された人員が開発・運用業務と兼務でサイバー対策をカバーする体制を採用している。また、ある金融機関は、IT部門から要員ごと切り出してサイバー対策組織を設置し、当該人材にはサイバーをテーマとした平時の情報収集、内部での対策立案、IT部門と連携した有効施策の実装支援、PDCAを意識した第２線としての活動、サイバーセキュリティ演習の企画及び事務局、といった専門機能を担わせている。

　いずれにしても組織立った対処が欠かせず、前提として求められるのは経営層の認識だ。金融庁は、かねてより各種講演等で、次の２点を取り上げて啓発しているのが特徴である。

　①経営陣が関与する管理の枠組みを構築できているか

　②リスク評価の枠組みは規程に定められているか

　とりわけ①について金融庁は、監督指針においてもこのテーマへの経営層の強い関与を要請している。サイバーセキュリティのような「一見して技術的対策が中心となるような施策」においては、金融機関の経営層が現場任せにしてしまっているのではないかという懸念が否め

ない。ITシステムの保全は、金融機関業務として要諦であるにもかかわらず、当該対処に向けて必要な措置や資金を投じるための経営トップの判断と高度な意識形成が肝要とされる。そのため、いわゆるトップインタビューでも長官や監督局長が直接に経営トップに現状の認識を確認することとしているのだ。

　次に②で金融庁は、態勢構築で組織を立ち上げ、人員を配置しただけでは容認せず、日頃の活動やインシデント発生時に拠り所となる規程類やマニュアルの整備を、各業態に要請している。こうした規程類の整備にかかる論点は、後述する。

　内部監査部門では、このように金融庁職員が発するコメントを通じて対応の優先順位等も認識しつつ、重要性の高いポイントから組織内での確認を進めていくことが肝要である。

〈内部監査のポイント〉

- ☐ 経営層は、サイバーセキュリティに関心を持ち、その脅威への対応への備えの必要性を十分に認識し、行動しているか。
- ☐ 経営層は、自らサイバーセキュリティ対策を先導し、必要な対策の立案や実装を現場部門に指示するなど、積極的な関与を示しているか。
- ☐ 経営層は、自行庫における有効性の高い対策を認識し、優先順位を意識した対策導入を推進しているか。
- ☐ 自行庫におけるサイバーセキュリティを担う組織には、人材、ツール、予算、情報基盤といったリソースが充分に配置・措置されているか。

⑸　インシデント検知と復旧にかかる対応手順

　サイバー攻撃を実際に受けた場合、拠り所となる規程類やマニュアルが整備されていなければ、初動、すなわちインシデントレスポンス

全般が遅延することが懸念される。

　図表5−11は、一般的なサイバーセキュリティ演習で想定されているインシデント発生時における金融機関の基本的な初動対応手順を例示したものだ。まずは「何が起きたのか」を探るため、情報収集から開始する。その際、正確に状況を把握することを念頭に、前広に情報収集にあたる必要がある。ここで留意すべきは、予断を持たぬことである。例えば、初めから「結果事象からみてこれはサイバー攻撃だ」と断定してしまった場合、その後の対策立案の幅を狭めることが懸念される。単なる障害であるケースも想定されるためだ。

　また、いかなる事象であっても、内部へのエスカレーションは一次

図表5−11　インシデント検知の想定手順（概略）

時系列別の対応自行の分類		概要
インシデント情報の収集	事実確認	☐ インシデントが発生したことを受けて、状況を正確に把握
	被害の全貌の把握	☐ 適宜ITベンダーと連携してシステム障害の全貌を把握
	内部のエスカレーション	☐ システム障害が発生したことを内部で共有
	関係外部機関との連携	☐ 外部SOC※、セキュリティベンダー、ITベンダー等、関係する外部機関と連携
インシデント内容の調査	顧客・業務への影響評価	☐ 自社の提供サービスへの影響、自社の業務への影響を確認（トリアージ）
	サイバー攻撃手法の調査	☐ サイバーインシデントであった場合を想定し、セキュリティベンダー、ITベンダー等と連携してサイバー攻撃手法を調査
	被害拡大防止策の検討・実施	☐ マルウェア観戦等、被害が拡大する場合は、適宜隔離等の被害が拡大しないための対応を実施
	顧客とのコミュニケーション	☐ 顧客に影響がある場合、提供サービスの停止等を広報
	全社体制の構築	☐ 緊急度に応じて対策本部等の全社体制へ移行

※Security Operation Center。セキュリティ関連の監視・分析等を行う組織。
（出所）NTTデータ経営研究所作成

対応として素早く実施することが望まれる。某大手銀行のシステム障害発生時、頭取が「事象を報道で知った」とのニュースが話題となったが、外部はもとより、いかに迅速に情報エスカレーションを図るかは、その後のインシデント収拾にも影響する。

　事象発生時に抜け漏れがちなのは「顧客・業務への影響評価」プロセスである。金融庁の「金融業態横断的なサイバーセキュリティ演習（Delta Wall）」でも毎年課題として取り上げられるなど、未だ多くの金融機関で対応漏れが指摘されているのが実態だ。顧客対応を迅速かつ正確に実践するためにも、自公庫の各内部組織との連携スキームを事前に定義のうえ、いつでも決められた手順を素早く履行する準備態勢を整えておくべきといえる。

　かねて金融機関は、マニュアル至上主義を標榜しており、いかなるレギュレーションについても、素早く人的資源を投入し、必要な作業を仔細に定義した有効な事務マニュアルを定義してきた稀有な存在である。ところが、ことサイバーセキュリティをはじめとしたリスク管理分野においては、この対応が十分とはいえないのが実情だ。大手金融機関はまだしも、多くの地域金融機関が「サイバーセキュリティマニュアル」の策定に手こずり、有意な解を見出せずにいる。中には、中央機関が例示した参考様式を自公庫向けにカスタマイズせずに利用した結果、「自行庫に固有のリスク」のアセスメントが抜け落ちていたり、そもそも自行庫の組織構造ではとり得ない対応手順がマニュアルの中に組み込まれてしまっていたりする。この結果、サイバーセキュリティ演習を実施しても、本来必要な行動が再現できず、有事の際の大きな課題として横たわることとなった。

　サイバーセキュリティマニュアルを含む金融機関のリスク管理規程類全般に、このような傾向が確認される。10年前に策定したまま、組織改正の結果も反映されずに「生き抜いてきた」ような規程類も少な

くない。規程間での整合性も確保されておらず、「どちらの記載が正しいのか？」といった指摘を外部機関から受けるケースもある。

　金融機関にみられる規程類の陳腐化は、新たな法規制の変更を受け、その都度文書を新設してきたことが背景にある。策定時点では正しかった要件も、更新し続けなければあっという間に陳腐化する。加えて、収益に何ら貢献しないであろうこれらのマニュアル改定に投入するコストを忌避する金融機関経営者が多いと考えられ、結果として職員が規程類の陳腐化に気づいていたとしても、「見て見ぬふり」をしてきたのだろう。監査法人などの外部監査を定期的に受けているはずの金融機関でさえ生じているこうした問題の早期解決には、相応の時間を要することだろう。

〈内部監査のポイント〉

- ☐ 規程類のほか、緊急時に初動遂行可能な拠り所となるマニュアルが整備されているか。
- ☐ 規程類には、自行庫を取り巻くリスクファクターを勘案し、想定リスクの特定、評価、低減を実現するための取組み手法や要件、担務、更新時期等が明記されているか。
- ☐ 規程類やマニュアルはPDCAサイクルを意識し、定期的にアップデートが加えられているか（直近での更新はいつか）。
- ☐ 規程類やマニュアルは、IT部門の行動や手順のみならず、自行庫の全部門が利用可能な体系で整備され、各部門の有効な緊急時対応手順が具体的に記載されているか。
- ☐ 緊急時に利用するマニュアルは、５Ｗ１Ｈの視点で部門ごとの行動が、時系列かつ攻撃パターン別に記載されているか。

⑹　「Delta Wall」をはじめとしたサイバー演習への参加を通じた対応力強化

　金融庁は、「経営者の意識変革」を促すことで、サイバーセキュリ

ティ対策の高度化を推進してきた。本来は、「情報収集」→「現状評価」→「物理的対処（ハードやソフト、回線制御など）」→「態勢整備」→「マニュアル策定」→「演習実施」といったサイクルを、金融機関に促すのがセオリーだ。ところが金融庁は、まずはショック療法的に、あえてサイバーセキュリティ演習を金融機関に経験してもらい、結果を各行庫にフィードバックすることで、翻って現状の課題を認識させるといったスタンスを取ってきた。

　金融庁「Delta Wall」は、2023年10月には 8 回目を迎え、「Delta Wall Ⅷ」が実施された。年々参加金融機関数が拡大するなか、金融機関の対応態勢の一層の高度化が期待されており、業界でもひと際注目されているイベントである。金融庁としては、演習結果と現状のマニュアルの策定レベルの良し悪しを紐づけて管理しようとしているものと考えられる。金融庁から指摘されてからマニュアルの見直しを図るか、言われる前に自ら手掛けるか。まさに各行庫の判断が問われていると言ってよいだろう。

　なお、サイバーセキュリティ演習は金融庁のほか、内閣官房、総務省、各都道府県警察等でも提供されており、一般社団法人金融ISACでは、金融機関向けに「FIRE」を開催している。また、業界単位では、株式会社しんきん情報システムセンターが信金業界に特化した独自演習を信用金庫向けに、全国信用協同組合連合会が信用組合向けの机上演習を例年開催している。金融庁「Delta Wall」のほか、こうした外部機関が提供する独自の演習に参加することで、より対応の練度向上が期待されることから、積極的に参加すべきイベントである。もちろん、自行庫単独でこうした演習を実施することは有意ではあるものの、いわゆる当日まで演習課題やシナリオを提示しない「ブラインドシナリオ」による実施が困難であるなど一定の制約もある点に留意は必要だ。

　内部監査部門としては、複数の外部機関により提供される各演習の存在を現場が認識のうえ、自行の課題に即した演習を選択し参加したうえで、そこから得られた示唆を有意に内部変革や対策に反映できているかを確認する必要があるだろう。

〈内部監査のポイント〉

☐　複数の金融機関が参加する外部機関主催のサイバーセキュリティ演習に積極的に参加し、そこで得られた反省材料や課題についてPDCAサイクルを通じて自行庫の対策や組織体制の見直しに反映しているか。

☐　自行庫の課題に即した外部機関の演習を選択し、参加しているか。

2 サイバーセキュリティ・セルフアセスメント（CSSA）の活用

　2023年 4 月18日、日本銀行と金融庁は、連名で「地域金融機関におけるサイバーセキュリティセルフアセスメントの集計結果（2022年度）」（以下、「本レポート」という）と題したレポートを公表した。2022年に初めて実施された本件自己診断（「サイバーセキュリティセルフアセスメントの点検票」（以下、「CSSA」という））は、まずは預金取扱金融機関を対象としたものだが、2023年度以降は、他業態へも展開されている。

　単なる自己評価ツールにとどまらない本ツールにおける個々の設問の背景や通底する課題感は、今後の金融機関における内部検討にも有効といえるだろう。そこでここでは、本レポートからみた我が国金融当局が認識する、金融機関のサイバーセキュリティ対策における現状

の課題を解説し、内部監査部門として持つべき視点を整理してみよう。

(1) 当局の基本的な認識

　金融庁は、「金融分野におけるサイバーセキュリティ強化に向けた取組方針」の旧版（Ver.2.0。2018年10月更新）を受けた施策として、地域金融機向けに、「ペネトレーションテストの実施」「演習への定期的参加」「監視に係る対策強化」を進めてきた。ただし、金融庁としては、これらの取組みのみでは「直近のサイバー攻撃の変化に金融機関が適応できるか」判断できず、さらなる金融機関の実態把握が必要という問題意識を抱いたであろうことが想定される。そこで、現在、更新版とされる同取組方針のVer.3.0（2022年2月公表）では、「モニタリングの強化」「新たなリスクに向けた対策に係る追加の要請事項」が追加されている。これは、金融機関の実態把握により重きを置いていくことが示されたとも読み取ることができよう。

　米国には、FFIEC（連邦金融機関審査委員会）が提供するCAT（Cybersecurity Assessment Tool）と呼ばれる同様のセルフアセスメントツールが存在し、かつて、筆者らのグループが実際に渡米し、当局関係者に当該ツールの設定目的や活用実態などについて調査を実施した経緯がある。FFIECのCATに興味をお持ちの諸氏は、金融庁の受託研究としてNTTデータ経営研究所の筆者らのチームが米国にて実施した調査結果が金融庁ウェブサイトにおいて公表されているので、別途参照いただきたい。

■**金融庁ウェブサイト**
「『FFIEC Cybersecurity Assessment Toolに関する調査研究』調査報告書」の公表について（2016年8月15日）
https://www.fsa.go.jp/common/about/research/20160815-1.html

　ただし、このCATツールは評価項目が極めて多岐に亘り、評価作業に相応の時間を要するのみならず、実際の使い勝手の面では我が国金融機関に幅広く実用を促すにはほど遠い存在であったように受け止めている。実際に、当時の我が国金融機関の一角でも、メガバンクが実際にCATを利用した自己評価を実施する例は見られたものの、地銀をはじめとした地域金融機関が実用化するには「負担感が著しく高い」ものであったと言わざるを得ない。さらに言うならば、あまりにも技術的な観点での評価手法を中心とした自己評価ツールであることで、いわゆる「非物理的対応」の視点が抜け落ちている点が課題ともなっている。これが、我が国で広く一般利用されるに至らなかった最大の理由でもある。

　初のCSSA実施となった2022年度は、日本銀行と金融庁、さらにはFISCによる共同調査の形態をとったうえで、地域金融機関におけるサイバーセキュリティ対応態勢の自己診断を目的に、地銀99先、信用金庫254先、信用組合145先を対象に実施された。
　本レポートは21ページからなるが、物理的／非物理的指摘の両面に通底する当局の認識課題は明確だ。すなわち、サイバーセキュリティ人材の確保・育成である。地域金融機関における主要システムの開発・運用は、業態ごとに提供される共同システムに集約されてきた。主として、各金融機関における各種費用の削減を目的とした取組みの結果

でもあるが、この過程において、かつて金融機関内部で抱えていたシステム人材に期待されてきた機能の多くが、共同システム側に（人材とともに）移管されることとなったのは事実だ。そのため、現在の地域金融機関におけるシステム部門（事務管理部門）は、規制当局のルール変更などを踏まえた新たな業務要件の定義や共同システムのモニタリング、さらには必要な場面における意思決定、といった「業務寄りの機能」が中心となっている。エンジニア色の濃い人材はすでに金融機関側には数少ないのが実態であり、こうした人材が担うべき機能は共同システム側に依存しているのだ。

内部監査部門としては、委託先に依存しがちな自行庫を取り巻く現状を念頭に、自行庫自身で必要なセキュリティ措置を検討し、対策を立案しているか、といった本質的な価値に遡及したうえで点検を行う必要がある。

〈内部監査のポイント〉

☐ 自行庫は、CSSAの内容について、複数部門参加による合議の下でその質問主旨を検討のうえ、実際の運用実態に即した回答を導出しているか。

☐ CSSAの回答について、現場部門が作成した素案を役員会に付議し、役員における討議を通じて最終回答を決定、承認しているか。

☐ 自行庫は、CSSAの各項目による業界平均と自行庫の水準とを比較し、課題を特定しているか。

☐ 自行庫は、CSSAで特定された自行庫の課題について、速やかに改善に移すための取組みを実践しているか。

☐ 自行庫が中心となって、課題への対処方針を立案しているか（対策自体の立案等を委託先に丸投げしていないか）。

⑵　人材コスト削減から積極的な人的投資へ

　金融機関が結果的に依存しがちな共同システム側としても、原則として金融機関の意思決定に基づく開発・運用を実施しているというのが本音であろう。すなわち、技術色の濃いテーマともなるサイバーセキュリティの要件や実装レベルなどは、金融機関側でコントロールのイニシアティブを握る必要があり、これを実現するためには高度IT人材を内部で確保しない限り、金融庁が期待する「現状の評価」はおろか、「課題の特定」もままならない可能性がある。

　かねて金融庁は、FISCを通じてサイバーセキュリティ人材の確保に関するガイドラインを公表するなど、こうした実態へ警鐘を鳴らしてきた。ただし、サイバーセキュリティ人材を外部から確保するにしても、すでに市場では当該人材の奪い合いの様相を呈しているのが実態で、一般的なIT人材に比して高給で処遇する必要もある。そのため、今後は、内部での人材育成を一層推進することが期待されている。なお、すでに独立行政法人情報処理推進機構（IPA）では、産業サイバーセキュリティセンターが「中核人材育成プログラム」を提供するほか、内閣官房主導の下、東京工業大学大学院では社会人向けに「サイバーセキュリティ経営戦略コース」を設置するなど、民間企業における内部人材育成を支援する教育プログラムが提供されていることもあり、こうしたプログラムの活用も有効だ（筆者も東工大の本コースで講師を務めている）。

　このように、かつては削減対象となる「費用」とみなしてきた人材に改めてスポットを当て、「投資対象」と認識すべき時代となったことを、我々は改めて認識する必要がある。金融庁では、これまでトップインタビューや講演などを通じて、サイバーセキュリティの高度化の必要性に関する経営層の認識と関与を強めることを要請してきた。つまるところ、「現場ではカネを投じる判断がしにくい」ためにボト

ムアップでの対応には限界があるからこそ、経営層自らの判断でサイバーセキュリティ分野での積極的な投資を生み出すことを期待しているわけだ。現代では、この行動自体が、他金融機関との差別化を図る戦略の重要な一手ともなるのだ。

〈内部監査のポイント〉

- ☐ サイバーセキュリティの要件や実装レベルなどは、共同システム側任せとせず、金融機関側でコントロールのイニシアティブを握っているか。
- ☐ サイバーセキュリティ人材を内部で十分抱えているか。そうでない場合には、いかなる手法によりサイバーセキュリティの高度化を実現しようとしているか。
- ☐ サイバーセキュリティ人材の内部育成や外部からの獲得に向けた、自行庫としての方針を定めているか。
- ☐ サイバーセキュリティ人材には高給で処遇する必要があること等を念頭に、当該人材に向けた新たな給与体系など独自の処遇の施策を検討もしくは導入しているか。

⑶　CSSAの構造と各論

　金融庁「Delta Wall」で継続して確認されているのは、単なる技術的対処レベルのみならず、内部連携手順の定義を踏まえた組織的な対応態勢であったり、外部機関との連携手順の確認そのものでもある。これが、いわゆる非物理的対処である。そこで、金融庁では今般、FFIECのCATに含まれる「物理的対処」項目に加え、金融庁がこれまで推進してきた「非物理的対処」要件も付加することで、CATツールよりもコンパクトかつ実用的な要件を、今次、CSSAに実装してきたものと筆者はみている。

　実際の我が国のCSSAは、次の14項目、計42問から構成される。なお、

内部監査部門では、実際に自行庫に配布されたCSSAを参照しつつ、本節で述べるポイントを改めて確認いただきたい。

- サイバーセキュリティに関する経営層の関与
- サイバーセキュリティに関するリスクの把握と対応
- サイバーセキュリティに関する監査
- サイバーセキュリティに関する教育・訓練
- 新たなデジタル技術の評価
- 資産管理
- アクセス管理
- データ保護
- 監査証跡（ログ）の管理
- システムの脆弱性に関する管理・対応
- サイバー攻撃に関する技術的な対策
- サイバーインシデントの検知
- サイバーインシデント対応・業務復旧の態勢
- サードパーティ等の管理

　上記のうちいずれを重視すべき、というものではないが、ここでは代表的な設問を取り上げて主旨を解説してみよう。

■金融庁ウェブサイト
「サイバーセキュリティセルフアセスメントの点検票（2022年度）」PDF
https://www.fsa.go.jp/news/r4/cyber/besshi.pdf

①「新たなデジタル技術の評価」

　DX推進が叫ばれる昨今、金融機関は、様々なテクノロジーに触れ、新たな事業者とのパートナーシップ構築に勤しんでいる。本項では、まず「新たなデジタル技術の導入に際し、生じ得るサイバーセキュリティに関するリスク評価が可能な人材の確保状況」について確認している。アウトソーシングによるシステム対応要員の外部化が進んできた金融機関では、そもそもデジタル技術を内部で評価するに十分な陣容とは言いにくい状況にあるなか、尖った技術の評価を内部リソースで完結することは、一部の大手行を除いてハードルが高い。設問の趣旨としては、「外部人材に頼るだけでなく、最低限必要な要員を確保しているかどうか」が問われているとみるべきだ。

　ただし、規模の小さい地域金融機関が、それぞれ該当人材をコストセンターとなることを承知で抱え込むことは容易ではない。今後の対応の在り方の一案として、業界団体や近隣金融機関が連携のうえ、サイバーセキュリティに特化したリスク評価を行える人材を共有（人的コストを各社で按分）することで、かかるコストの圧縮も可能となろう。

　本項ではさらに、「新たなデジタル技術の導入の有無および導入に伴うサイバーセキュリティ上の脅威として認識しているもの」を回答させている。選択肢として挙げられるのは次のとおりだ。

- パブリッククラウド
- **オープンAPI***（更新系）
- オープンAPI（参照系）
- スマホ・タブレット
- 在宅勤務のためのシステム

　金融機関が単独でいかに高度な技術を実装し、完璧な対応態勢を整えたとしても、接続先たるサードパーティや利用中のクラウド環境に脆弱性が存在するならば、顧客情報などの漏洩リスクに晒されることだろう。あえてクラウド環境やAPI接続を取り上げた理由は、この2つに起因するインシデントが相当数確認されているためだ。また、スマホやタブレットについては、組み込まれたチップやプログラムモジュール、アプリの提供元が必ずしも健全でない可能性があるほか（バックドアの存在等）、潜在化している瑕疵や脆弱性の存在が否定できない。

　ただし、こうした一つひとつの外部サービスや端末・製品そのものを金融機関が個別に評価・検証することは現実的とはいえない。つまるところ、今後は、外部の専門機関が金融機関向けソリューションやサービス基盤のほか、個々の端末に組み込まれたチップ・プログラムモジュールなどを評価し、その結果を金融機関が還元を受ける、といった新たな機能が期待されるところである。

> **＊オープンAPI**：（「API」は第1章第2節**1**(4)参照）「オープンAPI」は、APIを他の企業等に公開すること。

〈内部監査のポイント〉

- ☐ 新たな技術を内部で評価できる体制と必要な人材を確保しているか、もしくはかかる評価を外部機関との有意連携により実現する仕組みを講じているか。
- ☐ 新たなデジタル技術の導入の有無及び導入に伴うサイバーセキュリティ上の脅威として認識しているものを特定しているか。
- ☐ 上記で脅威として認識している対象について、リスク低減に向けた具体的な措置、対策を検討しているか。

②「資産管理」で欠かせない対象システムの網羅的な把握

　金融機関では、すでにリスク評価プロセスにおいて、情報資産管理台帳やシステム構成図等を作成・整備していることだろう。まずは、それらのアップデートが適切かつ適時実施されているかが問われている。筆者の経験上、ネットワーク構成図が陳腐化していて現状を反映していないといった例が散見されるので注意が必要だ。

　さらに言うならば、昨今のサードパーティリスク対応重視の流れのなか、自社の情報資産にもならず、外部企業の基盤との提携により実現している業務やサービスも多々生まれている。ところが、こうしたSaaSやクラウド上などウェブで利用中のツールやサービスについては、情報システム部門が管理する資産管理台帳などには反映されず、現業部門任せとなっているケースもみられる。すなわち、全社を挙げたリ

図表5－12　情報資産台帳の例

情報資産管理台帳

業務分類	情報資産名称	備考	利用者範囲	管理部署	媒体・保存先	個人情報の種類				評価値			重要度
						個人情報	個人情報	要配慮個人情報	特定個人情報	機密性	完全性	可用性	

（出所）独立行政法人情報処理推進機構「中小企業の情報セキュリティ対策ガイドライン（付録7

スクアセスメントの対象としてみなされていないことになるわけだ。場合によっては、こうした外部サービスに潜む脆弱性などが敵から注目され、サイバー攻撃における侵入チャネルになり得るので注意が必要だ。

　金融機関としては、**図表5-12**に示した情報資産台帳などを参考に、SaaSやクラウドで利用中の外部サービスも別紙で一覧化し、該当するサービスの運営事業者からリスクアセスメントの結果の提供を受け、内部で評価する、といった対応が求められる。

〈内部監査のポイント〉

- ☐ 情報資産管理台帳やシステム構成図、ネットワーク図等は適切に更新しているか。
- ☐ 現業部門等がウェブサービスとして利用するSaaSやクラウドサービス等を管理対象とし、一覧化したうえでリスクアセスメ

	保存期限	登録日	現状から想定されるリスク（入力不要・自動表示）			
			脅威の発生頻度 ※「脅威の状況」シートに入力すると表示	脆弱性 ※「対策状況チェック」シートに入力すると表示	被害発生可能性	リスク値

リスク分析シート－情報資産管理台帳）」より作成

ントの対象としているか。

③攻撃パターンからみた適切なアクセス権の付与と管理

「アクセス管理」については、２つの視点が挙げられる。アクセス権の付与基準と、アクセス自体の認証手段だ。重要なシステムへのアクセス権については、アカウントを必要最小限の者に限って付与するのは前提条件であり、利用者ごとに、業務上必要最小限の範囲のアクセス権を付与することで、一部のリスクが全体に及ばない工夫が求められている。とかく陣容の少ない中小規模金融機関においては、こうしたアクセスを特権として特定の人間に付与するケースがある。

かつて発生した外部攻撃事案では、「当該管理者の個人的なSNSをモニタリングし、友達申請をしてコンテンツを見る権利を得る。そのうえで、コンテンツとしてアップされている家族構成や誕生日、家族やペットの名前、自家用車のナンバーなどを長期に亘って観察」したうえで、職場の重要システムにアクセスするIDやパスワードを類推し、システム管理権限を奪取したという事案が確認されている。このケースでは、６ヵ月にも亘ってSNSを通じて管理者の私生活がモニタリングされるなど、敵の執拗さと執念深さが感じられるほどだ。金融機関の諸氏も、SNSで「見知らぬ若年のアジア人女性からの友達申請」をそのまま「許可」してしまうリスクを念頭に置く必要があるだろう。

こうした事案も念頭に、重要なシステムへのアクセスに際しては、二段階認証などのステップではなく、複数要素認証を実装することが大切だ。そのうえで外部からの接続に際して、運用管理として接続元の確認・制限を加える必要があるほか、接続監視を適切に実施せねばならない。

〈内部監査のポイント〉

☐ アクセス権の付与基準を定め、複数要素、複数段階での認証手段を用意しているか。

☐ 特権ID等について、適切に利用されていることを、具体的にどのように確認しているか。

④データ保護とログの保管はセットで捉える

　CSSAの各項目をみると、金融庁は重要なデータの暗号化を金融機関に要請していることが窺える。重要なデータへのアクセスを厳重に管理することで充分にも思えるが、現実的には内部犯行などで生データが外部に漏洩するリスクは否めない。こうした論点はFISCの「金融機関等におけるコンティンジェンシープラン策定のための手引き書」でも言及されている。金融機関は取り巻くリスクを「外部起因のリスク」「内部起因のリスク」の両面で捕捉する必要があり、重要な点検項目の1つとして内部犯行の可能性を視野に入れたアセスメントが要請されているのだ。

　また、ランサムウェア等による重要なシステムへのバックアップデータの破壊・改ざんを想定した問いからは、当局が「データを複数世代で保管」することを期待していることがわかる。さらに、オフライン化などの離隔措置でネットワークからのダイレクトアクセスを不可とする手法も有効な対策の1つであるとして言及している点に注目したい。いわゆる防衛産業などの一角では、かねて「真に重要な情報はデータではなく紙で物理保管」することが最も有効であると喧伝されてきた。金融機関もインフラ産業として、今後はより厳格な経済安全保障の要件が課されることから、冗談として放置するわけにもいかない環境ともなっている。

　実際の攻撃パターンをみると、「侵入に成功したら速やかにコトを

為す」のではなく、「どこまで侵入・奪取可能か」を見極めるために時間をかけて様子を窺うケースが多い。そのため、「直近のアクセスログには不審な点はない」にも関わらず、ある日突然に不正な資金移動が行われたり、内部情報が外部に漏洩してしまう、といった例がみられる。こうしたケースでは、一定期間に亘ってアクセスログを管理しておく必要があり、チェックリストでもこれを見越した問いが用意されている。すなわち、監査証跡（ログ）の管理様態のあるべき姿としては、「取得すべきログの対象」を絞りこむのは当たり前として、ログの保管期間をある程度長期化する必要があるということだ。

前述のSNSを経由した管理者権限の奪取・不正送金事案では、当該攻撃対象となった管理者は半年間、敵から個人のSNSをモニタリングされた経緯がある。こうした事案を参照しつつ、ある程度の期間、ログを証跡として保管しておくことも対応の一手となろう。なお、単にログを溜め込んでおけば済む話でもなく、規程として「定期的にログの検証を行い不正侵入の形跡の有無を確認する」などと定義したうえで、これを漏らさず実行する必要があることは言うまでもない。

〈内部監査のポイント〉

- ☐ 重要なデータは暗号化して管理しているか。
- ☐ 内部者犯行を念頭においたデータ管理、ログ管理を実践しているか。
- ☐ 重要データは複数世代で保管するなど、サイバー攻撃を通じてデータが滅失、棄損することを意識した対応を行っているか。

⑤監査証跡（ログ）の管理は1年程度は必要

最近は、外部監査においても金融庁の講演においても、ことあるごとに監査証跡（ログ）管理に言及されているものの、CSSAでログ管理を問う設問はわずか1つにとどまる。「重要なシステムの監査証跡（ロ

グ）について規定されているものを選択せよ」である。ここでは回答
対象として以下の５つが挙げられている。

　（ア）取得すべきログについて定めがある

　（イ）ログの保管期間についての定めがある

　（ウ）ログの無断改変・削除を禁止する定めがある

　（エ）定期的にログを確認し不正がないかを確認する定めがある

　（オ）システムの監査証跡（ログ）について規定されていることは
　　　　ない

　とりわけ、最後の（オ）に「はい」と回答するのは、そもそも当局
として想定していないであろうことは設問の趣旨からみても容易に理
解されよう。そのうえで、（ア）から（エ）の問いかけの背景を探る
ことにする。

　（ア）について定めがない場合は、そもそも金融機関として、内部
生成される情報システムのトラフィックの重要性を認識していない可
能性がある。通常と異なるトラフィックが生じた場合、違和感から調
査を開始するのが通例であるが、そもそもログを残していなければ事
後の検証のしようがないわけだ。そのため、内外からの不正侵入や痕
跡を察知したり、事後に検証を行ったりするうえでは、重要と思われ
る情報システムにおけるアクセスログは管理対象として定義しておか
ねばならない。

　そのうえで（イ）の趣旨であるが、もちろん、無制限にログを管理
するなどカネとハードウェア資源の無駄にほかならないため、一定の
保管期限を定義することとなる。その際、過去の不正侵入事案などを
勘案すれば、話題となった暗号資産交換業での大規模な暗号資産不正
流出等においては、敵は少なくとも半年間に亘って金融機関の情報シ
ステムへの侵入を試みていたであろうことが知られている。つまり、

事例からは最低半年間はログ管理が必要ということになる。ただし、侵入経路は外部からとは限らない。内部者の手引きなども想定する必要があるわけだ。そこで、こうした内部犯行のリスクなども勘案すれば、１年程度は少なくともログとして管理することが推奨されることだろう。いずれにしても、ログは犯罪の証拠としても有用であることから、警察への告発に際しても提出を要請される重要な対象物であることを念頭に置く必要がある。

残る（ウ）（エ）については、（ア）（イ）とセットで定義されるもので、ログを保管対象として定めた場合の必須項目であるので留意願いたい。とりわけ（ウ）は、内部者の手引きによる犯行を抑止するためにも欠かせないのだ。

内部監査においては、CSSAで定義される前記各項目をそのままトレースすることが有効となろう。

〈内部監査のポイント〉

☐ 取得すべきログについて定めがあるか。

☐ ログの保管期間についての定めがあるか。

☐ ログの無断改変・削除を禁止する定めがあるか。

☐ 定期的にログを確認し不正がないかを確認する定めがあるか。

⑥システムの脆弱性に関する管理・対応

次に、ウェブアプリケーション・プラットフォームを対象とした脆弱性診断等、内外から情報システムへの攻撃対策の有効性を検査する時期や頻度について確認を求めている。

まず確認されるのは、脆弱性診断などの実施頻度だ。筆者の知る限り、ウェブアプリケーションは最も敵のターゲットになり得るにもかかわらず、「定期的、かつシステム導入時や大規模更改時にも検査している」との回答率が低い傾向にあるようだ。顧客接点や業務の重要

インフラとなることから、定期的かつシステム導入時や大規模更改時における検査対応は欠かせないものと見るべきである。

　そして、**ペネトレーションテスト***の実施状況及び実施頻度が確認されることになる。設問の趣旨からは、少なくとも過去に一度は実施したか否かが問われているものの、敵の攻撃の高度化・複雑化のスピードは我々の想定以上であることから、年に一度は実施すべきものでもある。

　さらに設問は続き、パッチの適用方針が確認される。ここでは、深刻な脆弱性が判明した場合のパッチの適用方針を選択させているが、心配なのは、インターネットに接続していないシステムや端末の脆弱性対応が行き届いていない状況にありそうということだ。設問の趣旨からみて、インターネットに接続していようがいまいが「可及的速やかにパッチを適用している」と回答させたいのが明らかであるにもかかわらず、多くの金融機関でパッチ適用をインターネットと接続しているシステム・端末に限定している実態があるようだ。また、「保守等定期的なタイミングでパッチを適用している」といった回答も、どうやら少数にとどまるとも聞く。すなわち、内部犯行や第三者の持ち込みなどによる感染リスクが考慮されておらず、それが故にインターネットと接続していないシステム・端末におけるパッチの適用がおざなりとなっている可能性がある点に注意が必要だ。こうした概念はいわゆる「ゼロトラスト」志向であり、昨今では一般的な対応になりつつあることも念頭におかねばならない。

> ***ペネトレーションテスト**：ネットワーク、PC・サーバーやシステムの脆弱性を検証するテスト手法の1つ。実際にネットワークに接続しシステムに攻撃を仕掛けて侵入を試みる「侵入テスト」で、組織が実際にサイバー攻撃を受けた場合、実施しているセキュリティ対策がどこまで耐えられるかなどを評価する。

〈内部監査のポイント〉

- ☐ ウェブアプリケーション・プラットフォームを対象とした脆弱性診断等、内外から情報システムへの攻撃対策の有効性を検査する時期や頻度は定義されているか。
- ☐ ペネトレーションテストの実施状況及び実施頻度はどうか。
- ☐ ゼロトラストを意識し、内部犯行を念頭においたリスク想定と、リスク低減に向けた取組みを検討、実践しているか。

⑦サイバー攻撃に関する技術的な対策

　ここでは、より具体的な対象に絞って、個別の技術的対策の導入有無を確認されることになる。もはや当然の対応となる「端末が属するネットワークとインターネットを分離している」との設問に、「いいえ」と回答する金融機関は少数にとどまることだろう。そこで、金融庁は一歩進み、「端末にパターン検知型マルウェア対策製品を導入している」「端末に振舞検知型マルウェア対策製品（**EDR**＊を含む）を導入している」との選択肢を用意している。要は、先進事例となる金融機関ではこうした製品が導入済、との周知とみるべきである。

　導入コストが高い点がネックとなるEDRだが、従来製品にあった「監視・検知」にとどまった場合、実際に検知してからの動作は「金融機関がセキュリティベンダーに端末を提出し、個別対応」となるケースが多く、その間に感染拡大を招く可能性があるなど、初動に課題を抱えていたといえる。その点EDRは、自ら「対処」を実施することが可能であり、（もちろん完全とはいえないまでも）最低限の初動対応を可能とするソフトウェアを組み込んでいる点が有意とされる。

> *****EDR**：Endpoint Detection and Response。ユーザーが利用するパソコンやサーバー（エンドポイント）における不審な挙動を検知し、迅速な対応を支援するセキュリティソリューション。パソコンやサーバーの状況及び通信内容などを監視し、異常や不審な挙動があれば管理者に通知する仕組み。

〈内部監査のポイント〉

- ☐ 業務用端末が属するネットワークとインターネットを分離しているか。
- ☐ 業務用端末に、パターン検知型マルウェア対策製品を導入しているか。
- ☐ 業務用端末に、振舞検知型マルウェア対策製品（EDRを含む）を導入しているか。
- ☐ 業務用端末にマルウェア感染等が確認された場合、速やかにフォレンジックを可能とするための外部事業者やベンダーとの契約を締結しているか。

⑧ホームページの安全性確認

　金融機関の顔でありIBの入り口となるホームページへの攻撃対策として、**CDN***が導入されていない金融機関がまだ存在する点も気になるところだ。本件設問でも、DoS・DDoS攻撃対策の導入有無を確認している。DDoS攻撃で金融機関のホームページを機能停止に陥らせ、その間に偽のフィッシングサイトを立ち上げ、顧客にIDとパスワードを入力させることが敵の狙いであることに注意すべきなのだ。ホームページの運営に関してだが、地域金融機関の中にはホームページの運営を地元のホームページビルダーに委ねている例も散見され、「当該企業が敵からのサイバー攻撃を受け、管理者権限などを奪取されたら」といった発想も持ち合わせる必要があることは言うまでもない。

内部監査においては、とりわけ顧客との接点となり、IBの入り口でもある自行庫のホームページの脆弱性評価を中心に、アセスメントの実態を捕捉することが有効である。

> **＊CDN**：Contents Delivery Network。数多くのキャッシュサーバーなどで構成されたプラットフォームを用いることにより、ウェブサイト上のコンテンツを迅速にエンドユーザーに届けるための仕組み。

〈内部監査のポイント〉

- ☐ 自行庫のホームページの安全性を定期的に評価し、脆弱性を排除する取組みを強化しているか。
- ☐ 自行庫のホームページを開発・運用する事業者の属性を体的に確認しているか。また、同社の経営体制や株主構成、取引先等の変化をモニタリング対象とし、定期的に確認しているか。

⑨サイバーインシデントの検知

　金融庁は、サイバーセキュリティ演習などを通じ、初動対応の迅速さを金融機関に訴求している。そのうえで、インシデントの検知をいかに効率的かつ迅速に適えるかは、最も重要なポイントとなる。ここでは「セキュリティ関連の監視・分析等を行う組織」（Security Operation Center：SOC）の運用モデルを選択させることで、金融機関における対応の実効性を確認している。主として以下の点が問われている。

- ☐ SOCの設置有無
- ☐ 24時間365日対応の実施有無

　ただし、現実的にみて24時間365日に亘ってセキュリティの監視・分析を行う組織を内部に設置するのは厳しいことだろう。とりわけ、夜間や休祭日の対応を内部職員で実現するのは困難だ。そのため、本

設問では「外部に委託している場合を含む」とするなど、現実を見据えて間口を広げていることがわかる。監視機能を担うSOCなどの専門組織は必ずしも内部に設置する必要はなく、外部機関への委託により実現するのが現実的な選択肢といえよう。

　次に、SOCなどの監視部署における実際の監視対象を回答させている。個々の監視対象の選択肢については、いずれも「金融機関であれば当然に実施すべき」と思われるものばかりであり、本件で未対応の金融機関は早急に対応すべきである。現実的にみて、外部への通信の状況をモニタリング対象としている金融機関は多いはずだが、とりわけ、「重要な情報・業務を取り扱う委託先の自組織システムへの接続状況」については注意したいところだ。金融機関はこれらの業務を外部委託先に依存する実態があるが、こうした委託先の行動自体をモニタリングする必要もあるのだ。思いのほか委託先管理の視点が抜け落ちる傾向にあることを念頭に、改めて自行での対応の実態を点検すべきであろう。

〈内部監査のポイント〉

- ☐ SOCの設置に関する自行庫の判断（自組織運用か外部化か）。
- ☐ 夜間や休祭日にサイバー攻撃を受けた場合の自行庫における対応方針。
- ☐ SOCの監視対象として、「重要な情報・業務を取り扱う委託先の自行庫システムへの接続状況」が含まれているか。

⑩サイバーインシデント対応・業務復旧の態勢

　ここでは、初動対応を担う組織について確認されることになる。インシデント発生時の対応を必ずしもCSIRTが担う必要はないものの、あらかじめ任命された要員が対応にあたることができれば、総じて対応上の問題はないと判断できる。

次に、外部機関（一般社団法人金融ISAC等）への協力・情報提供状況について確認され、実際に提供している情報を回答させているようだ。複数の金融機関へのヒアリングと当局担当者へのヒアリングによれば、期待される提供内容は「インシデントの発生状況」「不正な通信先の情報」「把握した攻撃の特徴」「把握した攻撃予告の状況」「受信した標的型メールの情報」が挙げられているようだ。いずれも、かねて通達により金融庁への報告が要請されている「10項目の報告」に準拠しており、当局報告の中身をこうした外部機関向け提供情報に準用しさえすればよく、すでに多くの金融機関で整備済みの要件であるはずなので不安は少ないことだろう。

　設問はさらに、「インシデント発生時の被害拡大防止のためのルール・手順の整備」状況の確認に進む。ここでは、初動対応を左右する現場でのマニュアルが効率的に整備されているかが問われているほか、PDCAサイクルの実装有無が確認されることになる。筆者のヒアリングによれば、不正ログインが疑われた段階で、即座にアカウントの凍結やアクセス経路となり得るネットワークと切り離すことを定義しているルール・手順がない金融機関が依然として存在しているようだ。

　また、「数年前にマニュアルを整備したものの、更新せぬまま」という金融機関も少なくない。金融庁では監督指針や担当官による業界向けセミナー等の場において繰り返し「PDCAサイクルの実装」の重要性を訴えていることから、インシデント対応実績を踏まえ、必要に応じて情報連携態勢、規程類、マニュアル、配置要員数などを見直す（更新する）ことが必要だ。一年に一度は最低限見直すだけでなく、大規模な人事異動や重大なインシデントの発生等のイベントベースで随時更新を行うことが肝要である。

〈内部監査のポイント〉

　　□ インシデント発生時に当局に提供すべき情報は、全銀協通達に

よる「10項目の報告」に準拠しているか。

☐ インシデント発生時の被害拡大防止のためのルール・手順がマニュアルとして整備されているか。

☐ 大規模な人事異動等、自行庫内の主要イベントのタイミングに合わせ、規程類やマニュアルを改訂するルールが整備されているか（直近の改訂はいつか）。

⑪攻撃種別ごとのコンティンジェンシープランの策定

　金融庁では、FFIECが公表するCATが過度に技術的対応に深く切り込んでいることを念頭に、いわゆる非物理的対処にも配意したアセスメントを実施しようとしている点についてはすでに述べた。インシデントに際していかに迅速に、要員が必要な初動行動に着手できるかが重要とされている。その際、「DDoS攻撃」「システムの破壊・改ざん」「システムの機能停止」「情報漏洩」など、攻撃種別もしくは想定シーンごとに複数のシナリオを用意することは言うまでもない。そのうえで、いずれのシナリオにも目標復旧時間を設定しておくことが欠かせない。また、筆者がこれまで評価した複数の金融機関のコンティンジェンシープランやマニュアルにおいて、外部委託先へのサイバー攻撃を想定した手順が含まれていないケースがある点に、くれぐれも留意願いたい。

〈内部監査のポイント〉

☐ 外部委託先にサイバー攻撃が仕掛けられることを想定した対応手順を用意しているか。

☐ 外部委託先へのサイバー攻撃を踏まえ、あらかじめリスク低減策を外部委託先とともに検討し、有効な対策を検討しているか。

⑷　サードパーティ等の管理

　2022年、経済施策を一体的に講ずることによる安全保障の確保の推進に関する法律（以下、「経済安全保障推進法」という）が成立し、金融業界向けのガイドラインにまで辿り着いた昨今、重要な委託先を含むサードパーティ等の管理も重要な論点とされている。アセスメントツールでも、サードパーティの管理に関する設問に紙幅を割いているのが特徴で、まずはリスク評価の実施有無が問われている。

　重要な委託先を含むサードパーティのリスク評価は、「選定時」に実施するのは当然として、「定期的に実施」する必要があり、かつ、認識されたリスクを「リスク統括部署が一括して管理」する必要がある。こうした観点は、かねて監督指針でも「外部委託先管理」の要領として定義されてきたものであり、今さらの感は漂うものの、実は金融機関における漏れがちな対応の最たるものである。重要な外部委託先のリスク評価は実施しているとしても、提携先・出資先・情報システムの接続先などのサードパーティについては十分にリスク評価が実施されていない可能性が高いことから、定期的な点検の実施が必要だ。

　さらに悩ましいのは、金融機関とこうしたサードパーティ等の間におけるリスク管理や評価に関する契約条件が整備されていない可能性だ。既契約のサードパーティに対して金融機関が一方的に定期的なアセスメントの実施と報告を義務づけようとしても、これを裏づける明確な契約要件を金融機関として有していない場合、リスクが残置される恐れがある。今後は、重要な委託先ばかりか、その他のサードパーティとの間での「充分に揉んだ」契約条件の整備や契約条件の見直しなどが必要となりそうだ。

　なお、クラウドの利用先もサードパーティ管理の対象となるが、FISCからクラウド利用のガイドラインが公表されていることから、当該ガイドラインへの準拠が当然に期待されている点に注意が必要だ。

拠り所としてはIPAから公表されている企業向けガイドラインに定義
されている要件も準用可能であり、適宜参照願いたい。昨今、金融庁
では「特定クラウドサービスに起因するサービス停止」を懸念してい
る様子が窺えることからも、今後は特定クラウドに依存した場合のリ
スクを排除することを念頭に、マルチクラウド化によるバックアップ
インフラの整備も優先課題として位置づけられることだろう。

第3節

サードパーティリスク 対応の経済安全保障 対応への昇華

これまでにない規模とスピードで外部企業との連携や外部サービスの利用が進む今、金融機関は、委託先企業、パートナーシップのあった企業以外の外部との取引という新たなリスクを抱えている。金融セクターで課題視されるサードパーティリスクへの対応手法を取り上げつつ、当該対応が昇華される様態で実現するであろう経済安全保障の要諦について解説する。

▋1 サードパーティリスク対応の基本的考え方

　かねて課題とされていたITベンダーの開発体制の重畳化は、フィンテックブームのなかで、金融機関が様々なカウンターパートとの連携深度を深めつつあることにより、一層リスクとして認識される状況となっている。資本規模が小さく、創業から日の浅い国外企業とのパートナーシップも当たり前となり、重厚長大な大手企業との連携を前提としていた従前の対応とは、景色が一変したともいえる。金融機関の現業部門においてもクラウドサービスが多用され、情報システム部門が直接に関与しない外部企業が提供するITサービスの利用も指向されている。すなわち、これまでにない規模とスピードで外部企業との連携や外部サービスの利用が進んだことで、金融機関は新たなリスクも抱え込むことになったのだ。

　そこで本節では、金融セクターで課題視されるサードパーティリス

クへの対応手法を取り上げつつ、当該対応が昇華される様態で実現するであろう経済安全保障の要諦について解説する。

　内部監査部門では、外部委託先管理→サードパーティリスク対応→経済安全保障対応といった金融界全体の潮流を俯瞰することが肝要である。そのうえでは、ファンダメンタルとなる「監督指針」における外部委託先管理のポイントをしっかりと理解し、これを援用することが実務上の最適解となろう。

(1)　サードパーティリスク対応の要諦

　昨今生じている金融機関のシステム障害では、金融機関に起因する障害ではなく、金融機関と外部事業者との接続ポイントや外部事業者のシステム基盤に障害が生じ、結果として金融機関のシステムに影響を与えたケースが散見される。

　例えば、外部の事業者との連携により金融機関が新たに提供し始めた金融サービスの一部には、当該事業者の設計思想がそもそも一般事業者向けの提供を前提としたもので、金融庁やFISCによる厳格な統制下にある金融システムサービスの設計思想とは相容れないものも存在する。金融庁では、検査などを通じて、こうした外部事業者への指導を強化してきたこともあり、外部事業者における金融サービス提供者としての意識は徐々に芽生えつつあるものの、未だに金融システムに特化した強固な要件を実装している外部事業者は多いとはいえない状況にある。

　筆者は、PCを外部で人目につく場所で利用することは極力避けており、会社貸与のスマホでさえ、外部で利用する際には接続先ネットワークの利用にも留意している。しかし、喫茶店、ホテルや空港のロビーなどでは、周りを気にせずにPC操作をしている会社員の姿が多く、場合によっては店内で業務上の会話なども耳にするのが昨今だ。公衆

の場でも、無料でWi-Fiが利用できることがこの傾向を助長している。

　フリーWi-Fiは、通常のインターネット利用やゲーム等のホビー需要のツールとして無料開放されていると理解すべきであり、業務上の情報を格納した端末を接続するという発想を持つのは危険だ。また、フリーWi-Fiの中には、「敵」があえて情報窃取を目的に設置したものも存在している。第三者が設置したセキュリティの緩い、もしくは悪意を持って敵が設置したフリーWi-Fiに接続したターゲットの端末へ侵入を試み、端末内の情報を窃取せしめる事例も確認されている。

　ターゲットの端末への直接への侵入にはちょっとしたスキルが必要だが、「どんなサイトを見ているか（アクセスしているか）」「何を打ち込んでいるか」を知ることは意外と簡単だ。喫茶店などでの会話を聞いていると、取引先とのシステム開発の進捗に関するやりとりを複数名で実施している様子が窺えることも珍しくない。オフィスを持たずにデリバリーを実現するといったベンチャー企業もみられるなか、セキュリティの視点が抜け落ちているこうした「危機感のない企業」の存在を、我々は十分に認識する必要がある。

〈内部監査のポイント〉

- ☐ 個人端末であってもフリーWi-Fiの利用には情報窃取等のリスクがつきまとうことを理解し、業務用端末の接続を禁止する等、自行庫内で行職員向け研修等を通じて周知啓発を行うほか、セキュリティルールとして一定の制約を課しているか。
- ☐ 委託先企業では、自行庫と同レベルの情報セキュリティ環境が整備され、職員の行動規範やセキュリティスタンダードが高度に整備されているか。
- ☐ 委託先企業では、役職員向けのセキュリティ研修等が実施され、自行庫とともに金融サービスを提供する協同者としての意識啓発を積極的に実施しているか。

□ 委託先企業では、オフィス外で自行庫が提供する各種データの
取扱いを行うことはあるか。ある場合には、具体的にどのよう
な情報取り扱いルールを定義し、情報漏えいや情報窃取のリス
クに備えているか。

(2)　サードパーティリスクのコントロールに向けたチェックの視点

　金融機関における外部企業との新たな連携やサービス利用形態の多
様化は時代の波であるとしよう。では、金融機関はどのようなチェッ
クを施せばリスクを低減することができるのだろうか。

　そもそも、外部に委託して情報システムの開発を行う場合には、「誰
がシステム開発に関与しているのか」を開発の各工程においてウォッ
チし続け、継続的にモニタリングを行う必要があることは言うまでも
ない。さらに、情報システムを経由するデータのサプライチェーンを
可視化することで、データの流通範囲を捕捉せねばならない。もちろ
ん、当該データの保管場所の確認も欠かせない。

　むろん、情報セキュリティのみならず、提携先企業や情報システム
の開発委託先企業の経営容態そのものにも配意が必要だ。

　図表5−13は外部委託先企業において想定されるリスクの代表例
を示している。業歴の浅い企業においては、頻繁に経営者が代わった
り、「ラウンド」と称した第三者割当増資を通じて資本関係、株主、
その持ち分構成比も、短期に変貌を遂げることだろう。金融機関側の
情報管理態勢がいかに厳格なものであったとしても、顧客情報を連携
する提携先企業における情報システムに、セキュリティ上の瑕疵が存
在したり、そもそも当局が要請するレベルのレギュレーション対応が
施されていなかったとしたら、金融機関のリスク管理上の脅威となり
得る。とかくスタートアップでは、アイデアベースで事業規模拡大が
志向される傾向にあり、結果としてガバナンスやセキュリティが劣後

第5章　テーマ別システム監査の論点

図表5−13　外部委託先企業において想定されるリスク

対象	想定される事象
経営陣	☐ 経営陣のコンプライアンス意識が希薄 ☐ 公私の峻別がついていない
株主・資本関係	☐ 知らない間に株主が代わっていた／増えていた ☐ 怪しげな企業と提携していた
情報システム	☐ 情報システムの運用が不安定でトラブルが多い ☐ 情報システムのセキュリティに課題がある
意思決定	☐ 少数の幹部が複数部門を兼務で所管しており牽制機能が発揮されない ☐ 実は外部の第三者によって会社の意思決定が支配されていた
ビジネスモデル	☐ ビジネスモデルが陳腐化する（他社が同様のビジネスを実践してしまう） ☐ 導入予定もしくは開発していた技術が実現されない ☐ 想定していた収益を確保することができない ☐ 第三者との間で知的所有権を巡るトラブルが発生する
リスク管理	☐ そもそもリスク管理がなされていなかった／脆弱性が存在していた ☐ 経営層のリスク管理の意識が希薄だった

（出所）NTTデータ経営研究所作成

されている可能性が拭えない。これらを念頭に、経営者そのものや経営の意思決定メカニズムを含めたガバナンスの全体像を捕捉する必要がある。

　では、金融機関はこういった企業のいったい「何を」「どのように」チェックしていけばよいのだろうか。もちろん、金融機関は新たに提携する企業の財務情報その他の信用調査は「入口段階」での所作として、当然のように事務手続に組み込んでいることだろう。重要なのは、提携後の「継続審査・監査」の視点である。融資でいう「途上審査」に似た要件と考えればよい。頻繁にラウンドがこなされ、資本関係が

激変している可能性も踏まえ、最低限必要な相手先企業の情報を精緻に収集せねばならない。

　例えば、当該企業における外部提携関係に変化はないかといったことも確認項目としては重要だ。自行庫との業務提携の後、新たに第三国のカウンターパートとの間で自行庫のリスクとなりかねない新たな提携関係が生まれている可能性もあるだろう。併せて、第三者割当増資を通じ、第三国の企業体が当該企業の株主として登場していたりはしないだろうか。我々が知らない間に、当該企業における業務が実質的に第三者に一部にせよ再委託されたりしていないだろうか、サーバーの設置場所に変化はないだろうか、といった視点でもチェックを施す必要がある。

　また、最近のフィンテックベンチャーで多いのが「当局レギュレーションの認識不足」に起因するトラブルだ。金融庁の問いかけに際して「FISCって何ですか？」と問い返した企業があり、検査官が唖然としたという話も耳に入ってくる。このように、レギュレーションも含めた法令意識や、金融サービスに独自に要請されている事項への対応状況についても、継続的に確認を求める必要があることは言うまでもない。そこで問われるのが、リスクアセスメントを実施するための具体的なチェックリストの有無である。例として、**図表5-14**に金融機関が外部企業との提携に際して、また継続的にチェックすべき視点として重要なポイントを取り上げた。

　内部監査に際しては、被監査部門における重要な提携先や委託先等をピックアップのうえ、対象部門に、同図表の視点を参考とした当該企業における以下の実態把握を求めることが有効である。

〈内部監査のポイント〉

☐　相手先企業の経営体制。
  • 経営者の属性（国籍、履歴）

図表 5 – 14　委託先の初期監査と継続監査のポイント

提携先企業の初期監査	提携先企業の定点監査
☐ **ビジネスモデルの優位性確認** 　• 技術評価 　• 事業計画の評価	☐ **定点観測によるリスク管理** 　• 株主の変化 　• 提携先企業の変化 　• システム開発の状況変化 　• 再委託の状況変化
☐ **情報システム** 　• 開発状況 　• セキュリティアセスメント	
☐ **意思決定メカニズムの状況** 　• 意思決定のプロセス 　• 関連規程類の整備状況	☐ **セキュリティ運用状況** 　• 物理的対処の状況 　• 非物理的対処の状況
☐ **兼務の状況** 　• 牽制機能の実効性を検証	☐ **当局レギュレーションへの準拠** 　• レギュレーションへの対応状況 　• 企業の対応意識
☐ **他社との資本提携・連携状況** 　• 提携先企業も資本関係、株主属性などを漏れなく確認 　• 他者への再委託状況の確認	☐ **規定類整備状況** 　• リスク管理の手順化状況

（出所）NTTデータ経営研究所作成

- 実質的経営者の属性（国籍、履歴）

☐ 相手先企業を取り巻く法的制約金融当局が課すレギュレーションの理解。

- 金融関連業法の理解
- FISCの安全対策基準の理解
- 明文化されていない、その他の金融業を取り巻く過去の通達や慣行の理解

☐ 相手先企業の内部管理態勢。

- 意思決定メカニズムの実態
- 内部牽制機能の実装
- 内部犯罪への対処の考え方とこれを避止するチェック態勢
- 内部監査の機能実態と外部監査の結果
- 当局が期待するレベルの各事務処理のプロシージャー

☐ 相手先企業のシステム開発の基盤と態勢。

- 基盤となるハードやソフト（製造者）
- サーバーの設置場所（国、地域）
- バックアップのカバー範囲（本番系のフルバックアップ／一部機能に限定）
- バックアップシステム（サーバー）の整備状況と設置場所、もしくはデータの隔地保管の実態（設置国、設置場所）
- バックアップシステムへの切り替え／切り戻し手順の可視化
- システム開発及び運営の体制（委託、再委託の実態）

　ここではあくまで一例として参考となるポイントを取り上げたに過ぎないが、今後厳しさを増すことが予想される経済安全保障を念頭に、こうした論点整理を先行して実施しておくことが有効となるはずだ。

❷ 経済安全保障の概要と金融機関への 直接的・間接的な影響

　サードパーティリスク対応が金融機関を取り巻くサイバーセキュリティリスクへの対応を指す一方、経済安全保障対応は、国としてのサイバーセキュリティリスクへの対応そのものともいえる。我が国政府は、14のインフラ事業を特定のうえ、当該インフラ事業者のうち各省庁が政省令等で指定した事業者から対応が開始される。また、省庁によって所管インフラ事業者の指定や仔細な要件を定めたガイドラインがそれぞれ公布されることもあり、本書執筆時点ではその対応粒度には濃淡があるのが実態だ。

　本項では、2023年11月16日を最新版として金融庁（内閣府）から公

表された「経済施策を一体的に講ずることによる安全保障の確保の推進に関する法律に基づく特定社会基盤事業者の指定等に関する内閣府令の一部を改正する内閣府令（案）」（以下、「2023年11月内閣府令（案）」という）を参照しながら、経済安全保障へと進んで背景を理解し、主要な論点を整理することで、内部監査担当者が意識すべきポイントを解説する。なお、現時点で取得できる情報と公表された「金融分野における経済安全保障推進法の特定社会基盤役務の安定的な提供の確保に関する制度の解説」（以下、「Ｑ＆Ａ集」という）のみでは、金融機関が共通的に依拠可能な条件や判断材料に事欠く状況にある。「2023年11月内閣府令（案）」で法令化された内容は部分的に粒度が荒く、仔細な要件が明らかにされておらず、「Ｑ＆Ａ集」にしても必ずしも明確な解釈を示しているとはいえないためだ。つまり、本番運用として実際にいかなる水準を目指せば良いのか、極めて不透明な状況にある。さらに、今後、金融庁によるガイドラインや新たな「Ｑ＆Ａ集」が数度に亘って公表される可能性を勘案すれば、現時点で内部監査部門向けに一定の水準や判断材料を示すことは、内部監査担当者諸氏の理解において誤謬を生じさせる恐れが否めない。したがって、本項では、経済安全保障を巡る個々の論点を中心に解説を加えるものの、内部監査部門が実務で活用可能な形態でのチェックリスト化は見送ることとした。

（1）　発端はファーウェイ問題

　国際的な経済安全保障ムーブメントの契機となったのは、数年前の米国における中国企業ファーウェイ社を取り巻く騒動だ。当時米政府は、同社及び関連法人40数社が米国製半導体などを事実上調達不可とする輸出管理規則を適用。そもそも、米国政府及び政府機関との取引に関しては同社製品の情報システムへの組込み・実装・利用が制限さ

れていたのだが、この規制がさらに強化された格好となった。

　背景には、サイバーセキュリティへの米国政府の懸念がある。政府調達の大規模情報システムが、外部との接続チャネルなどにおける脆弱性を排除し、いかに高度化されたセキュリティを具備したとしても、そもそも情報システムに組み込まれている一部製品が「不自然な」動作をするようなことがあれば、システム全体のセキュリティが担保できなくなるためだ。もちろん、同社による明確な産業スパイ事案などは報告されておらず、米国政府の懸念の実態について、我々は子細を知る術もない。

　このように、米国では、政府調達を中心に、情報システム開発や運用を直接に担うITベンダーに対し、情報システムに組み込む機器やソフトウェア製品へのチェック機能の強化を求めており、情報セキュリティ強化を御旗に他の同盟国にも同様の対応を呼びかけている。これは、英、豪、カナダ、ニュージーランドが対象とされる。すなわち、米国を含めた5ヵ国間における諜報（インテリジェンス）活動から得られた情報の共有基盤「FIVE EYES」である。日本はこのFIVE EYESへの加盟を目指しているとされ、水面下では米国から同様の要請を受けていたようだ。そして、これが我が国においても政府調達の情報システムにおける事前のセキュリティチェックが厳格に運用される契機となった。すなわち、経済安全保障を我が国政府が認識したのがこの騒動であったと言っても過言ではない。

⑵　諸外国におけるローカルルールの存在に注目が集まる

　一大消費地であることに加え、オフショアでのシステム開発や企業のデリバリー拠点としても重視されてきた中国では、2010年7月に国防動員法が施行されている。中国国内で有事が発生した場合に発令され、企業が保有する財産や資源は必要に応じて中国政府に接収される

こととされている。また、交通インフラや金融機能についても政府もしくは軍の管理下に置かれるとされており、中国企業のみならず、外資系企業もその対象となっている。

有事に際しては空港や港が閉鎖される見通しであり、邦人の中国国外への出国も困難になろう。中国国内における有事は、我が国企業の事業撤退リスクに直結する可能性が否定できないことに改めて留意が必要である。さらに、中国では、2017年より国家情報法が施行された。中国人はいかなる組織・個人においても、中国の情報活動に協力する義務があると定められており、中国国外に居住する中国人もこの規制を受けると解釈される。先の米国におけるファーウェイ社を取り巻く懸念も、これが1つの契機ともなっている。

中国にとどまらず、国によっては通信の秘密の保護に関するルールが整備されていないなど、当該国政府組織はもとより第三者による通信傍受が物理的に可能となっている恐れがあるとされるケースも存在する。こうした国に我が国の国民情報などが格納されたサーバーなどが設置されていた場合、第三者による通信傍受の懸念も出てくることだろう。国民に関する情報が国内のITベンダーによって厳格に管理されていたとしても、サプライチェーンを通じて第三者が当該情報を部分的にであっても取扱い、さらに第三国に設置されたサーバーをクラウドサービスなどによって間接的に利用している、といったことがあれば、当該格納情報はもはや安全に保秘されているとはいえまい。

こうしたケースを考慮のうえ、我が国政府では情報取扱方針を徐々に厳格化してきており、その過程において、いわゆる「サードパーティリスク」という概念が浮上したものと理解される。

(3) **金融機関における経済安全保障はサードパーティリスク対応そのもの**

政府がカウンターパーティとの取引に配意しようとしているのであ

れば、これを金融機関側の立場に当てはめた場合、どのようなケースが想定されるのであろうか。

　金融機関では、ITベンダーとの取引に際し、従前より、財務状況はもとより経営者の信頼性などについても十分に考慮されてきたことだろう。ただし、ITベンダーの開発体制が再委託、再々委託といった重畳的な体系へと移行するなかで、金融機関としては再委託先などのチェックが十分に行き届かなくなる可能性も否定できない。とかく大規模システム開発などの場面においては、テンポラリーなスタッフを短期で大量雇用し、当該スタッフが重要システムの開発の一部を担う、といったシーンも想定されることから、委託先企業そのもののチェックはもとより、従事するスタッフ一人ひとりの属性チェックも今後は欠かせない。最近の中央省庁では、国の委託業務において実際に業務に従事する委託先企業の職員についてもフィルタリング機能などを用いた信用チェックを実施するのがデファクト化している様子が窺えるが、これは企業そのもののチェックだけでは情報管理上の「抜け漏れ」が生じることを懸念しているためだ。

　かたや金融機関をみると、昨今は新興企業との連携へと加速する風潮がみられる。「ほぼ完璧ではないか」とも思えるベストプラクティスともいうべき対応が施されている金融機関も存在するものの、すべての金融機関で同様のチェック機能が働いているとは限らないといった点が、金融庁の懸念材料となっているようだ。

⑷　我が国における経済安全保障の概要

①「特定社会基盤事業」とは何か

　経済安全保障制度とは通称であり、正しくは「特定社会基盤役務の安定的な提供の確保に関する制度」と呼称する。そのうえで、「特定

社会基盤事業」とは、政府が指定する交通、通信、郵便、電力、金融など計14のインフラ事業が該当する。

　このインフラ事業で提供される重要役務を、「特定社会基盤役務」と呼んでいる。特定社会基盤役務は、「国民生活又は経済活動が依存している役務であって、その利用を欠くことにより、広範囲又は大規模な社会混乱を生ずるなどの経済・社会秩序の平穏を損なう事態が生じ得るもの」または「国民の生存に不可欠な役務であって、その代替が困難であるもの」の提供を行う事業・業務を指すとされる。

　少々ややこしいので換言すると、「特定社会基盤事業」と呼称されるインフラ事業者たる金融機関が、国民生活に欠かせない預金取扱業務等においてシステムを用いて行うデータ処理を「特定社会基盤役務」として実施している、となる。また、預金取扱業務などでデータ処理等を行うシステムを「特定重要設備」と呼称する。「特定重要設備」とは、当該機能が提供できない場合に役務の提供自体に影響を与える可能性のあるものや、役務が提供できたとしても品質や機能低下を招く可能性のあるもの、もしくは将来的に安定的な役務の提供に影響を生じ得るものが該当する。すなわち、金融機関でいう勘定系システムがまさにこれである。

　今後、新設・更改対象となる特定重要設備の更改が計画されているならば、事前に政府へ計画書を届け出たうえで審査を受ける必要がある。

　なお、こうした設備には、情報システムとしてのソフトウェアが欠かせないが、計画策定段階はもちろんのこと、ライフサイクルにおける更新時・機能追加といった見直しが加わるケースが想定される。このようなイベント時にも変更届け出の提出を義務づけるのがポイントだ。

　留意すべきは、法の規制対象が「業務そのもの」ではなく、「当該

業務を実施するシステム」そのものであることだ。もちろん、金融機関が自組織で用いるすべての情報システムが該当するのではなく、あくまで「特定社会基盤役務」の提供を行うために不可欠なものに限定している。

②政府が認識する問題意識

政府が課題として認識している点は、「特定社会基盤事業」そのものに対する妨害行為である。なお、特定社会基盤事業とはインフラ事業者が提供する国の機能として欠かせない設備を指しており、金融分野でいえば、金融機関の運営に必須となる基幹システムや決済インフラが該当する。

インフラ事業者は、外部から機器やソフトなどを購入し、これを組み上げることでインフラを整備している。また、インフラの維持管理には、外部企業や委託先による支援を受けているはずだ。こうしたシーンそれぞれに脅威が台頭している。すなわち、調達や保守の過程で、ICT機器やソフトウェアに不正に機器やチップが組み込まれ、これを通じて外部に重要情報が漏洩するリスクだ。政府はこれを念頭に、重要インフラたる金融機能そのものにも対策を施そうとしているわけだ。

では、実際に内閣府令で指定された、各業態の対象システムをみてみよう。

③銀行業では4つのシステムが規制対象に

2023年6月に公表された内閣府令（案）（以下、「2023年6月内閣府令（案）」という）で、銀行業における対象として次の基準が明確に打ち出された。これまでは「預金量で10兆円」というのが抽出基準とされてきたが、複数の要件が示され、直近3事業年度の末日における平均が以下のいずれかに合致した場合に対象となることがわかった。

- 預金残高の平均が10兆円以上
- 預金口座数（別段預金を除く）の平均が1,000万口座以上
- （年度末時点）国内設置のATMの設置台数の平均が1万台以上

　また、2023年11月16日には対象事業者が特定され、公表されている。すでに該当する銀行には、2022年度中に金融庁から一部の対象業務及び情報システムを対象に「業務プロセス」の可視化作業が要請されており、情報システムの開発・運用プロセスに登場するステークホルダー、関連事業者の特定作業が先行して進んでいる。また、セブン銀行とローソン銀行、楽天銀行のほか、資金移動業ではPayPay株式会社、イオンリテール株式会社、東日本旅客鉄道も、経済安全保障推進法の対象とされた。こうした事業者については、情報システムの調達・実装・運用の各プロセスで、調達先や運用委託先の経営者や株主などの国籍管理が必要となり、従前には必要とされなかった新たなガバナンスが要請されることになるだろう。

　なお、資金移動業では「直近3事業年度の末日における利用者の平均が1,000万人以上で、かつ、直近3事業年度の為替取引により移動させた資金の合計額の平均が4,000億円以上」の事業者が該当することとされた。銀行業の指定基準は「要件のいずれかに該当すること」となっていたが、資金移動者の場合は「いずれにも該当すること」とされた点が異なっている。

　移動体通信事業者が資金移動業を兼業するケースはもはや当たり前となってきたわけだが、主要な移動体通信事業者がこれに該当するほか、QRコード決済事業者でも、利用者数5,000万人を超えるPayPayの他、メルペイが対象となった。なお、移動体通信事業者は別途、通信インフラ事業者として総務省による経済安全保障関連ガイドラインや法令の規制を受けることを考えると、経済安全保障対応は他業態にも増して大きな負荷となるだろう。

　実際の運用としては、業態ごとに金融庁長官が対象となる事業者を指定し、官報に掲載される。また、対象事業者には金融庁長官から指定通知書が交付される。なお、すでに金融庁による対象事業者への立ち入り検査の権限が示されたことから、今後、こうした金融サービス提供事業者を対象とした金融検査や水平レビューが、当然に予見されることだろう。資金移動業等に登録している大手フィンテック企業を中心に、「ウチは金融機関ではなかったはずなのに」といった嘆きの声が聞こえてきそうだ。

【参考】内閣府令で「指定基準に該当すると見込まれる」として公表
　　　　された金融機関

銀　　　行：みずほ、三井住友、三菱UFJ、りそな、三井住友信託、
　　　　　　三菱UFJ信託、セブン、楽天、ローソン、ゆうちょ、
　　　　　　常陽、千葉、横浜、静岡、福岡、北洋、埼玉りそな

協同組織：信金中金、全信組連、労金連、農林中金

証　　　券：SBI、みずほ、大和、野村、楽天、SMBC日興、三菱
　　　　　　UFJモルガン・スタンレー

保　　　険：アフラック、かんぽ、住友、第一、日本、明治安田、
　　　　　　あいおいニッセイ同和、損保ジャパン、東京海上日動、
　　　　　　三井住友海上

資金移動業：PayPay、メルペイ

---

④勘定系システムで採用される技術はどこまでが法規制の対象か？

　「2023年6月内閣府令（案）」では、銀行業（信用金庫を含む）における規制対象は次のとおりとされた。ここでは筆者の解釈でわかりやすく表現した。なお、信用金庫についても同様の扱いとされている。

- 預金受入業務を支える情報システム
- 資金貸付業務を支える情報システム
- 手形割引業務を支える情報システム
- 為替取引業務を支える情報システム

　また、「2023年11内閣府令（案）」では、法規制の対象システムを構成する要素を「次に掲げるものその他の設備、機器、装置又はプログラムのうち、（略）、業務の運営のために特に必要なもの」とされた。

- 業務アプリケーション
- オペレーティングシステム
- ミドルウェア
- サーバー
- 顧客資産情報を保管する設備等

　「顧客資産情報を保管する設備等」は、2023年11月16日に併せて公表された「Ｑ＆Ａ集」において追補されたものであり、ここでは併せて列挙した。

　なお、「Ｑ＆Ａ集」では、具体的な対象設備等は「各特定社会基盤事業者におけるシステムの導入・管理の実態等に照らして個別に判断する」という表現が多用され、依然として個別具体的な対象が明らかとはされていない状況にある。

　ここで問題となるのが、例えば、特定国の企業が開発したAIなどを対象システム等に組み込んでいた場合である。規制対象となれば、政府の審査では開発者(社)の国籍が問われることから、優れた機能を有する製品であっても採用を見送らざるを得ない可能性がある。他方、こういったAIが、業務の運営のために特に必要なものとみなされず、「単なるツール」として位置づけられる場合には、現状とほぼ変わら

ぬ対応で看過される可能性も出てきた。本件取扱いについては、現時点で実務としての審査実績がないため、解釈の余地が残されており、今後の金融庁の運用次第、ということになろう。

とはいえ、金融機関には、これまでにはないサプライチェーンの厳格な管理が要請されることは確かだ。そのため、金融機関には少なくとも当面の間、勘定系システムに導入する機器、ソフトウェア、ツールの調達や利用に際し、保守的な判断、運用が求められることになるだろう。

⑤重畳的となっている現状のシステム開発・維持・運用工程の受委託関係にメスが入る

特定重要設備とみなされるインフラを構築・運用する場合、従前どおりであれば二次受け、三次受け、四次受け……といったように再委託が繰り返され、最近の大型システム開発案件では八次受けまで確認されてもいる。こうした重畳的な受委託関係では、特定重要設備の開発・維持・運用の各工程における安全性が担保されない。そこで政府は、特定重要設備の開発・維持・運用の各工程にかかわる「最終的に委託を受けた者」を計画書に記載することを要件としている。これは現状からみれば相当に高いハードルとなろう。

⑥勘定系システムの開発・運用業務の委託先企業の役員・株主の国籍管理が求められる

金融庁は、特定重要設備の供給者について以下の報告を求めている。
- 供給者（会社・団体）が設立された国
- 供給者の5％以上の議決権を有する株主の氏名、国籍、株の支配比率
- 供給者の役員の国籍と氏名

- 供給者が外国政府等との間で、自社の売上の25％以上を占める取引がある場合、当該相手国名及び取引ウェイト
- 供給者が提供する特定重要設備を実際に製造した場所（国・地域）

さらに、次のとおり、特定重要設備が維持・運用される際に欠かせない委託先についても同様の報告を要するとしている。
- 委託先（会社・団体）が設立された国
- 委託先の５％以上の議決権を有する株主の氏名、国籍、株の支配比率
- 委託先の役員の国籍と氏名
- 委託先が外国政府等との間で、自社の売上の25％以上の取引がある場合、当該相手国名及び取引ウェイト

　要は、特定重要設備を提供する企業に加え、再委託先も含め、外国政府から何らかの影響を受けていないかどうかを確認させることになるわけだ。

　ただし、国でも我が国金融機関でも従来、「個人」の国籍管理というものは原則としてルール化しておらず、銀行でも、顧客の国籍を把握しているのは、本人確認の際に特定証跡が提示された場合等で間接的に捕捉されるシーンに限定される。さらに、顧客データベースにそもそも国籍を管理するフィールドが存在しない金融機関もある。

　個人情報としても機微なものに該当するだけでなく、原則として申告に依存せざるを得ず、果たして実効性が伴うのかが疑問とされてきた。また、国籍を証明する証跡としてかつて有用とされた運転免許証だが、法改正などにより券面に国籍は表示されなくなって久しい。もちろん、免許証のICチップの読み取りと警察庁データベースとの突合により個人情報として国籍を確認することは物理的には可能だが、

民間にはそもそもアクセスなど容認されるわけもない。AML／CFT 対策でも大いなるハードルとして立ちはだかる国籍管理だが、2023年 3月に政府の基本方針が示され、具体的な要件が明らかとなって以降、 経済安全保障対応における最大のネックになるとの見立てが金融界の 太宗を占めていた。

　こうした国籍管理への実務上の懸念が渦巻くなか、金融庁としての 法的見解が2023年11月16日公表の内閣府令でようやく示された。勘定 系システム更改等に際して事前に政府への提出が義務づけられる計画 書に報告される供給者（ITベンダー、委託会社）の役員及び株主の 国籍を証する書面の具体例が明らかになったのである。法規制の対象 とされた金融機関では、事務マニュアルを整備しつつ、証跡類の徴求 と保管、さらには定期的な異動状況の確認といった途上点検も含め、 具体的な手続きを定義する必要がある。

〈当該企業の役員が日本人である場合〉
- 旅券の写し
- 出入国管理法及び難民認定法第2条5号に掲げる旅券の写し
- 戸籍抄本もしくは戸籍記載事項証明書または本籍の記載ある住民 票の写し

〈当該企業の役員が外国人である場合〉
- 旅券の写し
- 在留カードの写し
- 特別永住者証明書の写しその他の氏名、生年月日及び国籍等を証 明する書類

⑦対象となる預金取扱金融機関を預金量で峻別したら何が起こるか？

　また、これまで金融庁は本法対応に先行し、特定の金融機関に対し、 試行的に重要業務にまつわる業務フロー、データのバリューチェーン

等を可視化するよう要請してきた。ここで問題となるのが、本法対応は地銀全行が対象となるのでなく、一部の地銀のみが対象となった点だ。

　地銀上位行を本件の対象として厳しい対応義務を課した場合を想定しよう。地銀上位行もほぼ漏れなく勘定系システムは共同システムを利用している。共同システムの利用コストは預金量や利用する機能にもよるが、ほぼ参加行によって按分されることとなる。同じ共同システム利用行で、ある銀行は経済安全保障対応のためシステム管理や維持・運用スキームを個別に定義した場合、かかるコストは１／ｎで按分することができず、当該銀行が負担せざるを得ないし、勘定系システムの運用コストは場合によっては「倍加」することだろう。果たしてこうしたコストアップに我が国金融機関は耐えることができるのだろうか。ましてや、同じ業態であっても、「Ａ銀行は対象となるが、Ｂ銀行は対象外」となったように、ほぼ預金量が同じであったとしても僅差で対象となるか否かが決定した場合、悪意を持った外国政府の影響を受けた企業や団体・個人は、厳しい法の対象外となるＢ銀行をターゲットとした工作を展開するであろうことは想像に難くない。

　例えば、サイバーセキュリティ対策やAML／CFT対策を義務づける法令は、すべての金融機関に遍く対象としているが、この規制から漏れる金融機関が生まれたとしたらどうだろうか。敵はこうした法令から漏れる金融機関にスコープを絞るはずだ。現実的に金融機関横並びで展開すべき要件であるにもかかわらず、経済安全保障対応だけはこのロジックから外れた場合、何が起こり得るのか、少々議論を深める必要があるだろう。

⑧法令の対象とされなかった金融機関における留意点

　ここまでは、法令の対象とされる一部の金融機関に課せられる経済

安全保障上の対応となる。これらは金融機関が被る直接的な影響といってよいだろう。ただし、対象外とされた金融機関にも間接的に経済安全保障の影響が及ぶ可能性が出てきた。これは、経済安全保障の対象が14ものインフラ事業者に及ぶことに起因している。すなわち、自行庫が法規制を免れた場合であっても、融資先企業や重要な提携先・連携先さらには出資先企業が、インフラ事業者として他省庁による法規制下に置かれるケースがこれに該当する。例えば、次のような事例が想定される。

> ▶自行の融資先企業である地元電力会社のＡ社が電力設備の更改を行うこととなり、当行庫も融資に応じた。Ａ社は経済産業省が指定する特定社会基盤事業者とされていた。ところが、後日、Ａ社からの設備更改に関する事前届出を受けた政府が、経済安全保障対応にかかる審査を実施したところ、Ａ社の予定する新たな設備の枢要部分に、特定国の技術に依存する機能が組み込まれていることが判明した。その結果、審査手続は凍結され、Ａ社の設備投資計画が大きく変更となっただけでなく、Ａ社は大規模な再投資が必要となった。資金繰りに窮したＡ社は事業に行き詰まり、ついには事業継続すら危ぶまれる状況に陥り、当行への返済も滞った。そのため、当行はＡ社向け債権の格付けを変更し、必要な引当を行わざるを得なかった。

こうしたリスクを想定するならば、預金取扱金融機関として、想定される融資先が属する業界に下達される経済安全保障関連ガイドライン等にすべて目を通す必要があるだろう。そのうえで、当該業界にいかなる法規制が及び、いかなるリスクを抱える可能性が想定されるか等、個別具体的なアセスメントを実施しておくことが望ましい。

また、こうした事前準備動作は必ずしも営業部門が担うだけでなく、

融資審査部門やリスク統括部門を中心に、全14のインフラ事業者向け
の関連ガイドラインを精査し、必要なアセスメントを実施のうえ、営
業部門との間で必要情報を共有する、といった組織横断的な対応が有
効となりそうだ。

第4節

AML／CFTの
高度化に向けた論点

金融機関のマネー・ローンダリング及びテロ資金供与、拡散金融対策は、目下の急務である。金融犯罪のトレンドをキャッチしつつ、本人確認、モニタリング、フィルタリング、顧客管理等実務上の論点を明確にしたうえでシステム監査の高度化のための勘所を整理する。

1 AML／CFT概論

⑴　金融犯罪にまつわる昨今の問題意識

　金融機関における顧客接点では、近年、インターネット・スマホ・アプリ等を活用した取引が拡大し、金融サービスの提供チャネルは、金融機関の窓口から、ATM、インターネット、アプリ、提携先の資金移動業者等が提供するチャネルへと拡がりを見せている。本来、対面での顧客対応を有意としてきた金融機関にとっては大きな変化ではあるが、単なる技術の進展のみならず、コロナ禍での生活スタイルの変革等を受けた顧客側の需要に起因する側面もある。ただし、コンプライアンスの面では、非対面チャネルの拡大は、顧客や取引の観察機会を失うことを意味しており、人間系でリアルタイムにリスクを検知可能な場面が減少した。

　例えば、営業店において、対面で、不自然な応答をする顧客や高額な振込みを行おうとする高齢者に職員が気づくことは可能だが、店外ATMやIB等を通じて取引された場合は、こうした気づきを得ることができない。もちろん、他社チャネルを通じた取引でも同様である。

さらに昨今は、金融サービスの利用主体を偽装する手口も横行している。悪意の第三者がSNS等を通じてアルバイトを募集し、ATM等で本人に代わって詐欺的行為で顧客から送金されたカネを、これも第三者から金銭で授受した口座から引き出すといった行為が後を絶たず、「真の犯罪者」が秘匿される傾向にもある。すなわち、従来、金融機関が採用してきた「キャッシュカード＋口座番号＋暗証番号」の組み合わせによる本人確認、「犯罪者の氏名・住所等を特定したうえでのリスト照会」による悪意の第三者のピックアップ、といったプロセスが有効性を喪失しつつあるといえる。

⑵　FATF対日相互審査

　こうした問題意識を踏まえ、各国共通のテーマとして高度化が推進されているのがマネー・ローンダリング防止（Anti-Money Laundering：AML）とテロ資金供与対策（Combating the Financing of Terrorism：CFT）、さらには拡散金融対策（核兵器をはじめとした大量破壊兵器等の製造・取得・輸送などに係る活動への資金提供の防止対策）であり、各国の対応レベルの評価機能を担うのが国際機関であるFATF（Financial Action Task Force）だ。

　FATFは、マネー・ローンダリング対策及びテロ資金供与対策の国際基準（FATF勧告）を策定し、その履行状況について相互審査を行う多国間の枠組みである。FATF勧告は、主要37ヵ国と2つの地域、さらに別に9つ設置されているFATF型地域体を加えた205の国と地域に適用されている。

　2019年の秋に実施された対日相互審査は、**図表5-15**に基づき審査が行われ、本来2020年2月に結果が公表される予定であったが、コロナ禍で審査団が来日できず、日本政府に結果素案が伝達されたのは2020年秋口であった。この時点では正式な通知ではないこともあって

図表5－15　FATF審査の観点

項目	技術的遵守状況（TC）	有効性審査（IO）
審査の視点	□ 40の勧告に基づき、法令や行政の監督手法が十分に整備されているか 40の勧告	□ 法令や行政の監督措置が機能しているか □ 金融機関等のガバナンスや顧客管理が所定の成果をあげているか 有効性審査項目
評価	C ：Compliant（履行） LC：Largely Compliant（概ね履行） PC：Partially Compliant（一部履行） NC：Non-Compliant（不履行）	H：High（高） S：Substantial（十分） M：Moderate（中程度） L：Low（低）

（出所）NTTデータ経営研究所作成

対外公表はされず、政府内で事後対策立案の基礎材料に資するにとどまっていた。ただし、正式公表前に民間事業者に早期対策を促す必要があった。そこで金融庁は、金融機関向けに2021年2月には「マネー・ローンダリング及びテロ資金供与対策に関するガイドライン」（以下、「マネロンガイドライン」という）の改訂版を公表するとともに、翌3月には「マネロン・テロ資金供与対策ガイドラインに関するよくあるご質問（FAQ）」（以下、「FAQ」という）の公表に踏み切った経緯がある。つまり、この2つのドキュメントを確認すれば、審査結果がどうだったのかが我々も類推できたわけだ。したがって、審査結果が公表された直後からメディアを賑わせたものの、実際は「伝わっていた内容が文書で示された」というのが正直なところだ。

　我が国の審査結果は予想通り「重点フォローアップ国」に位置づけられ、英国やイタリア、スペインなどの通常フォローアップ国には届

図表 5 - 16　技術的遵守状況（TC）の評価結果

#	評価項目	結果※
1	リスク評価とリスクベース・アプローチ	LC
2	国内関係当局間の協力	PC
3	資金洗浄の犯罪化	LC
4	犯罪収益の没収・保全措置	LC
5	テロ資金供与の犯罪化	PC
6	テロリストの資産凍結	PC
7	大量破壊兵器の拡散に関与する者への金融制裁	PC
8	非営利団体の悪用防止	NC
9	金融機関秘密法が勧告実施の障害となることの防止	C
10	顧客管理措置	LC
11	本人確認・取引時記録の保存義務	LC
12	PEPs（重要な公的地位を有する者）	PC
13	コルレス銀行業務	LC
14	送金サービス提供者の規制	LC
15	新技術の悪用防止	LC
16	電信送金（送金人・受取人情報の通知義務）	LC
17	顧客管理措置の第三者依存	N/A
18	金融機関・グループにおける内部管理方針の整備義務、海外支店・現法への勧告の適用	LC
19	勧告履行に問題がある国・地域への対応	LC
20	金融機関における資金洗浄・テロ資金供与に関する疑わしい取引の届出	LC
21	内報禁止及び届出者の保護義務	C
22	DNFBPsにおける顧客管理措置	PC
23	DNFBPsによる疑わしい取引の届出義務	PC
24	法人の実質的支配者	PC
25	法的取極の実質的支配者	PC
26	金融機関に対する監督義務	LC
27	監督当局の権限の確保	LC
28	DNFBPsに対する監督義務	PC
29	FIUの設置義務	C
30	資金洗浄・テロ資金供与の捜査	C
31	捜査関係等資料の入手義務	LC
32	キャッシュ・クーリエ（現金運搬者）への対応	LC
33	包括的統計の整備	LC
34	ガイドラインの策定義務	LC
35	義務の不履行に対する制裁措置	LC
36	国連諸文書の批准	LC
37	法律上の相互援助、国際協力	LC
38	法律上の相互援助、凍結及び没収	LC
39	犯人引渡	LC
40	国際協力（外国当局との情報交換）	LC

※法令等整備状況が良好と認められる順番に、C（Compliant）＞LC（Largely Compliant）＞
　PC（Partially Compliant）＞NC（Non Compliant）の4段階

（出所）財務省公表資料等を参考にNTTデータ経営研究所作成

図表５−17　有効性審査項目（IO）の評価結果

#	評価項目	結果※
1	マネロン・テロ資金供与リスクの評価	S
2	国際協力	S
3	金融機関等の監督	M
4	金融機関等によるマネロン・テロ資金供与対策	M
5	法人・団体の悪用防止	M
6	金融取引（疑わしい取引に関する）情報の活用	S
7	マネロン罪の捜査・訴追・制裁	M
8	マネロン収益の没収	M
9	テロ資金の捜査・訴追・制裁	M
10	テロリストの資産凍結、NPOの悪用防止	M
11	大量破壊兵器拡散行為への制裁	M

※対策の実施面で有効性が高いと認められる順番に、H（High Level）＞S（Substantial Level）＞M（Moderate Level）＞L（Low Level）の４段階

（出所）財務省公表資料等を参考にNTTデータ経営研究所作成

かず、となった。重点フォローアップ国には、米国やカナダ、オーストラリア、中国、韓国といった国々が並んでいる。外形的には「落第」となるのだろうが、当時の我が国政府の見解では「及第点」との認識であった。

まず、この「及第点」の背景を説明しておこう。審査では、FATF勧告に沿った「法令整備の観点で40項目（技術的遵守状況、TC）」（**図表５−16**）、さらに「実効性の観点で11項目（有効性審査項目、IO）」（**図表５−17**）の計51項目が問われた。このうち、前者の法令整備40項目のうち第３次審査で指摘された項目の多くで前回を上回る評価を得たわけだ。

政府は、これをもって及第点という理解に至っている。ただし、後者のIOでは３項目を除いた大半で改善を求められている。IOは第３次審査時にはない新設項目であることから、「従前指摘されてきた項目は半ばクリアしたが、最近の国際ルールには適応できていない」といった受け止め方が正確だろう。FATF審査は金融機関のみならず、他業種も審査対象となっている。例えば、NPO法人の一部では、テ

ロ組織による悪用の可能性が指摘されている。同様に、不動産業や弁護士の一角でもこの問題への認識不足が指摘された。

　なお、金融機関にフォーカスすると、大きく次の4点が指摘された。

▶一部の小規模金融機関における理解不足

▶法人等の悪用防止（主に実質的支配者の確認）

▶口座の継続的調査（法人、個人とも）

▶国内PEPs（重要な公的地位を有する者）への対応

　大手銀行など一定数の金融機関は、AMLとCFTのリスクについて適切な理解をしているものの、一部の小規模金融機関において、理解が不足しているとの指摘があった。

　筆者らが知る限り、金融機関の中には、かつて「外為さえやめれば問題ないだろう」といった誤った理解を示す金融機関が存在していたことも事実である。これは、金融庁が当初、外為対策を中心に「マネロンガイドライン」の初版を記述していたことが要因の1つになっている。もちろん、外為取引を停止したとしても、FATFの審査項目には内為取引も含まれており、問題の解決とはならないのだ。

　内部監査部門では、自行庫の経営層における基本的な認識の確認に加え、リスク意識が内部組織、さらには行職員の末端に至るまで共有されているかを点検せねばならない。

〈内部監査のポイント〉

☐ 自行庫ではAMLへの意識が浸透しているか。

☐ 経営層は、自行庫職員の末端に至るまで当該意識を浸透させるべく、自ら進んで啓発活動に取り組んでいるか。

☐ AMLにおいて有意な取組みを行っている他行庫の事例を収集し、自行庫の取組みに活かそうとしているか。

☐ AMLにおけるあるべき姿を意識し、自行庫の実態とのFIT＆

GAP分析を通じた課題導出を行っているか。

2 リスクベースド・アプローチによるアセスメント

　預金等取扱金融機関では、リスクが総じて高いとされる現金取引のほか、次のような業務が行われている。

- 手持ち資金を迅速かつ容易に準備または保管できる預金取引
- 遠隔地間や多数の者との間で資金を安全かつ迅速に移動できる為替取引
- 高い秘匿性を有したうえで資産を保管できる貸金庫
- 換金性・運搬性及び流通性が高い手形・小切手等

　また、これらのほか、数百にものぼる商品・サービスを提供している。こうした業務や金融サービスは、それぞれの特性から、マネー・ローンダリング上のリスクが少なからず残置されている。さらに、業務やサービスを複数組み合わせた場合には、顧客との取引が一層複雑化するだけでなく、顧客資金の流れを捕捉すること自体に制約が生まれることも懸念される。

　そこで、金融機関には、リスクの特定・評価・低減を実現するためのスキームであるリスクベースド・アプローチ（RBA）が必須とされている。リスクの特定は、自行庫が提供している商品・サービス、取引形態、取引に係る国・地域、顧客属性等のリスクを包括的かつ具体的に検証し、直面するリスクを特定することである。つまり、数百も存在する商品すべてを対象に、一つひとつリスクアセスメントする必要があるわけだ。金融機関の中には、「自行庫の対象商品を複数のカテゴリーに分類し、分類ごとにまとめて評価する」といった手法を

用いていた金融機関もあるが、金融庁は検査等を通じて、こうした手法を有効ではないとして否定している。つまり、あくまで全商品を対象に個別に評価せねばならないことに注意が必要だ。また、これがRBAの起点ともなる。

　取引に係る国・地域の分析に際しても同様に、顧客が属すると想定される国や地域を対象とすべきであり、つまるところ200以上の国・地域すべての評価作業が欠かせない。さらに、「犯罪収益移転危険度調査書」（NRA）に記載されている事項をすべて網羅的に検証するのみならず、自らの営業地域の地理的特性や、事業環境・経営戦略等も考慮したリスクを特定することが要件とされる。このなかでは、いわゆる疑わしい取引の届け出件数の傾向を把握することは当然として、疑わしい取引として内部的にピックアップし、評価作業を通じて「届け出に至らず」と判断した事案も含めた分析が肝要だ。

〈内部監査のポイント〉

- ☐ RBAのフレームに基づく対応を指向し、組織的な対応を踏まえてリスク評価書を作成しているか。
- ☐ 自行庫のすべての商品を網羅的に検証し、評価結果と対策の方向性を分析・検討のうえリスク評価書に具体的に記述しているか。
- ☐ 国や地域のリスクを対象とされる国・地域すべてを網羅して評価し、リスク評価書に展開しているか。
- ☐ 自行庫の地域性や営業地盤の特性、顧客特性、産業構造等を有意に分析し、リスク評価書に展開しているか。
- ☐ 過去の疑わしい取引の傾向を分析し、リスク評価書に具体的に記述しているか。
- ☐ 過去の疑わしい取引としてピックアップされたもので、「疑わしい取引に該当せず」として当局に届け出をしていない事案を

集約、分析し、当該分析から得られた示唆を今後の対策に反映しているか。

❸ AML／CFTに用いられる情報システム

現在の金融機関のマネロン対策には、情報システムの利活用が必須要件ともなっている。すでに多くの金融機関では、**図表5－18**の①〜④の各領域を中心に、システムによる対策の高度化・効率化を推進している。

AML／CFT対策には、他にも留意すべき論点はあるものの、本書ではシステム監査に注目することとし、ここでは、内部監査部門にお

図表5－18　マネロン等対策におけるシステムの活用領域（概要イメージ）

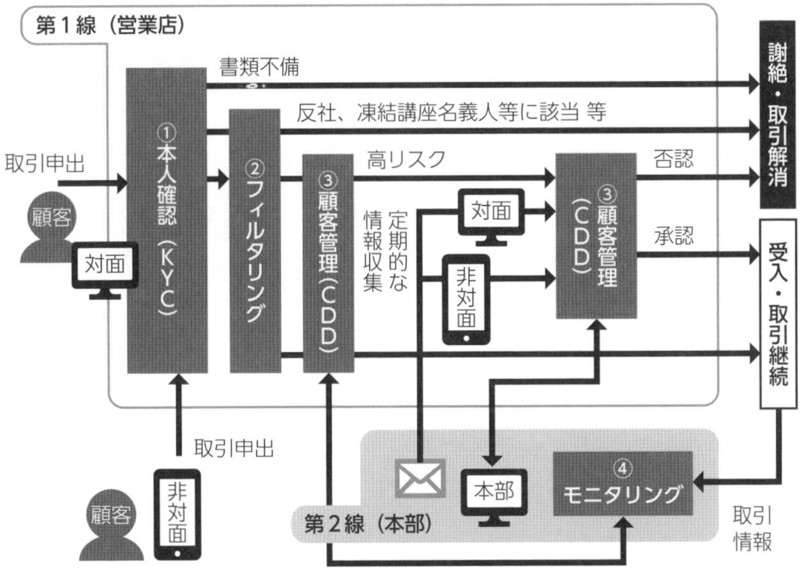

（出所）NTTデータ経営研究所作成

けるシステム監査の対象となるこれらのAML関連システムについて、金融機関における現在の取組み状況や認識される課題を念頭に、内部監査部門に期待される検証ポイントを例示する。

(1)　本人確認のためのシステムの論点

　犯罪による収益の移転防止に関する法律（以下、「犯収法」という）に定める取引時確認や、「マネロンガイドライン」が要請する顧客のリスクに応じた調査・確認を実施するために、複数のシステムが活用されている。多くの金融機関では、顧客が自身のスマホや、金融機関の窓口に設置したタブレット端末のアプリを通じて、口座開設等に必要な本人特定事項等の確認を行う仕組み（eKYC）を提供している。また、同様の仕組みを活用し、顧客リスクに応じた頻度で本人確認等を実施する取組み（定期的な顧客情報の更新）を進める金融機関もみられる。

　ただし、本書執筆時点（2024年3月）において、金融庁は業界団体に対して運転免許証の写真撮影と送信によるオンラインでの本人確認手続きにおいて相当数の不正行為が確認されているとしたうえで、今後はマイナンバーカードの公的個人認証機能を利用したeKYCへの移行を進めるとの方針を示している点にくれぐれも留意されたい。

　犯収法施行規則6条1項に対応するeKYCの手法（方式）は、**図表5−19**のように様々提供されている。そのうち、個人顧客向けには主として同項1号ホ、ヘ、ワの3つの方式が活用されている。

　現在、最も多く採用されている手法は、本人の容貌と写真付きの本人確認書類の画像を送付する方法（犯収法6条1項1号ホ）である。運転免許証など普及率が高い本人確認書類に対応しており、暗証番号の入力が不要である手軽さから普及が進んでいる。一方、当該方式は、本人確認書類の偽造や容貌（写真や動画）の使いまわしによるなりす

図表５－19　犯収法施行規則６条１項に対応するeKYCの手法（方式）

類型		方法	該当条項※
個人顧客向け	本人確認書類を用いた方法	「写真付き本人確認書類の画像」＋「容貌の画像」を用いた方法	１号ホ
		「写真付き本人確認書類のICチップ情報」＋「容貌の画像」を用いた方法	１号ヘ
		「本人確認書類の画像またはICチップ情報」＋「銀行等への顧客情報の照会」を用いた方法	１号ト（１）
		「本人確認書類の画像またはICチップ情報」＋「顧客名義口座への振込み」を用いた方法	１号ト（２）
	電子証明書を用いた方法	「公的個人認証サービスの署名用電子証明書（マイナンバーカードに記録された署名用電子証明書)」を用いた方法	１号ワ
		「民間事業者発行の電子証明書」を用いた方法	１号ヲ・カ
法人顧客向け		「登記情報提供サービスの登記情報」を用いた方法	３号ロ
		「電子認証登記所発行の電子証明書」を用いた方法	３号ホ

※いずれも犯収法施行規則６条１項

（出所）金融庁「犯罪収益移転防止法におけるオンラインで完結可能な本人確認方法の概要」より作成

ましに弱いことがネックとされる。こうした本人確認書類や容貌の偽造リスクに対し、政府は「デジタル社会の実現に向けた重点計画」（2023年６月）において、犯収法等に定める非対面の本人確認手法は、原則としてマイナンバーカードのICチップを読み取る方法（同号ワの方式）に一本化し、本人確認書類の画像を送信する方法（同号ホの方式）は廃止する方針を発表した。

　なお、同号ワの方式では、マイナンバーカードの読み取りと署名用

パスワードの入力（及び、地方公共団体情報システム機構による有効性の確認）により本人確認が実施されるため、同号ホの方式で問題となるような偽造リスクは低減可能とされる。ただし、署名用パスワードとともにマイナンバーカード自体を不正に譲渡された場合や不正に詐取された場合のリスクまでは対応しきれない。海外では、生体認証を組み合わせた仕組みが一部の国で提供されはじめてはいるものの、個人情報保護の観点や生体情報流出リスクなど、新たな考慮すべき論点も生まれている。

〈内部監査のポイント〉

- ☐ 自行庫の顧客基盤や顧客属性等を評価のうえ、有効な本人確認手続を定義しているか。
- ☐ 上記に際し、金融包摂を念頭に、高齢者や障がい者、その他生活に困難を抱える顧客等の存在を意識した対応を検討しているか。
- ☐ 自行庫で採用する本人確認のためのシステムの有効性、脆弱性、課題をどのように評価しているか。
- ☐ 政府公表の「デジタル社会の実現に向けた重点計画」（2023年6月）において、犯収法等に定める非対面の本人確認手法は、原則としてマイナンバーカードのICチップを読み取る方法に一本化し、本人確認書類の画像を送信する方法は廃止する方針であることを意識しているか。
- ☐ 上記に関連し、現在、本人確認書類の画像送信による本人確認を行っている場合、今後の代替策を具体的に検討しているか。

(2) フィルタリングシステムの論点

金融機関では、経済制裁対象者や反社会的勢力との取引を排除するため、フィルタリングシステムを活用し、顧客の情報と各種リストと

の照合を実施している。従来、顧客管理データベースの機能を拡張し、独自開発でフィルタリング機能を実装する金融機関が多かったようだ。ただし、昨今では、金融庁が公表する「マネロンガイドライン」や「FAQ」を通じて要請される「あいまい検索」の導入の必要性等から、外部ベンダーが開発した汎用ソリューションの利用が中心となっている。「あいまい検索」とは、同音異語や表記ゆれ、文字列や発音の近似性等に着目し、部分的な一致を検知する機能である。当該機能の実装には、あいまい性を検知するための専門的なアルゴリズムの知見が不可欠なため、こうした知見を有する外部ベンダーとの連携が有効とされる。また、リストの更新や照合に係る作業を効率化するため、APIを活用して外部機関が提供するリストとリアルタイムで照合を行う取組みも進んでいる。日本では、eKYCソリューションベンダー等が、eKYCの機能とセットでAPIにより外部機関が提供するリストとの照合を実施するサービスを展開している。

なお、金融庁は、フィルタリングシステムで採用するデータベースに、新たに制裁対象とされた者等のデータが反映され、公表後24時間以内に利用可能な状況にすることを要請している点に注意が必要である。

内部監査部門として確認すべきポイントは多くはないものの、足元で様々なソリューションや提供ベンダーが登場している実態と、導入技術の高度化が進展しつつあることを理解し、定期的に被監査部門が必要なシステム要件とシステムの現状評価を実施していることを確認する必要がある。

〈内部監査のポイント〉

☐ 自行庫が利用するフィルタリングシステムは、金融庁の「マネロンガイドライン」に照らし合わせて有効と認識できる機能が提供されているか。

□ 自行庫が利用するフィルタリングシステムでは、金融庁が指示する24時間以内での「新たなチェック対象人物」の照会を可能としているか。

(3) モニタリングシステムの論点

　金融機関では、マネロン等への悪用が疑われる取引を把握するため、モニタリングシステムを活用し、通常一般的な取引や過去の取引の傾向と異なる取引（異常取引）を検知している。現在、金融機関では、あらかじめ設定した金額や件数の基準（検知ルール）に基づいて異常な取引を検知する、いわゆる「ルールベース型」のシステムの導入が進められている。一方で、多くの金融機関が、疑わしい取引の届出につながる効果性の高い検知ルールの設定に苦労している実態がある。

　FATF（金融活動作業部会）の第4次審査でも、我が国の金融機関における誤検知（疑わしい取引の届出に至らなかったモニタリングによる検知）の高止まりが指摘されている。例えば、ある金融機関では、金融庁から「直近1ヵ月間での疑わしい取引の届け出件数がゼロ」であることを指摘され、検知のパラメータを見直したところ、今度は逆に僅か1ヵ月で1,000件近い候補事案が検知されてしまったという逸話も耳にする。このように、モニタリングシステムを通じた疑わしい取引の検知では、パラメータ設定がそのすべてを握っていると言っても過言ではない。金融機関では、一度定義したパラメータであっても、定期的に検知状況を評価・勘案のうえ、適宜適切にパラメータ設定を見直す必要がある。

　そこで、こうした課題により迅速かつ合理的な対応を施すことを目的に、検知メカニズムにAIを活用する動きがみられる。我が国では、銀行業界における共同化の取組みとして、2023年1月に設立された全銀協傘下の「株式会社マネー・ローンダリング対策共同機構」がAI

図表5－20　マネー・ローンダリング対策共同機構が提供予定のAIスコアリングサービス

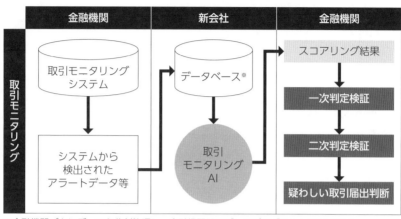

※金融機関ごとにデータを分割管理し、金融機関間でデータが混ざることはない構成。

（出所）一般社団法人全国銀行協会「AML／CFT業務の高度化・共同化について」（2022年10月）より作成

を活用し、加盟金融機関のモニタリングシステムから検知されたアラートデータのリスク度合いを還元するサービスの提供を予定している（**図表5－20**）。内部監査部門では、新たな機能が徐々に提供し始められている足元の現状も捕捉したうえで、自行庫が利用するモニタリングシステムの有効性を被監査部門に問いかけることに加え、定期的な見直しの必要性を訴求することが期待されるだろう。

〈内部監査のポイント〉

☐ 自行庫の疑わしい取引の検知状況を把握し、傾向的に分析しているか。

☐ 自行庫で設定しているモニタリングシステムの検知パラメータは、どのような目的で設定しているか。

☐ 自行庫で設定しているモニタリングシステムの検知パラメータは、定期的に見直しのうえ、現状に合わせた改善を図っているか。

□ 定期的にモニタリングシステムの有効性を見直しているか。

□ 自行庫で用いるモニタリングシステムの、他行庫での評判など
　を確認しているか。また、類似機能を有する他のソリューショ
　ン等は定期的に評価、検討等を行っているか。

⑷ 顧客管理（CDD）の高度化に向けた論点

　顧客管理データベースに保有する顧客情報や取引情報等を活用し、
顧客のリスクを評価、管理するシステムの導入が進んでいる。こうし
たシステムでは、従来の顧客管理データベースの機能を拡張し、顧客
リスク評価のためのスコアリングや定期的な顧客情報の更新のための
期日管理等の機能が提供されている。また、昨今は、金融庁の「マネ
ロンガイドライン」や「FAQ」で要請されるリスクに応じた顧客管理、
例えば、顧客リスク評価の結果をモニタリングのルールに組み込むこ
とや、モニタリングの結果を顧客リスク評価に活用することなどを実
現するため、これらに対応した専用のソリューションを導入する金融
機関も増えている。

　また、顧客リスク評価のための情報は、顧客管理データベースに管
理される顧客情報や取引データ等の構造化されたデータを活用するこ
とが一般的である。ただし、近年は次のような事案が多発している点
に注意すべきである。

▶フィッシング等により詐取されたアカウント情報を活用したなり
　すまし

▶偽造した本人確認書類の活用

▶顧客属性の偽り

　こうした実態を勘案すると、従来の構造化されたデータのみでは、
「情報が完備していること自体」を捕捉して「問題がない」と誤認し

てしまう可能性が否定できない。そのため、顧客を取り巻くリスクを必ずしも捕捉できない可能性がある。こうしたリスクへの対処として、ウェブやアプリの認証ログ、行動データ等の非構造データを顧客リスク評価に組み込むためのソリューションも登場している。

　なお、2024年３月末の継続的顧客管理等における「ガイドライン」を踏まえた態勢整備の完了に向け、金融機関ではこれまで複数の手段を組みわせた属性情報等の把握を進めてきた。例えば、ATMの画面を活用し、住所や勤務先といった現状を捕捉しきれていない顧客に対し、画面上で来店を促すためのアラームを表示したり、IBでIDとパスワードを用いてアクセスした際、画面上に同様のメッセージを表示させること手法等が該当する。こうした手法は、2024年４月以降も定期的に実践する必要があり、金融機関では、常に顧客情報の最新化に向けた取組みを推進せねばならない状況にある。

　内部監査部門では、自行庫における顧客管理の実態のほか、継続的顧客管理の高度化に向けた論点等を被監査部門に示し、より実効性の高い機能の実装に向けた援護射撃を行うことが期待されている。

〈内部監査のポイント〉

☐ 自行庫が実用化する顧客管理システムは、自行庫の課題に対応した機能が実装されているか。

☐ ATMやIBの画面や機能を活用すること等により、非対面での顧客接点を活かした効果的な継続的顧客管理を実践しているか。

☐ 継続的顧客管理にあたり、他行庫で実践されている有意事例や有意ソリューション等を参照しつつ、より効果的な手法を取り込もうとしているか。

著者

大野 博堂　Ohno Hakudo

株式会社NTTデータ経営研究所
金融政策コンサルティングユニット
ユニット長／パートナー

　1993年早稲田大学卒業後、NTTデータ通信（現NTTデータ）入社。金融派生
商品のプライシングシステムの企画などに従事。大蔵省大臣官房調査企画課、総
合政策課にてマクロ経済分析を担当した後、2006年からNTTデータ経営研究所。
中央省庁、自治体、金融機関向けの調査・分析・コンサルティング活動に従事。
著書に『金融機関のためのサイバーセキュリティとBCPの実務』『AIが変える
2025年の銀行業務』他多数。金融業界団体主催の各種セミナー等にて講演多数。
飯能信用金庫非常勤監事、総務省地方公共団体財務・経営アドバイザー、東工大
キャリアアップMOT「サイバーセキュリティ経営戦略コース」講師。

金融システム監査の要点

2024年5月15日　　初版第1刷発行	著　者　　大　野　博　堂
	発 行 者　　志　茂　満　仁
	発 行 所　　㈱経済法令研究会

〒162-8421　東京都新宿区市谷本村町3-21
電話 代表 03(3267)4811　制作 03(3267)4823
https://www.khk.co.jp/

営業所／東京03(3267)4812　大阪06(6261)2911　名古屋052(332)3511　福岡092(411)0805

カバー・表紙デザイン／土屋みづほ　本文デザイン・DTP／㈱アド・ティーエフ
制作／松倉由香　印刷／あづま堂印刷㈱　製本／㈱ブックアート